La Transformation des Âmes de différentes Formes de Vie

Larisa SEKLITOVA
Ludmila STRELNIKOVA

La Transformation des Âmes de différentes Formes de Vie

Série « Au delà de l'inconnu »

Edition : BoD - Books on Demand
12/14 rond-point des Champs Elysées
75008 Paris
Imprimé par BoD – Books on Demand, Norderstedt
ISBN : 9782322114061
Dépôt légal : **Novembre, 2019**

L.L. Seklitova, L.A. Strelnikova

LA TRANSFORMATION DES ÂMES DE DIFFÉRENTES FORMES DE VIE.
Contacts avec l'intelligence Cosmique Suprême.

Ce livre révèle au lecteur de nouveaux secrets pour lesquels l'âme est considérée comme éternelle, alors que l'homme ne l'est pas; vous dira ce qu'est le Graal. Pour la premier mystère révélé comment l'âme passe les hologrammes du passé et du futur, qui acceptera l'idée de la création de la machine à remonter le temps dans la sixième race, prendra connaissance du concept des codes des âmes des animaux, des plantes, des caractéristiques de leur transformation en d'autres formes et expliquera comment l'âme évolue dans la graine de la plante.

Le lecteur découvrira qui porte la beauté dans le monde terrestre et si l'Absolu comprend la beauté ; pourquoi les atomes sont spiritualisés, et l'objet créé à partir d'eux n'est pas vivant; Il se familiarisera avec les particularités de la lévitation, de la téléportation de centaures et d'humains, avec le karma de soldats, d'hommes politiques et de personnes pratiquant le karma pour différentes personnes. Il découvre la médecine dans la sixième course, les caractéristiques de l'amulette Star of the Union, voit comment elle brille dans les images de Kirlian et apprend de nombreuses autres choses fascinantes et inhabituelles.

Introduction

Ce livre "Transformation des âmes de différentes formes de vie" poursuit le thème du développement de l'âme humaine et d'autres formes de vie, en complétant les connaissances antérieures avec les dernières informations. La première étape dans l'évolution de l'âme est l'approfondissement de cette matière. Le livre est basé sur les questions des lecteurs. Les tactiques de " questions-réponses " nous permettent de comprendre ce que le lecteur ne comprend pas, ou quel côté d'un sujet nécessite un ajout, une expansion et un approfondissement du matériel.

De telles tactiques de connaissance aident les auteurs à se rapprocher des concepts du lecteur et à éclairer l'autre côté de la vérité, qui, pour lui, est resté caché par l'obscurité de l'ignorance. De plus, la tactique des questions-réponses a permis de faire beaucoup de découvertes surprenantes pour les auteurs, puisque les questions posées ont permis de révéler les sujets d'intérêt non seulement pour eux-mêmes, mais aussi pour les autres, ce qui a contribué à l'expansion du sujet lui-même.

Nous remercions nos lecteurs pour leur aide matérielle dans la publication de nouveaux livres.
* - voir le dictionnaire ;)* - les précisions des auteurs.

* * *

CHAPITRE 1
APPRENDRE LA BEAUTÉ. NOTRE SUBCONSCIENT.
EST-CE QUE L'ABSOLU COMPREND LA BEAUTÉ?
LE DÉVELOPPEMENT DE LA SENSATION DE LA BEAUTÉ

La beauté occupe une place particulière dans la vie humaine. S'efforcer de l'obtenir est le besoin naturel de l'âme puisque c'est grâce à la perception de la beauté et la compréhension de son sens que l'on peut perfectionner la personnalité.

La perception de la beauté n'a pas été donnée à l'homme immédiatement, les anciens représentants de Homo sapiens ne l'ont pas perçu et ont tout vu en noir et blanc, et ce n'est qu'à partir d'une certaine étape du développement humain que les Enseignants Supérieurs, afin d'accélérer le progrès de la coque astrale, ont introduit le mécanisme de perception du beau dans sa structure subtile et ont corrigé la structure des yeux, en ajoutant aux "baguettes", percevant le monde en noir et blanc, les composants dites "fioles" réagissant à la couleur du monde extérieur. C'est à partir de ces temps que la Terre a commencé à étonner les gens par sa beauté. On a commencé à obtenir l'éducation sous le prisme des couleurs vives et une harmonie, sous une variété de formes. Tout cela est devenu la raison d'introduire la créativité et l'art dans la vie.

Il ne serait pas difficile de comprendre, par exemple, à travers combien de genres d'art l'âme d'une personne se perfectionne du point de vue de la beauté. Mais les intérêts de l'homme moderne dépassent ces limites: il a commencé à s'intéresser à la diversité des genres et, après avoir compris les bases du métier d'artiste, il a commencé à introduire une variété de couleurs et celle de motifs dans tous les objets de sa vie quotidienne. Est-ce que l'on peut maintenant trouver un objet ne possédant aucun élément de design et le désir d'une personne de le rendre plus beau, meilleur, plus intéressant que le monde extérieur? Tout individu positif introduit nécessairement des éléments de beauté dans sa maison, dans l'intérieur de sa voiture et même dans les garages. C'est-à-dire que telles personnes possèdent déjà le sens créatif et il tente sans relâche de tout transformer pour le mieux. Et combien de "sculpteurs" sont apparus dans les garages, qui, à partir des vestiges de la voiture, ont commencé à construire des figures incroyables des robots et des personnages de contes. Tout cela prouve que les processus créatifs sont déjà ancrés dans leurs âmes et que ces personnes sont prêtes à créer des œuvres extraordinaires à partir de n'importe quel matériau. Cela enchante, n'est-ce pas!

Mais il ne faut pas oublier que tout cela vient de nos Maîtres Célestes qui veulent transformer l'âme d'un ancien animal en une personne vraiment humaine et généreuse rêvant de devenir le même Créateur que son Maître.

Ainsi, la cinquième race a donné de riches résultats du point de vue de l'éducation des penchants créatifs de l'homme malgré le grand retard de son activité mentale. Mais il devait réussir au moins dans une seule affaire, et ce dernier se manifestait sur le plan astral ce qui constituait déjà un grand avantage. C'est pourquoi maintenant, par exemple, on assiste à l'apparition de la grande quantité des nouveaux programmes télévisés révélant des talents.

Ces programmes visent à affiner précipitamment les qualités des personnes afin de devenir absolues. Les juges de la Terre qui, à leur tour, recrutent et sélectionnent des jeunes capables à participer à ces programmes, ne réalisent même pas à quels processus évolutifs mondiaux ils participent. Ils choisissent ceux avec qui «ils peuvent travailler». En fait, ce sont les plus grands Maîtres Célestes qui les dirigent d'une manière télépathique vers les âmes qu'ils souhaitent faire passer à la sixième race ainsi que ceux qui ont déjà raffiné leur talent et qui pourraient évoluer sans participer à ces programmes.

Et bien que, malheureusement, les meilleurs interprètes du juge soient rejetés, ceux qui quittent le programme doivent comprendre l'essentiel de ce qui se passe pour ne pas être offensés par les juges terrestres. Et le but consiste à laisser passer des âmes créatives aux qualités raffinées à la sixième race. Et nous voyons déjà ce sens tandis que les gens ordinaires reprochent aux juges de ne pas laisser les chanteurs avec une excellente voix rester sur la scène. Ils préfèrent, à leur tour, ouvrir la porte à ceux qui possèdent les voix pires. Les meilleurs ont déjà perfectionné leur qualité vocale et sont passés à la prochaine race et les plus pires avaient encore besoin de raffiner certaines de leurs qualités.

Donc on peut voir que même les programmes de télévision sont guidés par les Maîtres Célestes bien que les gens ne soupçonnent pas qu'ils sont impliqués dans les processus évolutifs si profonds! Pour eux ce n'est que la maintenance de leur classement, mais en réalité, leur jugement est aussi mis à l'épreuve par le Ciel en fonction des qualités de leur âme, telles que la justice et leurs propres qualifications, qui leur permettent d'évaluer correctement ou non les compétences des orateurs.

D'autre part, grâce à notre aide, nos lecteurs peuvent comprendre quel air ces Maîtres Célestes peuvent parfois avoir.

Mais passons à des processus plus globaux. Nous comprenons comment une personne développe le sentiment de la beauté, mais il est intéressant de se plonger au-delà des plans terrestres. Comment est-ce que la notion de la beauté s'y présente et de quelle manière le développement du sentiment de la beauté se produit-il à des Niveaux plus élevés? Est-ce qu'il est aussi propre à d'autres formes d'existence? Et comment la compréhension de la beauté change-t-elle au cours de l'évolution de l'âme.

En particulier un de nos lecteurs était intéressé à la question «est-ce que la plus Haute forme de la perfection, telle que l'Absolu, était capable de percevoir le beau ou est-ce qu'Il (l'Absolu)* a déjà dépassé cette notion?».

Passons maintenant à la question du lecteur qui représente une forme de la réflexion sur cette branche de la perfection et découvrons ce qu'elle demande.

Lecteur. L'homme a appris la notion de la beauté il y a longtemps. Il peut unir et lier de différents éléments en quelque chose de beau, en les combinant de différentes manières. Par exemple, à partir de sons, il peut créer une mélodie et à partir de couleurs - une image. Est-il possible de créer dans l'espace des harmonies énergétiques qui sont ressenties par l'âme d'une manière particulière comme une sorte des beautés de l'univers?

J'aimerais aussi savoir: ayant atteint l'état de l'Absolu, l'âme ressent-elle une beauté de l'harmonie énergétique? L'espace, possède-t-il un sens de la beauté des interactions de l'énergie entre ses éléments particuliers?

Réponse. C'est l'intellect humain qui a appris à créer la beauté dans le monde extérieur en raison du fait que son âme avait suivi un long chemin évolutif du développement se trouvant dans les races inférieures, c'est-à-dire qu'il avait passé la voie de la compréhension de la beauté créée sur la Terre par les Maîtres Célestes, et non par la nature, jusqu'à la création de la beauté par lui-même.

Sur les plans supérieurs, elle est créée par l'Esprit supérieur ce qui y signifie les plus Hautes personnalités de la hiérarchie de Dieu étant engagées dans le développement de l'humanité. Ce sont elles qui ont développé pour les hommes l'artisanat et de divers genres d'art (de l'art pariétal au modelage de la poterie) et qui ont permis de développer une grande variété de types et de genres de la créativité, par exemple la couture et la décoration des vêtements ont déjà abouti aux démonstrations modernes de robes fastueuses sur les podiums; après la création de la peinture de paysages et de nature morte, des portraits, ils ont réussi à créer de magnifiques intérieurs des bâtiments et l'illumination extérieure capables de transformer les immeubles en palais fabuleux. La sculpture, le design des cours, des parcs, des villes, l'architecture avec ses motifs en pierre etc. - tout est perfectionné du point de vue de ses formes esthétiques. Aujourd'hui la vie de l'homme présente plusieurs avantages: quoi que vous preniez, tout porte les éléments de la beauté de la forme et de la couleur.

En envoyant à l'homme des idées pour créer de diverses œuvres, les Maîtres Célestes les développent d'abord dans leurs sphères célestes, c'est-à-dire en développant des hommes, ils se développent eux-mêmes d'une manière créative. Mais leur voie vers la compréhension de la beauté est plus compliquée. Cependant il est important de noter que le plan supérieur (celui de l'Essentiel* de la hiérarchie de Dieu) s'occupe du développement de l'inférieur.

Malgré le niveau du développement humain assez suffisant, il ne s'occupe pas de la transmission de ses compétences à un plan inférieur (les animaux appartiennent à son monde terrestre, leur formation est à l'état embryonnaire). L'activité physique humaine se trouvant à ce stade du développement ne s'étend qu'au monde terrestre. Mais il possède la perspective consistant à perfectionner son sentiment de la beauté etc.

Dès la sixième race il aura la possibilité de créer une beauté harmonieuse sur les plans astraux, mentaux et les autres Niveaux de la Terre grâce à la conception des énergies subtiles. Tout cela aura lieu à mesure qu'il se développera en maîtrisant ces plans.

Mais si nous parlons de sa perspective d'évolution ultérieure, dans ce cas la notion de la beauté continue à se répandre à tous les Niveaux de l'Univers, en prenant de nouvelles formes, de nouveaux sons, couleurs et leurs nuances.

Notre univers sonne à l'aide des plusieurs belles mélodies et scintille avec des milliers de nuances de couleurs. Par exemple, N. Marakhovskaya a vu des milliers de nuances du noir et une quantité encore plus considérable du blanc (plus de blanc en raison de l'augmentation des fréquences énergétiques avec l'augmentation du

Niveau)*. Ces couleurs étaient si belles et incroyables qu'il était impossible de les transmettre ni à l'aide des couleurs déjà connues, ni à l'aide des mots humains.

Cela confirme que ce n'est qu'une limitation humaine dans la perception des couleurs, des sons, des odeurs et d'autres sensations qui lui interdit de voir la richesse immense de ce qui existe dans l'Univers. Et seules les perspectives de la perfection de l'âme aideront une personne à faire constamment des découvertes dans cette beauté des Mondes Supérieurs.

Beaucoup de choses considérées comme belles par un être humain empêchent d'apercevoir son appareil de vision limité du point de vue de la perception des couleurs, c'est-à-dire les yeux, puisqu'ils n'ont été conçus par les Créateurs de formes que pour l'interaction avec les sept couleurs de base du monde terrestre. Et l'œil humain ne réagit qu'à cette quantité limitée de couleurs. Quand une personne dira au revoir à ses organes de vision primitifs et entrera dans une forme plus perfectionnée, un meilleur monde, non seulement du point de vue des couleurs, mais aussi des sons, des odeurs et d'autres choses toujours inconnues, s'ouvrira devant elle.

Et cela l'aidera à voir la beauté de l'espace, de notre univers avec sa structure ajourée et délicate et ses belles couleurs. L'univers et l'espace ne sont pas vraiment sombres que nous les apercevons, c'est l'œil humain qui n'est pas capable de voir toute cette beauté en raison de sa perception limitée. L'œil humain perçoit généralement la couleur noire de l'espace et de l'Univers, c'est-à-dire les basses fréquences de leur nuance, et le noir est perçu par les yeux comme le menace réveillant des sentiments de peur. C'est pourquoi à ce stade une personne ne peut ressentir aucune euphonie ou sensation d'élévation lorsqu'elle voit l'espace de l'intérieur.

Cela n'aura lieu que lorsque son développement atteindra au moins le premier niveau de la hiérarchie de Dieu. Dans ce cas on assistera au changement de sa structure subtile, à l'augmentation du rayon de vision et au raffinement de la perception, ce qui permettra de voir l'harmonie des couleurs et du son de l'univers. Donc, pour y aboutir il faut, tout d'abord, que la structure subtile d'une personne change. Dans notre Univers il y a de telles beautés fabuleuses que les gens ne peuvent même pas imaginer, mais il est nécessaire de gagner le niveau permettant de les percevoir. Il est nécessaire de patienter et, surtout, ceux qui désirent voir les autres mondes doivent faire tout leur possible pour exercer leur développement afin d'accélérer leur entrée dans de beaux mondes où personne ne sait ce que c'est que le mal, l'agressivité et les ténèbres.

Lorsque l'âme atteindra le stade Absolu du point de vue de sa perfection, sa vision du monde extérieur changera radicalement, s'élargira massivement et deviendra plus fine dans sa perception et sa compréhension du monde, sa polyphonie et dans tout ce que l'âme n'est pas encore capable de comprendre.

Ayant atteint le stade Absolu, l'âme ressent la beauté de l'harmonie énergétique à un degré incomparable avec celui de l'humain. Autrement dit, tout ce qu'une personne a commencé à développer en elle-même continuerait de progresser à tous les Niveaux supérieurs.

QUI IMPLANTE LA BEAUTÉ DANS LE MONDE ET QUELLE EST LA RAISON DE CETTE ACTION

Lecteur. L'homme considère le monde terrestre comme une sorte du beau. Mais cette idée lui est inspirée par son programme personnel. C'est pourquoi il n'est pas claire, la beauté est-ce que c'est une illusion, un jeu de l'esprit ou une réalité qui ne dépend de rien?

Réponse. Selon les plans des Supérieurs, le monde de l'homme a été construit sur la base de la formation de l'harmonie à l'intérieur de l'âme humaine de telle sorte qu'à des périodes plus matures de son développement il puisse implanter indépendamment une harmonie similaire dans ses propres plans de l'existence.

Étant le résultat de certaines lois de la construction, le monde harmonieux donne naissance à la même beauté. C'est-à-dire les choses qui possèdent dès le début l'harmonie, possèdent aussi la beauté. Cependant du point de vue de la compréhension de la beauté comme d'une variante de l'attitude à l'égard de son existence, il existe une telle particularité: on ajuste l'âme à l'aide du programme, en indiquant ce qu'elle doit percevoir comme une beauté et ce qu'elle doit considérer comme une chose terrible, méchante, effroyable.

Tout a ses propres normes. Ces directives sont généralement mises au programme des jeunes âmes par avance. Et quand un individu accumulera certaines qualités initiales, la compréhension de la beauté commencera à se développer plus profondément dans l'âme afin de devenir une qualité de la compréhension personnelle de celle-ci (de la beauté).

La beauté est implantée dans monde extérieur par des Personnalités Supérieures en vue de perfectionner l'âme humaine dans la direction divine. En conséquence des situations qui apprennent la personne à percevoir et à comprendre la beauté du monde et des autres sont prévues dans les programmes de l'individu. On l'enseigne à l'aide de l'amour, des processus de créativité et des maîtres terrestres qui aident les individus ayant choisi la voie positive à comprendre les subtilités de cette beauté et de l'harmonie du monde, de la nature et de l'homme.

Comme nous l'ont dit les Maîtres Célestes, ils développaient les paysages particuliers de la Terre et de diverses zones naturelles de sorte que les gens apprissent à comparer tout cela et à comprendre ce qui les distingue les uns des autres et ce qui n'a pas encore atteint la perfection. Puisque certaines places sur la Terre sont belles alors que d'autres suscitent le dégoût, c'est-à-dire que les Maîtres veulent montrer qu'il existe des mondes opposés.

Ainsi, le goût artistique est spécialement développé à l'aide de l'utilisation des certaines méthodes (les écoles d'art y comprises) car il est nécessaire pour que l'âme humaine crée ses propres mondes lorsqu'elle entre dans la Hiérarchie de Dieu. Et sans ce goût toutes les beautés du monde et de l'existence humaine resteront inaperçues.

(À propos de la beauté dans les mondes négatifs, lisez le livre "Les dernières informations sur l'âme", chap. 8, les articles: "Pourquoi les choses négatives ne ressentent-elles pas la beauté?" et "La beauté dans les mondes du diable.")*

EST-CE QUE L'HARMONIE SIGNIFIE L'ÉQUILIBRE?

Lecteur. Est-ce que l'harmonie signifie l'équilibre entre la lumière et l'obscurité propres à l'homme?

Réponse. L'harmonie ne signifie pas un équilibre du positif et du négatif. Elle consistait au fait qu'une personne a déterminé fermement l'orientation de son chemin du développement et qu'elle le suivait sans aucune hésitation. Celui qui a choisi une voie positive développait avec confiance ses qualités positives en se dirigeant vers Dieu, et celui qui a pris une position négative allait obstinément au Diable. Il ne peut y s'agir d'aucune hésitation et d'aucun doute.

L'homme ne doit pas considérer l'harmonie comme un équilibre du positif et du négatif, car cet état est trop fragile et peut être brisé à tout moment. (Nous parlons des constructions dans son âme. Rappelez-vous la matrice triple.)

L'harmonie n'existe pas pour équilibrer des forces positives et négatives. Par rapport à l'Univers, elle consiste en ce que chaque unité qui le constitue doit se développer à l'égard des indicateurs quantitatifs et qualitatifs de l'énergie en fonction de Son volume total, puisque chaque unité possède ses propres paramètres dans l'Univers et n'a pas de droit de dépasser les limites de la proportionnalité établies. La notion de l'harmonie peut être différent par rapport à son domaine de l'application.

VARIANTES DU PROGRAMME OU LA CRÉATIVITÉ

Lecteur. Les individus étudient attentivement Votre Doctrine. Certains d'eux créent même des groupes dans des réseaux sociaux (par exemple, "VKontakte") dédiés à vos nouvelles informations; certains d'eux essayent d'impliquer les autres dans des actions éclairées afin de participer à certains processus énergétiques (par exemple, la lecture conjointe des "Lois de l'Univers" le dimanche). Je voudrais poser la question à ce propos: est-ce que ces personnes ont choisi une des variantes distinctes du programme vise à assurer leur développement ou cette action peut être considérée comme une sorte de travail créatif effectué volontairement, mais non comme un des moyens alternatifs de l'évolution?

Réponse. Les gens diffusent différemment une nouvelle doctrine ce qui constitue leur propre choix parmi les variantes offertes par les voies du développement de leur programme. Mais les variantes des actions humaines que vous avez indiquées contribuaient à la progression de leur âme du point de vue des plusieurs qualités: compétences en communication et en relations interpersonnelles, possibilité d'unir avec des personnes partageant les mêmes idées, souci de l'évolution des autres âmes (tout le monde veut partager quelque chose de nouveau avec un autre), etc.

Cependant, les variantes proposées par leur programme du développement contiennent également des pièges exposant les lacunes de leur psychologie et des aspirations de l'âme. Par exemple, certains gens tendent à former un groupe afin de présenter leurs opinions, de développer des qualités du leadership, d'évaluer leur popularité dans un certain groupe de personnes et de créer ainsi son image. C'est-à-dire

15

que le but des certains administrateurs de groupes est éclairant, tandis que l'objectif principal des autres est sordide et vise à attirer l'attention sur sa propre personnalité.

Une personne doit toujours analyser ses actions conformément aux informations présentées qui découvrent les nuances du développement positives et négatives et, en plus, elle doit apprendre à voir ce que ses actions peuvent entraîner et quelles qualités seraient finalement construites.

Le programme de la vie d'un individu positif contient des situations qui l'aident à se perfectionner d'une manière créative. Mais les situations contenues dans les variantes ne créent que des conditions destinées au développement des qualités, tandis qu'un autre programme s'occupe uniquement de leur construction, il s'agit, surtout, d'un programme de la créativité qui aide l'âme à s'améliorer dans une direction positive.

Mais ce n'est que la théorie. Cependant, les lecteurs s'intéressent aussi au côté spécifique du développement de leurs capacités. Par exemple, l'un d'eux demande:

- Comment développer des compétences créatives?

Quelles énergies devrait posséder l'âme pour que l'individu puisse, par exemple, dessiner une fleur d'une manière réaliste ? Et avez-vous besoin de l'acquis initial pour le faire? Naturellement, les jeunes âmes dessinent de différemment: certaines le font pire, d'autres le dont mieux. Il vaut mieux d'accélérer le processus du développement de la qualité. Qu'est-ce qu'il faut faire pour le réussir? Quelles situations doit traverser une âme pour acquérir la capacité de dessiner professionnellement, par exemple au cours de l'après-vie?

Réponse. Toutes les qualités ne peuvent être développées que par un labeur, par exemple, il faut dessiner chaque jour. Dans ce cas, même au cours d'une vie, on peut apprendre à écrire bien des images et des natures mortes. Mais en même temps, il est important de disposer d'un professeur doué du talent qui est capable de jeter la base nécessaire dans l'âme de l'étudiant pour qu'il puisse transférer les formes volumineuses du monde réel sur la feuille de papier ou sur la toile.

Le dessin initial exige une technique particulière qui est donnée dans les écoles de beaux-arts. Il est donc nécessaire de démontrer la persévérance. Un labeur permanent sert à maîtriser les fonctions automatiques de l'artiste.

De nombreux tableaux, croquis, dessins forment ainsi un

16

professionnalisme. Tout ce qui est transféré sur une toile ou une feuille de papier commence à acquérir des caractéristiques réelles. Le talent n'est pas donné par avance, ce sont les qualités qu'une personne doit former elle-même. Ce n'est que dans ce cas que l'on crée une fonction d'automatisation qui, à son tour, peut devenir une ingéniosité.

Et si nous continuons à observer l'utilisation de cette qualité, dans ce cas dans un avenir celle-ci se transformera en qualité de la reproduction d'une forme quelconque qui sera incluse dans le travail de la matrice de pensée.

Les lecteurs demandent souvent comment créer à l'aide de la pensée. Dans ce cas, la qualité de l'artiste deviendra plus tard une fonction de la matrice créant une forme externe grâce à la pensée. D'autres fonctions automatiques s'y joignent, en plus, chacune d'entre elles insérera dans cette forme ce que dicte la pensée de l'Être Suprême et, par conséquent, la pensée formera les objets et les fonctions nécessaires. C'est-à-dire que de nombreuses qualités (les processus physiques, chimiques et biologiques propres à cet objet) s'unissent par la pensée et deviennent un processus unique de synthèse de la forme sur une base automatique. Il en résulte un élément intégral et nécessaire pour l'homme.

On peut aussi accumuler les qualités d'un musicien, d'un chanteur etc. Tout commence par les bases et à l'aide du labeur de l'âme on peut atteindre la perfection qui, à son tour, dégénère en ses fonctions automatiques aux plus hauts niveaux du développement. La personnalité commence alors à penser non pas au moyen du cerveau physique, mais à l'aide de la matrice de l'âme.

QUELLE EST LA DIFFÉRENCE ENTRE LA CRÉATIVITÉ DES AIDES DE DIEU ET L'ACTIVITÉ DE CEUX DE DIABLE

Lecteur. En lisant vos livres, j'ai heurté une chose et je ne l'ai pas encore compris. Si une personne se trouve dans la hiérarchie de Diable, elle est donc privée de la qualité de la créativité abstraite, de l'amour, de la pitié et d'autres qualités positives. Mais prenons, par exemple, Hitler qui, malgré ce qu'il était du côté du Mal, pourrait le faire: il dessinait, écrivait un livre, aimait son chien et, peut-être, les femmes aussi. Je ne pouvais pas comprendre comment il a pu faire tout cela.

Et pourtant, si je prends mes proches parmi lesquels je ne peux trouver aucune personne négative, chacun d'eux crée quelque chose, ils s'occupent de quelque chose, ils ont un passe-temps. Et dans vos livres, vous dites que les individus négatifs ne sont pas capables de créer. Est-ce que je ne peux pas les distinguer de positif, ou y a-t-il une autre raison?

Réponse. Dans le système négatif, la pensée se base sur les fonctions bien déterminées par l'âme. La créativité à force de la pensée abstraite est alors remplacée par des opérations calculées. Vous pouvez calculer mathématiquement n'importe quoi, même la force maximale et minimale des sentiments de toute personne.

Diable est un grand mathématicien, et ce qu'il ne peut pas obtenir à l'aide de la puissance de l'amour et de la créativité, il acquiert donc à l'aide des calculs. C'est pourquoi il détermine à la fois les processus de la pensée et les sentiments pour ses aides terrestres qu'ils doivent réaliser dans la vie réelle.

En outre, il est important pour le Diable que les gens ordinaires ne puissent pas distinguer ses individus négatifs des personnalités positives de Dieu. Par conséquent, le Hiérarque négatif déguise toujours ses aides en ceux du système positif. Cela l'aide à découvrir les projets du peuple de Dieu et à les empêcher de travailler, à les saisir et à leur montrer le chemin de la séduction et de la corruption.

Et pour que les personnes positives ne puissent pas identifier les serviteurs du système négatif, le Hiérarque négatif leur donne tout ce qui est nécessaire pour la vie au peuple de Dieu. Mais toutes leurs capacités dans le programme sont définies au moyen des calculs, et non à l'aide d'une pensée abstraite. C'est pourquoi une personne est incapable de déterminer les différences entre ces deux aspects. Par conséquent, il est persuadé que la personne se trouvant à côté de lui est bonne, mais en réalité c'est un des aides du Diable qui, imperceptiblement pour l'individu positif, l'éloigne du chemin véritable, l'obligeant à suivre la route avec astuces, défauts et erreurs.

Mais le pire est quand les gens de Dieu commencent à croire les leaders négatifs, comme dans le cas avec Hitler. Combien de personnes a-t-il détourné du chemin positif en les montrant celui du vice, de la destruction des autres nations. Et son peuple le croyait, étant persuadé qu'il venait de Dieu dont il a souvent mentionné le nom. C'est-à-dire le déguisement du dirigeant allemand en homme de Dieu positif l'a aidé à convaincre le peuple que l'idée nazie de la supériorité de la race aryenne sur toutes les autres nations est correcte.

Tout dans ses actions a été calculé par Diable et fait entré dans le programme de la vie, ce qui a permis à A. Hitler de dessiner, d'écrire un livre et de caresser son chien, en imitant des sentiments. Mais toutes ses actions ont été robotisées. C'est maintenant, à cette époque là (la période de 2003 à 2019), grâce à nos connaissances, de nombreux lecteurs sont déjà capables de voir les qualités négatives dans le comportement de Hitler; chaque son geste, sa mode de vie, sa façon de parler, de penser – tout cela était robotisé.

C'est un bon exemple du comportement d'une personnalité de la Hiérarchie négative de Diable. Et en comparaison avec lui, Brejnev, Poutine: ils sont, au contraire, des personnalités positives. Leur comportement, leur manière de se tenir montrent qu'ils sont des représentants typiques du système positif et qu'ils sont opposés au chef allemand.

On doit faire plus d'attention aux individus négatifs afin de pouvoir les séparer des positifs. Mais si l'on possède le sens de l'observation, ceux-ci se font toujours passé au moyen de leurs manières et de leurs prédilections.

Ainsi, les personnalités négatives feront et penseront toujours à ce qui est inscrit dans leur programme de vie, et pas plus. Ils n'ont pas d'amour, c'est plutôt une certaine affection pour une famille, pour leurs parents, pour les personnes (femmes, enfants, chiens et autres animaux) incorporées dans leur programme afin de déguiser ces personnes en positives. Leur amour est de nature maniaque, c'est-à-dire qu'ils n'éprouvent pas des sentiments réels d'amour, mais qu'ils ont un attachement fort aux objets de leur programme robotique. Ils peuvent rompre le lien avec leur objet d'amour seulement dans le cas s'ils se trouvent dans une situation qui correspond à celle similaire de leur programme.

La principale différence entre le négatif et le positif est le manque de liberté de choix dans leurs programmes. Ils n'ont pas de droit de choisir à leur propre volonté. Ils possèdent des programmes sans variantes, ils ne suivent donc qu'un seul chemin et ne réalisent que ce qui est écrit dans les situations de leur programme personnel par le Hiérarque négatif. Et cela prouve le manque des actions qu'ils effectuent à leur guise: seulement ce qui est écrit dans le programme sera fait. C'est pourquoi les maniaques ne peuvent pas cesser de tuer des personnes positives jusqu'à ce qu'ils n'aboutiraient au nombre nécessaire de victimes indiqué dans leur programme ou jusqu'à ce qu'une personne positive les arrête. **Ce n'est qu'une personne positive qui est capable d'arrêter un individu du système négatif dans son acte destructeur et nuisible.**

Les maniaques ne peuvent pas expliquer pourquoi ils tuent telle ou telle personne sans aucune raison. Ils n'éprouvent qu'un attachement insurmontable à leur future victime (l'attachement vient de leur programme strict) et le poursuivent donc jusqu'à leur destruction. Ce sont des actions robotiques automatiques.

Si on parle des sentiments de la pitié des individus négatifs, dans ce cas ils sont remplacés par la cupidité, c'est-à-dire qu'ils commencent à aider une personne non à cause de la pitié, mais dans le but de l'utiliser ensuite à ses propres fins.

En outre, une personne a beaucoup d'autres sentiments qui servent de la base pour les actions différentes, les unes les utilisent d'une manière positive, les autres d'une manière négative – comme dans le cas de la charité.

Certains y sont engagés, en éprouvant une véritable compassion et un désir d'aider une personne, tandis que d'autres se cachent derrière la charité pour donner l'impression positive. Cela leur permet d'être populaire et d'être parmi les personnes positives.

Le diable calcule tous les sentiments qui doivent être éprouvés par son pupille dans telle ou telle situation réelle. En plus il n'y a rien de plus facile que de calculer l'occupation de toute créativité de sa personne afin de le déguiser. Mais un peu plus tard, cette personne, entrant dans le bon entourage créatif, commence à le décomposer, à le corrompre, à construire des intrigues ce que nous voyons maintenant dans de nombreuses équipes et dans un milieu artistique.

Les gens de Diable se cachent pour le moment, puis ils commencent à se faire connaître par des actions, des pensées et des sentiments négatifs. Ils peuvent toujours être pris au piège si vous les regardez de près.

UTILISATION DE LA COULEUR POUR LE DÉVELOPPEMENT

Lecteur. Est-ce qu'il existe des couleurs négatives du point de vue de l'énergie ou sont-elles uniquement positives?

Les couleurs sont-elles divisées par énergie: celles plus hautes et plus basses?

Réponse. Tout spectre de l'énergie comporte une certaine gamme de couleurs. Par exemple, les couleurs d'un arc-en-ciel sont agencées selon la loi du spectre de l'énergie, c'est-à-dire qu'elles passent de celle de basse fréquence, rouge, à celle de haute fréquence - à violet. Cela est connu de la physique. Plus la fréquence d'oscillation de l'onde lumineuse est élevée, plus son énergie est élevée. L'énergopotentiel de l'onde de la couleur rouge est minimale, et celui du violet dans le spectre visible est maximum. C'est-à-dire que certaines couleurs sont «plus hautes», d'autres sont «plus basses», comme le prouve la fréquence des énergies qui leur correspond. Et les couleurs de l'arc-en-ciel le confirment aussi.

Le spectre des couleurs perçu par l'œil humain comporte sept couleurs primaires: rouge, orange, jaune, vert, bleu, bleu foncé et violet. L'augmentation de la fréquence des énergies se dirige de l'inférieur, c'est-à-dire du rouge, vers le supérieur, c'est-à-dire vers le violet. La fréquence la plus basse (dans l'arc-en-ciel que nous connaissons) est le rouge et la fréquence la plus élevée dans le spectre visible est le violet.

Le développement de l'âme de l'humanité se passe à l'aide d'un ensemble de coquilles énergétiques minces allant du rouge au violet, ce qui peut être observé par l'aura. Les couleurs elles-mêmes sont neutres. Mais ces couleurs dans leur version simplifiée n'existent que pour la vision humaine. En fait, les fréquences des énergies de chaque couleur contiennent de nombreuses nuances. Par conséquent, au-delà de la visibilité d'une personne, il reste une diversité des couleurs qu'elle ne peut pas même imaginer. En se déplaçant vers la Hiérarchie de Dieu, chacun de ses niveaux ouvrira à l'âme de nouvelles couleurs lesquelles sont inconnues pour l'homme moderne. C'est pourquoi les mondes dans la hiérarchie de Dieu sont beaucoup plus beaux et irisés que le monde terrestre.

GOÛT, LA COULEUR, L'ODEUR ET LEUR FRÉQUENCE

Lecteur. Chaque couleur a sa propre énergie, et si je comprends bien la même chose est avec les odeurs? Par exemple, s'il s'agit du choix des parfums: quelqu'un choisit quelque chose impondérable, quelqu'un aime les arômes lourds, quelqu'un - doux, quelqu'un - musqué et autres. Existe-t-il des caractéristiques des arômes qui distinguent leur "niveau"?

Réponse. Toutes les couleurs de l'arc-en-ciel correspondent aux fréquences de l'énergie en du point de vue de l'odeur, du goût, de la perception visuelle et sonore du monde. Les cinq sens humains se basent sur les fréquences principales du spectre, c'est-à-dire qu'une personne de la 5ème race doit comprendre avec son propre sentiment au moins sept niveaux de fréquences d'énergie. Ce sujet est bien développé dans le livre "Pierre philosophale" (l'auteur ne peut pas être nommé). Il présente des tableaux qui combinent souvent des couleurs, des sons, des odeurs, etc.

ÉCOUTER DE LA MUSIQUE

1. Récupérer via beau.

Lecteur. Au cours de la dernière année (2018), le monde a beaucoup changé. Peut-être ce sont mes sentiments personnels, mais pour le rétablissement de l'équilibre spirituel, pour le soutien et le développement de mon âme la musique me manque. J'ai réalisé que ces derniers temps la musique classique a cessé de m'aider, elle ne suffit plus. Je veux quelque chose d'autre, une sorte de musique "cosmique". Que pourriez-vous me conseiller d'écouter?

Réponse. Le monde a vraiment changé pour le pire ces derniers temps. Tout était dirigé vers l'agression, vers la suppression mutuelle. Par conséquent, les personnalités positives, qui ne constituent que 40% de tous existant sur la Terre, ont beaucoup de difficultés, non seulement physiques, mais aussi spirituelles. Bien sûr, ils doivent se restaurer périodiquement à travers la perception du beau (ce qui, malheureusement, est déjà la rareté), et le moyen de restauration le plus accessible est de s'occuper de la créativité personnelle et d'écouter de la musique.

Si vous écoutiez souvent de la musique classique, alors vous aviez déjà reçu la saturation du point de vue de ses fréquences. Il est nécessaire de noter que la musique classique qui existe aujourd'hui appartient au passé et au siècle précédent, c'est-à-dire au niveau du développement humain qui a déjà été dépassé il y a longtemps et votre âme est déjà saturée de ces fréquences. De nouvelles mélodies classiques ne sont pas encore créé. C'est une lacune de la culture moderne due à la dégradation de la société.

À cause de l'absence des nouvelles mélodies classiques, l'âme de l'homme doit s'orienter elle-même vers la musique générée par le nouveau temps et choisir tout ce qui peut être perçu positivement. C'est pourquoi vous ne devriez compter que sur les sentiments de votre âme, l'écouter et choisir ce qu'elle aime.

2. Le lien entre la musique et la couleur.

Lecteur. Dans la deuxième émission du programme «Amazing People» (Saison 2), une fille a déterminé la mélodie via la couleur. On l'a mis des écouteurs, l'a fait assise devant l'écran, les jeunes gens ont chanté et sur l'écran sont apparues des couleurs via lesquelles elle déterminait la mélodie. Dans quels processus du développement a-t-elle vécu qu'elle a réussi à accumuler une telle capacité?

Réponse. Cette fille a accumulé dans le passé des qualités artistiques distinctes correspondant à la connaissance de la couleur, et, en plus, elle a développé une audition. Dans la vie actuelle, le Supérieur a perfectionné sa structure délicate en combinant ces deux qualités. C'est pourquoi une telle personne est capable de déterminer la note par le son et la couleur correspondant à cette note, car la couleur et les fréquences sonores des énergies correspondent les unes aux autres. Cela est intégré à la structure de notre monde (7 couleurs, 7 notes, 7 jours par semaine, etc.).

OÙ ENTRE L'ÉNERGIE DE LA MUSIQUE DANS L'ÂME

Lecteur. Mon frère écoute de la musique de différentes gammes et de divers niveaux. Mais qu'est-ce qui entre dans sa matrice et où va l'énergie sale?

Réponse. Il existe une matrice de lois dans l'âme qui distribue précisément, dans un ordre et une séquence nécessaires, les énergies entrant dans la matrice. C'est pourquoi lorsque l'individu étudie de différents courants de la musique, il ne doit pas s'inquiéter de quelle manière ils seront répartis dans sa matrice. Tout cela se produira automatiquement sur la base de la matrice de lois, en tenant compte du fonctionnement du mécanisme de l'individualité qui existe également dans sa matrice. Les énergies inutiles seront déposées dans les coquilles temporaires dont l'âme sera libérée après la mort.

Chaque coquille temporaire fonctionne en s'appuyant sur les lois de construction qui y sont posées. Elle "sait" quelles énergies peuvent être transmises plus loin dans des corps d'énergie constants et quelles fréquences énergétiques ne correspondent pas aux normes et devraient rester dans cette coquille. La même chose se passe avec les instruments de musique: l'homme a appris à les créer en s'orientant vers un son et une tonalité spécifiques. C'est pourquoi le piano possède un son qui est tout à fait différent de celui de l'accordéon, de l'accordéon à boutons, du violon, de la flûte, du trombone et du saxophone. Chaque instrument a sa propre tonalité, son propre son ce qui lui permet d'être distingués parmi les autres et d'être particulier. C'est l'homme qui a appris à le faire; les Maîtres Célestes construisaient d'abord des coquilles minces pour l'homme afin que chacune d'elles eût ses propres fonctions et travaillât avec son propre éventail énergétique. Tout corps mince fonctionne selon son programme et, en même temps, est lié à un programme général de vie, ce qui permet aux coquilles d'organiser leur fonctionnement.

Les coquilles temporaires sont larguées, mais le fonctionnement des corps permanents est contrôlé par la Matrice des lois de l'homme et du programme de sa vie qui, tenant compte du niveau du développement de son âme et des énergies «correctes» acquises par lui, bloque la pénétration des énergies «sales» dans les corps permanents en leur faisant rester dans les coquilles temporaires.

Rien n'est construit si raisonnablement que l'âme, et c'est la preuve de la grandeur de la pensée de Notre Dieu qui est créateur de ces âmes, sans parler de ses autres œuvres.

DE QUOI DÉPEND L'ACCUMULATION DES CAPACITÉS MUSICALES?

Lecteur. Je veux vérifier si je comprends bien de nouvelles connaissances. Je comprenais vos livres au niveau mental et je voudrais écrire de quelle manière j'ai compris la notion de la musique après avoir lu le livre «Révélation de l'Espace» - la musique est une énergie qui se trouve dans son éventail. La musique a sa propre hiérarchie qui commence du niveau plus bas et se dirige vers celui plus haut, c'est-à-dire qu'elle peut évoluer du point de vue de son éventail. La musique du premier niveau possède moins d'énergie que celle du deuxième niveau. L'énergie de l'âme choisit le style musical en fonction de la personnalité. Le corps astral de l'individu du premier niveau est construit à partir des énergies conformes à la musique du même niveau et sera construit jusqu'au moment où toute l'éventail sera élaborée. Et seulement après cela il commencera à passer à la perception d'un niveau supérieur.

La transformation d'une coquille astrale de la musique exige plusieurs vies. La durée de la compréhension de la musique dépend de la durée pendant laquelle la personne pourra accumuler dans sa matrice le type d'énergie qu'elle est capable de percevoir et qui lui plaît. L'individu a toujours le choix et il peut écouter de la musique ou ne pas le faire.

Puis, après l'accumulation de l'énergie de la qualité nécessaire, on lui pose une autre type d'énergie selon le programme de son prochain niveau, c'est-à-dire d'un niveau supérieur. Et s'il écoute de la musique du premier niveau, alors ce sera déjà l'énergie sale pour son âme. Et s'il n'écoute pas ce qui lui est posé dans le programme du deuxième niveau et continue à écouter l'énergie du premier niveau comme auparavant, dans ce cas ce sera l'énergie qui pourra être purgée. Elle constituera un défaut. Est-ce que j'ai bien compris?

Réponse. Oui, vous avez correctement compris les bases de l'élaboration de la qualité par l'âme humaine, mais vous devez tenir compte d'une chose suivante. Au cours d'une longue période, une personne a pu se développer sans musique grâce à d'autres types de créativité ou d'activité professionnelle. L'accumulation des capacités musicales est, après tout, une question secondaire et il est plus important pour une personne d'apprendre ce qui est capable de reconstruire des mondes, des univers. C'est pourquoi les Maîtres Célestes font, tout d'abord, entrer dans le programme de l'homme l'acquisition de qualités professionnelles qui contribuent à la vie dans le monde matériel.

De ce fait, l'individu a déjà acquis le potentiel général de l'énergie qui était assez élevé et qui exercerait une influence sur son choix du Niveau de musique. C'est-à-dire que si, après avoir élevé son niveau général dans d'autres incarnations, il retourne à la musique et commence à s'y engager, son âme tendra à égaler celle qui correspond au potentiel général de son développement. Et la musique du niveau bas sera donc désagréable pour cet individu.

Les accumulations générales de l'âme doivent correspondre à tout type d'art. C'est pourquoi une âme se trouvant au niveau haut aimera toujours la musique haute et moderne, tandis que la musique bas plaira toujours à l'âme du niveau bas. Ainsi, le haut développement de l'âme améliorera toujours son goût général dans n'importe quel genre d'art et sa conception holistique du monde.

CRÉATIVITÉ GRÂCE À L'UTILISATION DE L'ÉNERGIE DANS LA SIXIÈME RACE

Lecteur. Vous écrivez que les artistes de la sixième race ne peindront plus au pinceau sur la toile, mais créeront des hologrammes énergétiques dans les airs. Pouvez-vous préciser le mécanisme d'un tel art? L'énergie viendra-t-elle du doigt de l'artiste du futur? Une construction mince supplémentaire générant de l'énergie sera-t-elle créée dans leur corps?

Réponse. À la fin de la 5ème race l'homme a commencé à s'engager énergiquement dans la formation d'images énergiques sous la forme d'hologrammes rayonnants qui on peut voir au cours de différentes célébrations, sur les scènes de théâtres en forme des décorations "3D", dans les rues centrales, sur les bâtiments en forme de superbes éclairages etc. Et ce n'est que le début, bien qu'une personne moderne ait déjà l'opportunité de voir à quel point tout est beau lors de l'utilisation de l'équipement laser. Mais tout cela n'est obtenu qu'à l'aide de moyens techniques. Quand on utilise un autre éventail d'énergies, en ouvrant les capacités paranormales, il s'ouvrira beaucoup plus: il commencera à comprendre d'autres dimensions, de nouveaux niveaux de l'existence et leurs couleurs toujours inconnues pour des hommes modernes, et, en plus, il commencera à maîtriser de nouvelles façons de l'utilisation des gammes de couleur.

L'homme possédera les codes énergétiques du nouveau monde. Chaque code correspondra à une certaine couleur et à une certaine tonalité (en contrôlant le code, il sera possible de remplacer la tonalité par celle désirée). À l'aide de ce code, l'artiste sera capable de composer de la matière énergétique du monde qui l'entoure la forme souhaitée avec la couleur nécessaire.

Ce ne sera pas la technologie qui contrôlera tous les processus, mais ce sera la pensée de l'homme. Les gens apprendront ces nuances aux écoles spéciales ce qui leur paraîtrait une tâche aussi facile que s'ils apprenaient à peindre. Tous ces processus pour les gens de la 6ème race sont déjà élaborés et attendent ceux qui atteindront la prochaine race en souhaitant progresser dans cette direction. Beaucoup de nouvelles choses inhabituelles attendent les artistes et les personnes créatives et, sans doute, elles captiveront pleinement leurs âmes et leur permettront de créer la beauté.

APRÈS AVOIR LU LES LIVRES, J'AI APPRIS À DESSINER

Lecteur. Je voudrais vous remercier pour les livres, ils m'ont beaucoup influencé, j'en avais vraiment besoin et, heureusement, j'ai enfin fait connaissance avec eux! Après avoir lu vos livres en 2012, j'ai commencé à dessiner. C'était comme si quelqu'un me réveillait à 4 heures du matin et m'apprenait à dessiner. Je me souviens même que ma main, en touchant le papier, sentait la vibration des dessins, mais je ne comprenais pas pourquoi je les peignais. Maman m'a grondé: «pourquoi peins-tu les visages, dessines-tu la nature», mais j'ai continué à peindre des visages! De plus, je ne comprenais moi-même pourquoi je peignais un troisième œil sur le front d'une personne.

C'étaient vos livres qui m'ont stimulé, c'étaient eux qui ont jeté les bases créatives! Merci

Réponse. C'est le Déterminant qui vous apprend à dessiner. Dans l'une des vies passées, vous avez déjà reçu les premiers acquis de l'artiste, mais vous n'avez pas réussi à réaliser des portraits. C'est pourquoi le Déterminant veut perfectionner ce type de travail, en vous concentrant sur les portraits des gens. La chose la plus principale de chaque personne est le visage, l'expression de ses yeux à travers laquelle l'âme regarde le monde. En plus, la personne de la 6ème race sera capable de voir le monde subtil et c'est pourquoi le Déterminant vous oblige à dessiner le troisième oeil ou son symbole sur le front. Ainsi, vous dessinez des représentants de la future race. De la même manière, vous rappelez aux gens qu'il est nécessaire de se développer énergétiquement dans une nouvelle direction qui, à son tour, ouvre de nouvelles capacités aux personnes.

CERTAINS GENS N'ONT PAS DE DROIT DE GAGNER LEUR VIE À L'AIDE DE LA CRÉATIVITÉ

Lecteur. Si une personne créative dessine et ne vend pas ses tableaux, est-ce qu'il est un débiteur qui travaille gratuitement sans recevoir de récompense pour son travail? Pourquoi est-ce que je ne peux pas gagner de l'argent à l'aide de mon travail artistique? Je dois donc offrir mes œuvres, même s'ils sont aussi agréables.

Réponse. La créativité n'est pas seulement considérée comme un moyen de gagner de l'argent. C'est l'opinion fausse de la personne. Elle est donnée pour développer l'âme et assurer le passe-temps (à l'aide de la créativité)* au cours du temps libre de sorte qu'une personne apprenne à ne pas perdre de temps et cherche à utiliser chaque minute libre pour perfectionner son âme. En d'autres termes, la créativité s'ajoute au programme principal du développement humain. À travers le programme principal, l'individu doit apprendre des professions sociales qui sont bénéfiques pour les autres et des interactions qui ont lieu grâce au travail social utile pour les autres.

Au cours du temps libre, l'homme a le droit de s'engager dans la création, en contribuant ainsi à son développement complet. Les Maîtres Célestes ne permettent de vendre des résultats de la créativité qu'aux certains individus. Ces individus devraient servir de modèles aux jeunes générations qui bénéficient aussi d'un talent similaire vise à les développer d'une manière intégrale.

Le talent est donné à une personne comme une possibilité de se développer dans une certaine direction et, en utilisant cette possibilité, elle doit déjà produire cette qualité, en la perfectionnant. C'est-à-dire que cette personne doit savoir qui pourraient servir de l'orientation dans son travail artistique (sauf l'enseignant supérieur) afin que ses peintures atteignent la plus haute maîtrise. Il faut aussi savoir évaluer vos peintures en fonction de la qualité de leur réalisation. Pour le faire, il faut comparer plus souvent vos œuvres avec les autres.

La créativité ne peut pas être un devoir. Il ne faut pas la travailler en remboursement, mais au contraire, il faut la parfaire. Si une personne ne vend pas ses peintures, cela signifie que:

1) la vente n'est pas prévue par le programme de cet individu et la créativité ne vise qu'au développement de son âme. Il est généralement interdit aux certaines âmes positives de vendre leurs œuvres si elles ont de quoi vivre ou peuvent gagner de l'argent à l'aide d'une autre activité;

2) le niveau de la réalisation des peintures n'a pas atteint le professionnalisme et elles ne peuvent donc pas être achetées;

3) quand une personne vend des peintures en dehors du programme, elle accumule la qualité de la cupidité et quand elle les offre - elle accumule la qualité de la générosité.

Il est bien d'organiser les expositions pour réaliser les travaux. De cette manière, l'artiste partage les résultats de son travail avec les autres et sert en même temps un exemple à suivre pour un certain milieu de jeunes âmes.

INFORMATION CONFORME À L'ÂME

Lecteur. Dans le livre «But du développement humain», vous écrivez qu'un haut Niveau de nos connaissances reste toujours inaperçu par les gens, c'est pourquoi les livres: «Philosophie de l'éternité», «Philosophie de l'absolu», «Nouveau modèle de l'univers», «Développement de la pensée», «Philosophie paradoxale», «Lois de l'univers» restent peu demandés. Mais quand j'ai commencé à lire «Philosophie de l'éternité», j'ai compris que je faisais comme chez moi. Quand une personne rentre chez elle et dit cette phrase: «Enfin, je suis chez moi», elle éprouve un sentiment inhabituel de calme, de joie, puisqu'elle comprend vraiment sa place dans le monde. J'ai éprouvé les mêmes sentiments, mais en lisant vos livres.

Je pense que les sentiments que j'éprouve en plongeant dans vos informations sont des souvenirs du passé?

Réponse. Vous percevez l'harmonie des énergies d'une manière correcte. L'âme se réjouissait toujours de ce Suprême que l'on y a longtemps posé lors de nombreuses incarnations précédentes et attendait du matériel pour réussir son étape finale de construction. Elle l'a attendu depuis longtemps et n'avait pas pu le trouver dans ce monde. C'est pourquoi, en plongeant dans les textes des livres du Haut Niveau, l'âme vous a immédiatement donné le signe que c'étaient vos Énergies Natives, le pic de vos nombreuses qualités. Et nous, bien sûr, sommes aussi heureux d'avoir trouvé une personne dont l'âme répond à de très Hautes énergies et trouve une consolation grâce à elles. Il est très important de le sentir à l'aide de l'âme.

SUBCONSCIENT HUMAIN DANS L'UNIVERS

Question: Le subconscient humain fait-il partie d'un subconscient de l'univers? Certains auteurs affirment que le subconscient humain contient des informations sur notre univers et, en plus, trouvent qu'il existe des informations intégrales sur son passé, son présent et son avenir. Et au cours de sa vie un homme prétendument, n'utilise que les informations nécessaires provenant de son propre subconscient. Est-ce que tout est vrai?

Réponse: On peut répondre brièvement que ce n'est vrai. Il y a une certaine confusion du point de vue des notions d'échelle cosmique.

Si tout cela était posé à chaque personne dès le début, et, dans ce cas, nous serions des super-intellectuels dès le début aussi, il n'y aurait alors plus besoin de nous développer et l'évolution de l'âme n'aurait aucun sens. On n'aurait nulle part et aucune raison de progresser.

Mais la vérité consistait en ce que chaque esprit individuel (subconscient)*, ne contenait qu'une expérience personnelle de l'individu, que ce qu'il a appris, étudié et vérifié lui-même. Il n'y a plus rien dans le subconscient.

Si le subconscient contenait l'expérience universelle du passé, il suffirait alors d'utiliser ce qui existait déjà, en accumulant périodiquement les connaissances nécessaires à la vie. Mais ce dernier ne contribuerait pas au développement de l'homme. Il ne penserait pas, il ne travaillerait pas, il ne faisait que ce qu'il utiliserait les connaissances déjà disposées. La même chose avec le robot qui utilise des éléments de comportement et de connaissances prédéfinis inclus dans son programme. Un tel style d'existence avec l'utilisation des connaissances et de l'expérience de quelqu'un d'autre relève la notion de la robotisation. Peut-être cette façon de l'existence peut être utilisée dans certaines formes de vie, mais pas dans la vie humaine.

On nous a donné la possibilité de se développer pour que nous acquissions progressivement une expérience personnelle. À cause de ce que l'expérience est une chose individuelle et de ce qu'elle se trouve aux différents niveaux du développement, c'est-à-dire que quelqu'un se trouve dans la "première classe" et quelqu'un d'autres se trouve dans le "dixième", elle est tout à fait différente du point de vue de son contenu. En termes simples, quelqu'un a accumulé peu de connaissances dans le passé et, par conséquent, était stupide à cette période-là, et il faudrait au moins dix vies pour accumuler les connaissances de niveau de son voisin, par exemple.

L'âme qui s'est récemment engagée sur la voie de l'évolution n'a aucune expérience, surtout celle universelle. C'est une énorme quantité de connaissances qui peut faire exploser la petite âme d'une personne dans le cas si l'individu veut essayer d'y intégrer tout ce qu'il est possible. Et dans quel but doit-on intégrer l'expérience universelle dans le subconscient humain? Pour qu'il devienne aussi l'univers?

Bien sûr, cette tendance peut être considérée de différentes manières, ce n'est pas pour rien qu'ils disent que l'homme est un petit univers. Mais c'est un peu autre chose. Nous parlons du subconscient. Il accumule son expérience ce qui explique la différence du contenu de subconscient de la personne et de celui de l'univers qui a sa propre voie du développement différente de celle de la personne.

L'idée de ce que dans le subconscient humain se trouve l'expérience de l'univers est évidemment liée au fait que certains chercheurs réussissent à extraire du subconscient des individus des connaissances inhabituelles qui sont tout à fait différentes de celles modernes. Mais cela s'explique par la présence de trois types d'âmes sur la planète: terrestres, moyennes et cosmiques. Si l'on étudie le subconscient de l'âme provenant du monde animal et ayant passé les plans précédents (végétal, plan de minéraux, reptiles, insectes), dans ce cas elle aura une expérience particulière; et si l'on commençait à étudier le subconscient de l'âme cosmique qui avait déjà passé la voie du développement dans d'autres mondes, dans ce cas elle contiendrait dans son subconscient l'expérience inhabituelle d'autres mondes qui, à son tour, pourrait pousser le chercheur à penser que ce subconscient contenait des connaissances universelles. Et bien sûr, le contenu du subconscient d'une telle âme cosmique sera considérablement différent de celui du subconscient des âmes terrestres passant à travers le niveau animal.

Et il y a encore une chose qui peut induire le chercheur en erreur. Par exemple quand un individu, après avoir atteint de nombreuses étapes de développement, a accumulé une riche expérience personnelle dans le passé, alors dans la vie réelle, il ne pourrait pas utiliser toutes ses connaissances, il n'utiliserait qu'une partie qui lui serait nécessaire à telle ou telle étape d'amélioration. Mais les connaissances passées seraient toujours différentes de celles réelles.

Nos livres tels que: «Formation de l'âme ou philosophie paradoxale», «Personnalité et éternité», «Philosophie de l'absolu», «Vie dans un corps étranger» et d'autres permettent de comprendre de quelle manière se passe le développement du subconscient et comment la personne peut l'utiliser au cours de la vie.

Si une personne parle des connaissances universelles, dans ce cas elle doit imaginer son volume, son énergopotentiel. Il est nécessaire de faire certaines comparaisons. Prenons au moins le subconscient de Dieu qui inclut l'expérience de l'existence pré-absolue; l'expérience qui passe à travers de nombreuses hiérarchies. Certains d'entre eux possédaient leur propre énergie et leurs mondes physiques construits par d'autres Dieux des niveaux supérieurs de l'univers qui servait d'une source de l'expérience pour notre Dieu.

Sauf sa vaste expérience de la perfection personnelle, notre Dieu, après avoir atteint le niveau de l'Absolu, s'est également développé grâce à la création supplémentaire des mondes énergétique et physique. Ayant reçu sa propre hiérarchie, il a créé quatre univers physiques et a commencé à les construire en utilisant les connaissances acquises. Mais c'est sa propre expérience liée à la construction, la transformation et la réalisation de certains objectifs. Et lorsque Dieu atteint un objectif donné du développement, il quitte ces univers et se déplace dans les espaces d'un ordre supérieur, c'est-à-dire qu'il retire son subconscient de cette structure ce qui explique l'impossibilité d'en faire partie. Et l'homme quitte cet univers avec Dieu.

Chaque univers contient des informations différentes, c'est pourquoi sa cognition signifie l'acquisition d'une nouvelle expérience par le subconscient. Mais elle n'est pas posée artificiellement, elle est acquise grâce au travail personnel. C'est la chose principale qu'une personne devrait toujours se rappeler. Mais pour remplir le subconscient de l'expérience de la connaissance au moins seul univers, il faut passer une longue voie du développement.

Ainsi, le subconscient humain ne fait pas partie du subconscient de l'univers, car ce sont des formes d'existence différentes dont chacune se développe selon un programme individuel et possède son propre but du développement. L'homme existe temporairement dans cet univers. Après avoir atteint un certain niveau de la perfection, il s'élève avec Dieu dans un monde supérieur, en quittant cet univers.

L'expérience d'une personne n'est que son expérience et ses connaissances. Il est tellement misérable en ce moment qu'il ne peut intéresser le subconscient de l'univers. L'univers lui-même est construit sur un principe qui se diffère de celui de l'homme. Nous ne pouvons pas dire que le subconscient d'un microbe se trouvant dans le corps humain est son subconscient seulement à cause de ce qu'il réside à l'intérieur de son corps. C'est la même chose, le subconscient de n'importe quelle forme est individuel et est le fruit du développement individuel. C'est pourquoi le subconscient humain ne fait pas partie du subconscient de l'univers, ni même de celui du Dieu, bien qu'il reste à sa portée.

Cependant, la mémoire de l'univers peut garder des informations sur la présence en elle de la forme humaine de la vie. Mais le souvenir concernant la présence d'une personne n'est pas le subconscient lui-même, il ne porte que des informations et non des fonctions propres au subconscient.

CONSCIENCE D'UN ÊTRE HUMAIN FAIT-ELLE PARTIE DE LA CONSCIENCE UNIVERSELLE?

Lecteur. Un esprit humain peut-il faire partie de la conscience universelle ou du champ d'information de l'univers? Après tout, les savants, les philosophes créent de nouvelles connaissances qui doivent rester quelque part comme mémoire du passé.

Réponse. Dans ce cas il faut l'observer de deux manières:

1. Premièrement, la conscience de l'univers et son champ d'information sont des constructions différentes. Le champ d'information est une matrice spatiale qui contient tout ce qui se trouve dans ses limites. Si une personne se trouve dans cet univers, elle contient donc nécessairement des informations sur l'individu: des informations sur le passé, le présent et le futur;

2. Deuxièmement, si nous parlons de la conscience de l'univers, il s'agit d'une construction complètement différente possédant des fonctions particulières. Dans ce cas la personne lui attribue (à la conscience)* la fonction de l'Esprit. L'homme possède un esprit inférieur, l'univers - celui supérieur et ils ne peuvent se mélanger en aucune manière.

La conscience humaine ne fait actuellement pas partie de la conscience universelle (la même chose avec le subconscient) car il s'agit de niveaux de conscience complètement différents qui ne sont pas compatibles du point de vue de leurs fonctions et de leur qualité. Ils se développent parallèlement. Et en plus, la conscience et l'esprit humain en ce moment sont si bas et si mauvais que l'on ne peut même les accéder à l'état du Suprême. Maintenant l'homme assiste à la sélection par le décodage* et la réincarnation*, il n'est pas encore autorisé à entrer dans l'existence éternelle pour révéler une partie de quelque chose d'éternel.

Pour faire partie du Suprême, on doit atteindre certains paramètres et accumuler l'énergopotentiel nécessaire. De plus, s'il s'agit d'une notion de la conscience, cela exige une certaine direction qualitative du développement. Et nous savons déjà que dans l'Univers toute forme vivante, c'est-à-dire tout être du même monde, n'est destinée qu'à la reconstitution de ses certaines parties. Chaque zone de l'Univers, de la Nature* exige une certaine direction qualitative du développement.

Et si nous partons du principe qu'une personne du futur peut devenir une partie d'une Conscience supérieure, cela ne sera possible que si elle n'était initialement créée pour ce but. Si elle est destinée à reconstituer des zones similaires à celles qui ne sont pas propre à l'esprit, mais à un autre de ses «organes», par exemple au «foie» ou à «l'estomac» (bien qu'il faut noter qu'il n'existe pas de tels organes dans la nature), dans ce cas ce sera une autre direction de son développement. Donc, on ne peut pas dire que la conscience de chaque personne fait partie intégrante de la conscience universelle. On peut maintenant considérer l'homme comme une partie du monde terrestre et pas plus. C'est presque la même chose qu'affirmer que la conscience du foie ou de l'estomac constituent la conscience humaine. Mais ils ont une direction qualitative du développement tellement différente que l'un ne peut pas faire partie de l'autre.

En ce qui concerne l'univers, l'homme est une partie tellement insignifiante pour lui que si toute l'humanité est détruite cela n'exercera une influence considérable ni sur l'univers, ni sur l'esprit supérieur, ni sur la Nature. La Terre avec toute l'humanité est un petit laboratoire. S'il est fermé en raison d'incohérences ou de problèmes, les Maîtres Célestes trouveront toujours par quoi on peut le remplacer.

Et nous soulignons encore une fois que la conscience humaine, comme toute autre conscience, ne possède que ce qu'elle a accumulé au cours des dernières étapes du développement. En plus, la conscience et l'esprit de l'univers se développent dans unes qualités et celle de l'homme - dans d'autres. Ils ont des buts du développement différents et affectent donc de différents processus de la formation. Tout a son but initial et sa spécialisation du point de vue du développement. L'esprit de tout état et de toute forme est isolé, il se développe individuellement et correspond à son Niveau, généralisant la connaissance d'une direction qualitative particulière et d'une conformité de niveau.

Qu'est-ce qu'une direction qualitative? Rappelons qu'en étudiant la botanique, une personne apprend des informations sur un sujet et qu'en étudiant la physique sur un autre, donc la direction de leur développement sera différente. Tout le monde a un bagage de connaissances individuel et sa propre compréhension dans tel ou tel domaine, mais dans un autre domaine, ils peuvent être mal informés.

Cependant, cette question s'est posée en raison du fait qu'une personne confond certaines choses. L'univers contient le champ d'information et une personne peut utiliser une petite partie de ses connaissances, mais celles-ci s'ouvriront à elle au cours de la perfection personnelle.

Et la deuxième chose, créant une confusion dans ces notions, est ce que les informations sur la présence d'une personne dans cet univers resteront dans les bagages de son passé. Tout passé est sauvegardé en tant qu'expérience d'analyse. Mais ce passé constitue des constructions d'hologramme et pas la conscience ou le subconscient de l'homme.

La conscience humaine n'a rien à voir avec le champ d'information de l'univers dans le sens qu'elle ne peut l'enrichir par de nouvelles choses, mais elle-même (la conscience humaine) utilise les clichés informationnels qui existent déjà dans l'univers.

* * *

Chapitre 2
ÂMES D'AUTRES FORMES DE VIE.
LES PIERRES. L'ATOME

Les pierres sont un morceau de matière solide créé par la Terre et son sous-sol selon le programme en fonction de l'étape du développement de la planète. La qualité des pierres est différente, car elles sont déterminées par leur composition chimique et leur construction physique. Le fait que différents types de pierres aient leur propre structure indique l'analyse spectrale et toutes sortes d'études physiques.

Il y a déjà plusieurs siècles que les pierres sont utilisées comme matériel de construction. Cependant, au cours d'une certaine période du développement, une personne a découvert que les pierres avaient une certaine influence sur l'homme. Et plus il les étudiait, plus il était surpris de sa structure et de ses effets sur l'homme.

Il développait ses connaissances, et avec elles, les propriétés des pierres et leur domaine d'application. De nombreux types de pierre ont commencé à être utilisés dans le domaine des bijoux, de la magie, de la médecine, de l'électronique, etc.. En plus, certaines d'elles possédaient une superconductivité, d'autres avaient des propriétés cicatrisantes (le silicium, par exemple, a un effet cicatrisant et bactéricide). Et ce sont, bien sûr, des informations encyclopédiques, c'est-à-dire celles très brèves sur la notion générale de "pierre", bien que l'on puisse en parler beaucoup. Mais nous ne voulons pas s'arrêter sur les faits vieux et connus. Notre tâche est de découvrir dans la chose ordinaire et familière de nouveaux aspects de l'inconnu.

Au cours de l'un de nos contacts, on a posé la question suivante à Dieu : «Dans quel but des pierres sont-elles apparues sur la terre?», et il a répondu:

- C'étaient les particules d'une immense construction de la Terre et étaient destinées à accumuler certaines énergies.

Puis, lors de notre dialogue avec Dieu, nous avons beaucoup appris sur leur capacité d'influencer les gens, etc. Toutes les informations données dans ce chapitre sont obtenues sur la base de contacts avec Lui et le lecteur a la possibilité d'évaluer sa nouveauté. Nous allons fournir un fragment du dialogue concernant la magie de la pierre.

Nous avons posé à Dieu la question suivante:

- Les pierres ont-elles la capacité d'affecter une personne? Sur quoi se base leur magie?

Dieu a expliqué:

- C'est un simple impact énergétique. Elles n'ont rien de magique. Le plus grand potentiel affecte celui qui est moins. Mais comme une personne, du point de vue de l'astrologie, est liée à la production d'énergie d'une qualité particulière, c'est pourquoi, donc, chaque individu assiste à l'accumulation d'une qualité particulière dans sa matrice. Une interaction résonnante des énergies propre à la pierre avec celles accumulées par l'homme se produit. Ce sont les effets physiques habituels. Les substances supérieures, l'homme et certains animaux, possèdent la magie. Et ce qui est attribué aux pierres, le plus souvent - c'est une légende.

- Mais les pierres affectent toujours la personne?

- Ce ne sont que celles qui ont plus d'énergie que l'homme qui peuvent exercer une influence.

- On peut donc dire que les pierres sont plus âgées que l'âme d'une personne, puisque leur énergie est plus forte?

- Oui, les pierres sont beaucoup plus vieilles. La Terre a été créée avant l'homme.

- Nous savons que les pierres absorbent l'énergie des personnes. Où est-ce qu'elles la transforment?

Dans leur propre matrice. Puisque les pierres représentent aussi une forme de vie spiritualisée, elles progressent grâce à leurs processus et remplissent leur propre matrice de l'âme par les types d'énergies correspondant à cette forme d'existence. Mais leurs processus sont lents et c'est pourquoi les âmes se développent longtemps. Comme les gens, elles ont des réincarnations et chaque pierre a donc son propre programme.

Il est difficile pour une personne de reconnaître que les pierres appartiennent à une forme de vie vivante, et malgré ce qu'il y a déjà plus de 25 ans que l'on nous a dit ce fait, les chercheurs ont commencé à le confirmer en se basant sur leurs observations et les études dans une nouvelle perspective.

Par exemple, en 2017, des savants français ont reconnu qu'ils considéraient les pierres comme une forme de vie vivante. Plus tôt (en 2013), des chercheurs américains avaient trouvé des pierres qui bougeaient dans la Valley of Death (États-Unis, Californie). Elles se sont déplacés le long du lac asséché de Rey-Strek-Playa et au cours d'une nuit elles ont pu passer des dizaines de mètres. Après de telles observations, ils ont également été forcés de les reconnaître vivantes et capables de se mouvoir indépendamment. Wikipédia ajoute: "Leurs empreintes mesurent plusieurs dizaines de mètres de long, 8 à 30 cm de large* et moins de 2,5 cm de profondeur. Les pierres ne se mouvaient qu'une fois pour les deux ou trois ans... Parfois, les pierres se retournent ce que l'on peut comprendre en observant la taille de la piste. On a trouvé des déplacements similaires de pierres dans d'autres endroits. Par exemple, en Russie, une telle «pierre en mouvement» a été trouvée sur le bord du lac Pleshcheyeva, dans la région de Pereslavl-Zaleski. C'est une pierre énorme, pesant environ une demi-tonne. On a même décidé de la déposer au fond du lac à l'aide de l'équipement technique particulier pour qu'elle ne gâchât pas la vue. Et peu de temps après, on l'a retrouvé au bord, elle se trouvait à trois-cinq mètres de l'eau. Elle est inexplicablement sortie de l'eau sans aucune aide et a de nouveau pris sa place honorable. Cette place est devenue énormément populaire et on a commencé à croire que cette pierre aidait à réaliser les désirs d'une personne qui avait jeté une pièce de monnaie dans le lac. Cette pierre a été baptisée la "pierre bleue".

Ainsi, il fallait que l'homme devînt plus attentif et il a commencé à remarquer non seulement des pierres en mouvement se trouvant sur la Terre, mais aussi les fondations des bâtiments et des structures sur le Mars, le mouvement des extra-terrestres le long de la Lune et beaucoup d'autres. Lorsque le voile de la cécité tombe des yeux, beaucoup de choses nouvelles et intéressantes apparaissent. Par conséquent, si une personne maintenant ne voit pas ou n'accepte pas quelque chose, alors la raison en est son aveuglement spirituel et le manque de nouvelles connaissances dans son âme.

Nous avons écrit plusieurs fois à propos des pierres dans de différents livres, mais le premier d'entre eux était le livre «Le secret des mondes supérieurs» qui parlait de pierres précieuses qui auraient une importance particulière pour la sixième race. La première édition de ce livre est parue en 2001 dans la ville d'Alexandrov, dans la région de Vladimir. C'est-à-dire que, pour accepter la vérité concernant la structure vivante de la pierre et sa spiritualité, certains de nos lecteurs devaient franchir le chemin, au moins de 12 à 17 ans, pour comprendre que des pierres étaient vivantes.

En outre, à cause de la découverte d'une multitude de connaissances lors de la restructuration de notre État, auparavant cachées du public, certains chercheurs sont devenus plus attentifs et ont commencé à observer la nature des choses d'une nouvelle manière, ce qui les a aidé à découvrir une nouvelle direction du développement de la physique, de la biologie, de l'astronomie etc. Cela laisse à espérer qu'avec l'aide de nos nouvelles connaissances, la progression de nombreuses branches de la science et de la médecine deviendra plus accélérée; il y aura une restructuration du système de l'éduction dans les établissements d'enseignement secondaire et supérieur, ce qui, à son tour, permettra d'accélérer le développement de l'humanité et à éliminer son retard.

Mais revenons aux pierres. Comme nous le voyons, elles sont capables de pousser l'humanité à réviser ses anciennes vues sur le monde qui l'entoure et sur la nature de ses choses.

Ainsi, nous avons appris que chaque pierre est une forme de vie particulière capable de se développer. Cependant, son corps matériel est également constitué de particules très petites: des molécules et des atomes qui forment le rocher de la pierre. Le granit, le quartz, le rubis, le malachite et d'autres ont leurs propres structure, propriétés et, en conséquence, différents programmes.

Mais les atomes sont aussi des particules spiritualisées, comme nous l'avons appris de ces contacts, et ont à leur tour leur propre programme d'existence.

Une pierre est née, elle vit et se développe sur la base d'un programme personnel. Ce programme l'aide à accumuler dans la matrice de l'âme de la pierre les énergies qui contribuent à la progression de son âme dans la direction nécessaire.

La pierre initiale est créée à partir des éléments chimiques de la terre, de telle manière est formée sa roche. À l'aide d'elles se forment des montagnes rocheuses et des plateformes tectoniques qui incluent plusieurs espèces les plus diverses requises par notre planète dans telle ou telle place. L'énergie des pierres est nécessairement reliée par des programmes à l'énergie de la terre sur laquelle elles travaillent, permettant ainsi à son immense corps de fonctionner.

Le temps avance et, bien que les pierres vivent très longtemps, elles vieillissent et meurent. Elles ont pour fonction de broyer des volumes plus importants en ceux plus petits. Cette fonction contribue à l'apparition de petites pierres par le broyage de grosses pierres.

Si une seule pierre est broyée, alors elle meurt comme un ancien volume intégral et son programme unique se termine. Au lieu de cela, apparaissent de petits cailloux inspirés qui reçoivent un nouveau programme d'existence personnel. L'âme d'une grosse pierre s'envole dans son Système qui suit le type de forme particulier, et une nouvelle âme avec son propre programme se crée dans chaque petite pierre.

La division de la pierre se poursuit jusqu'à l'obtention des plus petites parties, jusqu'aux grains de sable dans lesquels commence la naissance des petites âmes. Selon la hiérarchie des pierres, elles correspondent au premier niveau. Mais ici il ne faut pas confondre la forme et le développement de l'âme en elles. Une jeune âme est infusée dans des formes (grains de sable et petits cailloux) et commence à se développer, tandis que la forme matérielle, dans laquelle se trouve cette âme, est au contraire formée à partir de matériaux anciens qui se sont effondrés à cause de la vieillesse. Mais les programmes contrôlent tous ces processus. Cependant, comme chez les humains où de grands corps matériels (femmes et hommes)* créent de petits corps (enfants), de grandes pierres (montagnes et plates-formes de pierre) créent de petites formes de petites pierres jusqu'au sable. Les tailles des pierres correspondent à leurs niveaux de hiérarchie et les tailles d'un niveau fluctuent dans certaines limites.

Chaque Niveau de la pierre, qui a au moins atteint la hiérarchie supérieure des Minéraux, peut se diviser, en créant ainsi des formes plus petites dans certaines quantités. Bien que pour un homme cela ressemble à la destruction. Mais en réalité, il s'agit d'un processus particulier de la reproduction, de la création de ses formes.

Mais même la plus petite pierre est constituée de composants plus petits, tels que les molécules et les atomes qui, à leur tour, sont aussi spirituels, comme Dieu nous l'a dit. C'est-à-dire que les molécules, les atomes ont leur propre âme et chacun d'entre eux a sa propre manière de se développer dans l'évolution générale de la Terre.

Cependant ce n'est pas seulement l'atome qui a une âme, mais chaque électron, neutron et proton qui le compose en a aussi. Tout ce qui peut être fondu: pierre, métal – meurt comme la forme et l'état personnel d'un volume plus important, et son âme quitte le corps matériel.

Mais tout ce qui se forme à la suite de la cristallisation (minéraux, alliages métaux, etc.) reçoit son propre âme et son propre programme d'existence.

Après avoir fondu, les atomes qui les composent continuent à maintenir leur âme intégrale, mais du point de vue de leur programme, ils passent à une autre option du développement possédant un nouvel état.

L'atome a son propre esprit et son propre programme du développement. L'existence du petit et du grand est reliée par des programmes séparés qui déterminent la durée de leur interaction.

(Nous voudrions compléter ces informations par des observations de notre vie.) La maison où nous sommes nées se trouvait à Novorossisk, sur une de ses montagnes. Elle a récemment eu son 107 anniversaire (pour l'année 2019). Il y a des roches et un sol rocheux partout. Autour de notre maison se trouve une petite cour. Depuis notre enfance, chaque printemps, nous faisions un ménage avec nos parents et préparions des lits pour la plantation de persil, de radis, de fleurs. Nous recueillions de petites pierres de 6 à 8 cm et les creusions du sol en labourant le terrain. On les mettait dans un seau (d'habitude c'étaient 2-4 seaux) et puis les jetait dans une poubelle se trouvant dans la rue. Le sol donc devenait doux, sans pierres.

Mais quand on a commencé à labourer la terre l'année suivante, tout se répétait, les pierres apparaissaient sur les lits déjà labourés. Il y en avait beaucoup. Et ainsi chaque année on jetait 2-4 seaux pleins de pierres. Les adultes ont toujours été surpris: «D'où viennent-elles? Comme si elles grandissent du sol». Et, apparemment, ils avaient raison. Les pierres ont vraiment grandi, en se séparant du rocher sur lequel se trouvait notre maison, et ont remonté à la surface, devenant visibles à l'œil à la surface des lits ou se trouvant sur la couche supérieure du sol. Au cours de 60 ans on a vu ce processus à nos propres yeux, la montagne nous donnait une récolte plus considérable que le persil ou le radis. Les nouvelles connaissances donnent ainsi beaucoup d'explications.

Passons maintenant aux questions des lecteurs, qui complètent le sujet des pierres et de la Terre.

À PROPOS DES PIERRES ET DE L'ESPRIT DE LA TERRE

Lecteur. Notre planète est capable de créer toutes sortes de pierres précieuses, des minerais métalliques, mais l'homme est aussi capable de les créer artificiellement aux usines spéciales. Est-il possible d'assimiler l'esprit de l'homme à l'esprit de la Terre?

Réponse. On ne peut pas comparer l'esprit humain avec celui de la Terre. L'homme n'a pas encore eu le temps d'achever son développement dans sa hiérarchie, c'est-à-dire dans la hiérarchie de l'homme, et cela lui prendra au mieux trois ou quatre mille d'années. Et la Terre a déjà dépassé l'étape du développement qui a duré 4,5 milliards d'années, mais avant de devenir membre de notre système planétaire, son âme avait déjà dépassé des milliers de milliards d'années.

Vous devez comparer vous-même le degré du développement mental d'une personne au cours d'une vie et comprendre s'il avait atteint les Niveaux supérieurs du point de vue de son développement en restant dans le monde terrestre. Si nous mesurons ces rapports, même s'ils sont temporels, nous pouvons comprendre qu'une personne est incomparable par aucun indicateur avec notre planète. Seule la naïveté enfantine de son âme lui permet de se comparer à ceux qui sont, à vrai dire, disparates avec lui du point de vue de toute caractéristique.

Les pierres artificielles.

Lecteur. Quelles sont les particularités de l'énergie des minéraux synthétiques? Est-il possible de les utiliser à des fins magiques et de travailler avec eux comme avec ceux naturels ?

Réponse. Il est préférable d'utiliser des pierres artificielles uniquement comme ornements qui n'ont pas de propriétés particulières. Tout ce qui est artificiel est bien pire que ce qui est naturel, car l'homme, à ce niveau du développement, n'est pas capable de créer la matière physique comme le font les Créateurs Célestes. En se basant sur la différence entre l'intellect de l'homme et celui des Créateurs, vous pouvez comprendre quelle est la différence entre les objets créés par les gens et ceux créés par les Célestes.

RÉALISATION DE L'ÂME DE LA PLANÈTE

Lecteur. Vous avez écrit que les comètes ont une âme. Est-ce qu'il existait déjà sur la Terre une incarnation dans le corps humain de l'âme d'une comète ou d'un astéroïde à des fins particuliers?

Réponse. Bien sûr, c'est possible, mais il n'existait pas de tels fins pour lesquels on déciderait d'utiliser des âmes de comètes sur la Terre. Les Maîtres Célestes agissent toujours d'une manière appropriée. Ils ne font rien à cause d'une simple curiosité.

CELLULES DU CORPS PHYSIQUE ET LEUR SPIRITUALISATION

43

Lecteur. Les cellules de notre corps matériel sont-elles vivantes sans être inspirées par l'énergie totale de la coquille extérieure ou non? Et qu'est-ce qui se passe avec leur développement?

Réponse. Les cellules de la coquille matérielle extérieure de tout organisme vivant, aussi bien d'un atome, ont leur propre intelligence cellulaire et leur propre programme du développement individuel lié au programme de l'organe ou du système de l'organisme qu'elles composent.

À la naissance d'un enfant, sa biomasse spiritualise par l'énergie de la mère et se lie à son programme, c'est-à-dire elle se trouve sous le contrôle complet du programme maternel. Mais cela prend aussi en compte le futur programme du développement humain. S'il travaille sur le karma d'une personne handicapée, dans ce cas le Déterminant du futur enfant introduit immédiatement des défauts aux vides nécessaires de son futur corps et de ses organes.

Au moment de la naissance du corps, on assiste à la rupture du programme du corps de la mère et à l'infusion de l'âme dans le corps de l'enfant. En même temps, on assiste à une transition de l'énergie spiritualisée de la mère à celle de l'âme infusée et au programme de la future personne.

L'âme continue à spiritualiser toutes les nouvelles cellules qui apparaissent dans le corps de l'enfant avec son développement. L'énergie spiritualisée ne diminue jamais quantitativement, elle a seulement tendance à augmenter. Mais sa concentration dans le corps peut changer, c'est-à-dire avec une diminution du poids corporel ou une perte de poids, la concentration augmente, et avec une augmentation du nombre de cellules, la concentration diminue. Mais toute énergie spiritualisée, ou plutôt les énergies qui ont été accumulées par une personne afin de la créer dans le futur, sert de base pour sa formation au niveau du développement approprié. Ces accumulations appartiennent toujours à l'âme elle-même.

L'essentiel pour la cellule est sa liaison avec le programme général du corps physique à travers le programme de l'organe (ou le système de la membrane physique) et sa connexion avec le code génétique de la matière corporelle. La cellule leur obéit, en les considérant principaux dans son développement. Ce sont eux qui choisissent son orientation qualitative du fonctionnement, sa construction et ses accumulations. (Les cellules sont décrites d'une manière plus détaillée dans le livre "Les révélations du cosmos", ch. 2, l'article de N. Marakhovskaya "L'esprit cellulaire".

EST-CE QUE LES CHOSES POSSÈDENT DES COQUILLES FINE?

Lecteur. Dans un de vos livres on affirme que chaque chose a sa propre coquille fine. D'où est-ce qu'elle vient? Par exemple, une voiture est en fer, elle est donc constituée des énergies du fer et de la personne qui en est le propriétaire. Est-ce que l'on peut dire la même chose à propos de la nourriture et d'autres objets non-vivants?

Réponse. Chaque atome et chaque molécule de la substance physique a initialement sa propre coquille d'énergie, autrement dit a son propre énergocorps, puisqu'ils font partie des états spiritualisés évolutifs du monde terrestre, car notre planète est aussi une forme de vie spiritualisée.

Lorsque les gens créent des objets pour leurs fins, ils utilisent une matière constituée d'atomes et de molécules, qui, à leur tour, forment une seule coquille commune de ce nouvel objet. De plus, quand une personne participe à la création de cet objet, elle lui donne une partie de son énergie. C'est pourquoi, en prenant tout objet en main, les médiums de haut niveau peuvent lire des informations sur celui qui l'a créé et qui l'a touché.

C'est la coquille qui vous permet de stocker toutes les informations sur cet objet jusqu'à la fin de l'existence de cet élément. Quand l'objet s'effondrera en ses éléments constitutifs, sa coquille fine se désintégrera aussi. Et les atomes et les molécules modifiées, en tant que formes spiritualisées, continuent leur développement conformément à leurs programmes.

Quant aux aliments, ils sont formés à partir de matières organiques possédant plusieurs coquilles. C'est pourquoi la nourriture créée à partir d'elles a aussi sa propre coquille qui comprend le prana - l'énergie de la vie - qui est conservé dans chaque produit alimentaire au cours d'un temps strictement défini (il se varie pour de différents produits), après quoi il perd sa valeur. Tout cuisinier, femme au foyer mettent leur propre énergie dans le plat, c'est pourquoi le même plat des deux cuisiniers peut avoir un goût différent.

POURQUOI LES ATOMES SONT VIVANTS ET UNE CUILLÈRE EN MÉTAL - NON?

Lecteur. Supposons qu'une personne fabrique un produit avec un matériel quelconque (verre, métal, polymère). Il n'est pas inspiré comme le verre, le métal à partir duquel il est fabriqué. Et l'homme ne peut pas les inspirer. Mais si nous prenons en compte le fait que les éléments, à partir desquels l'objet est fabriqué, sont progressifs, vivants, en tant qu'éléments de la Terre, comment dans ce cas les éléments vivants vivent-ils dans un objet non-vivant?

Réponse. Chaque élément initial (proton, électron, atome, etc.) de la matière physique a une âme et donc une énergie spiritualisant et son propre programme du développement. Dans un tel élément, il y a des matrices du Temps et celles du Lois. Les Créateurs supérieurs en ont posé les caractéristiques déterminant avec quels autres éléments cet élément peut interagir. À cette fin le programme détermine la durée de toutes ses connexions. Par conséquent, si les atomes sont combinés en une molécule de substance, cette liaison est déjà limitée par la Loi de leur coexistence.

Sur une plus grande échelle, on peut l'expliquer de telle manière: par exemple, une personne construit un bâtiment à l'aide d'un matériau quelconque, sans avoir la possibilité de lui donner une âme, c'est pourquoi le bâtiment manque sa base personnelle avec laquelle il peut se sentir comme une Substance évolutive.

La durée de l'existence d'un bâtiment n'est pas déterminée par son programme personnel, mais par le programme en communication qui constitue (la connexion)* sa matière des atomes.

Un bâtiment construit artificiellement est contrôlé non par son programme, mais par les programmes qui le composent dont les caractéristiques personnelles continuent à se développer au cours de cette période de relations entre eux durant lesquelles elles maintiennent le bâtiment dans un état holistique.

C'est-à-dire il est important de comprendre que l'individualité des éléments et leur énergie spiritualisant ne sont pas transmises à ce qu'elles recréent à l'aide de leurs connexions. La reconstitution de relations est le travail à l'aide duquel ces éléments progressent.

PLANTES

Maintenant la Terre est en train de changer les races de l'humanité et les époques quand se produisent les événements mondiaux et la restructuration de la planète: le climat change, les continents, la faune et la flore vont subir de profondes transformations. C'est-à-dire qu'absolument tout serait modifié, et même l'énergie de notre planète, car elle a déjà commencé à se déplacer dans l'éventail des énergies plus élevées.

Mais toute la flore et la faune étaient à l'origine liées à l'énergie des certaines zones de la planète, c'est pourquoi la fertilité des certaines plantes était bonne à un endroit et mauvaise à d'autres. Auparavant la personne n'a jamais pris en compte le fait que les structures énergétiques de la Terre pouvaient influencer les récoltes et la santé.

Les rayonnements dangereux dans les zones géopathogènes sont liés à des réseaux d'énergie particuliers qui font partie de la structure fine de la Terre. Ces réseaux s'appellent les réseaux de M. Curry et E. Hartmann.

Les plantes toxiques poussent bien, en s'appuyant sur l'énergie négative, c'est-à-dire dans les zones géopathogènes, tandis que celles culturelles y poussent mal. Chaque plante, comme une personne, est conçue pour fonctionner avec certains types d'énergie, c'est pourquoi quand l'énergie de la Terre correspond à leur propre énergie, elles se développent bien et, quand elle ne correspond pas, elles commencent à dépérir. La même chose avec une personne: en tombant dans de telles zones géopathogènes elle tombe malade ou se sent déprimée. À la suite de l'impact à son corps des rayonnements dangereux, on assiste au développement du cancer et d'autres maladies.

Mais les plantes ne sont pas simplement attachées énergiquement au sol, elles travaillent avec lui comme une personne. Certains systèmes spatiaux qui contrôlent la nature terrestre font obligatoirement descendre sur des arbres, des arbustes, des herbes les types d'énergie dont la Terre a besoin. Les plantes traitent ces énergies à travers les processus de leur activité vitale et, comme une personne, transmettent au sol ce dont il a besoin.

En d'autres termes, il existe une stricte correspondance énergétique entre la structure de la plante et la partie de la Terre sur laquelle elle se développe. C'est pourquoi de nombreuses plantes d'une zone de la planète ne peuvent exister dans une autre zone et meurent rapidement. (Nous ne parlons pas de l'implantation forcée des certaines plantes dans des régions de la planète inappropriées du point de vue énergétique. Ce sont des cas spéciaux. Pour cela il crée des conditions artificielles assurant leur existence.) Une personne vivant dans une zone de la Terre devait se faire soigner à l'aide des plantes de la même région, car ils (et les plantes et l'homme)* se nourrissent d'énergies identiques.

Mais du fait que l'énergie de notre planète change au cours de l'évolution, c'est exactement ce fait qui sert de raison du remplacement de tout ce qui se passe sur la Terre: du monde végétal et animal, ainsi que de l'humanité elle-même. Mais les nouvelles plantes, comme la forme d'un homme de la 6ème race, seront modifiées par des Créateurs Supérieurs après l'introduction dans un nouvel milieu possédant l'éventail d'énergie plus élevée. C'est pourquoi les vieilles plantes ne pourront plus exister dans le monde terrestre renouvelé, car leur conception n'est pas conçue pour traiter des énergies plus puissantes. Ces nouvelles énergies leur feront languir et mourir. Cependant, les créateurs supérieurs envisagent d'introduire de nouvelles espèces de plantes afin de continuer à traiter une personne de la sixième race. Un nouvel homme de la Race d'Or commencera à rétablir sa santé grâce à l'énergie des nouvelles plantes.

PLANTES SOIGNENT

Ajoutons à la question du traitement la question d'un lecteur sur les comprimés chimiques et ceux d'herbe utilisés dans la période de transition actuelle (2019). Elle demande:

- Un médicament enlève-t-il l'énergie* à un humain? Par exemple, il y a des pilules d'herbes et des comprimés chimiques. Quelle influence ont-ils sur le patient?

Réponse. Les pilules d'herbe et de produits naturels n'enlèvent pas d'énergie, mais au contraire.

Par exemple, l'aspirine, ou comme on l'appelle aussi l'acide ascorbique sous la forme d'une pilule, est une chimie. C'est vrai qu'ils brûlent l'énergie humaine avec des microbes, des bacilles et des virus pathogènes.

Si on préfère des pilules d'herbe, il est assez de les prendre pendant 3 jours afin de comprendre si cette plante convient à votre traitement. Si on voit le progrès, le corps du patient est donc alimenté par les énergies naturelles nécessaires à sa restauration. Si on ne le voit pas, cela signifie que l'herbe ne convient pas à la récupération du corps, et que vous devez en rechercher un autre. Une personne devrait se soigner à l'aide de la végétation de la région dans laquelle elle est née.

En plus, les signes du zodiaque aident les gens à trouver les plantes qui leur conviennent. Il faut aussi faire attention au zodiaque.

Nous approfondissons nos connaissance sur ce sujet et présentons notre dialogue avec Dieu sur les propriétés des plantes de la cinquième race.

Lors du contact, nous nous sommes intéressés à:

- Pourquoi certaines plantes peuvent-elles prolonger la vie humaine? Quelle est la base de leurs propriétés curatives?

Dieu répond:

Toutes les propriétés curatives sont basées sur l'énergie vitale des plantes. Ils nourrissent l'homme à l'aide de son énergie. Les composants chimiques qu'il utilise pour fabriquer les médicaments lui prennent son énergie vitale.

- Est-ce que cela concerne toute la chimie?

- Oui, il s'agit de toute chimie, même des vitamines. Les vitamines chimiques absorbent l'énergie vitale d'une personne. Et les vitamines d'herbe et naturelles contiennent l'énergie des herbes. Bien que les feuilles restent sous une forme séchée, l'énergie y est quand même stockée. Bien sûr sa quantité est moindre en comparant avec l'herbe fraîche, mais elle reste. Lors de la prise de médicaments naturels ou de vitamines, l'énergie des plantes séchées est transférée à une personne et la charge de l'énergie manquante.

On peut dire que les unes plantes seront efficaces pour certains types de personnes, et d'autres plantes - pour d'autres gens, c'est-à-dire, c'est une chose assez individuelle. Ce qui soigne une personne peut être inefficace pour l'autre. L'identité de l'énergie des plantes et des humains est importante.

- Pourquoi certaines herbes sont utilisées pour lutter contre des actions humaines, par exemple, pour se protéger contre les malédictions, les calomnies, les louanges hypocrites?

- Les malédictions, les calomnies, les louanges hypocrites sont les actions d'une personne correspondant à ses faibles qualités de l'âme. Et les qualités représentent les grosses énergies basses. Seules les hautes fréquences peuvent les neutraliser. C'est pourquoi on tend à choisir les plantes de hautes énergies qui sont capables de neutraliser l'action des basses énergies et de créer une protection pour l'homme.

INTRODUCTION DE L'ÂME DE LA PLANTE DANS LA GRAINE

Ce ne sont pas seulement les hommes qui possèdent l'âme, mais ce sont aussi les plantes, les animaux, les mammifères, les insectes, les poissons et même les pierres. C'est grâce à elle que les formes de vie peuvent se développer, progresser ou dégrader.

Mais quelles particularités accompagnent l'existence de ces âmes sous différentes formes? Adressons-nous aux plantes.

Beaucoup de gens sont intéressés à la question suivante: quand l'âme s'installe dans la plante. Mais avant de répondre à cette question, rappelons-nous que les plantes ont leur propre hiérarchie qui les répartit selon les niveaux du développement, c'est-à-dire l'existence d'une hiérarchie suggère que l'introduction d'âmes dans des plantes ne se produit pas au hasard, mais est réglée à l'aide des certaines lois.

Toute forme d'existence sur Terre n'est pas arbitraire, mais créée par les Créateurs à partir des conditions du fonctionnement de cette forme avec des énergies de certains types par le biais de processus correspondant à leurs fréquences.

Étant impliquée dans les processus d'activité vitale, la plante participe toujours aux réactions chimiques et physiques d'échange d'énergie et de microéléments avec l'environnement, le soleil et les planètes du système solaire. Et l'échange est une transformation et un traitement non seulement de divers types de matières, mais aussi d'énergie qui, à leur tour, contribuent au développement de l'âme de la plante.

Conformément à la hiérarchie des plantes, chaque âme possède l'énergopotentiel qu'elle a acquis au cours de ses incarnations passées. Cet énergopotentiel définit le niveau auquel elle (l'âme)* est parvenu à la suite de l'accumulation de la matrice énergétique dans sa hiérarchie de plantes lors de sa participation aux processus de la vie.

Les plantes, comme les gens, sont réincarnées. Une similitude avec leurs hiérarchies respectives se retrouve dans toutes les autres formes d'existence: animaux, insectes, mammifères, reptiles, poissons, pierres, etc.

Mais pour que les âmes se développent, et le développement implique avant tout la construction correcte dans les matrices des âmes de toute forme, les Systèmes particuliers créent pour elles de différents programmes dans lesquels les processus du développement sont organisés de manière à contribuer à l'enrichissement de la matrice avec de nouveaux types d'énergie de niveau ultérieur* de leur développement. C'est-à-dire que ce n'est pas la plante qui «sait» de quelles énergies elle a besoin, mais ce sont les Célestes qui créent les programmes du développement, en les forçant à travailler avec les énergies du monde dont l'accumulation dans la matrice contribuera à la progression de cette forme d'existence.

L'âme* de chaque plante, ainsi que d'autres formes de vie, est réunie aux matrices du Temps, des Lois et des Qualités qui commencent à utiliser automatiquement les énergies se trouvant dans les coquilles fines de l'âme pour créer des qualités dans les cellules de sa matrice.

C'est-à-dire que la Matrice des Lois commence à gérer automatiquement les processus de construction des cellules de la matrice de l'âme de la plante. Ce mécanisme y est incorporé par les Maîtres Célestes. Pour être plus précis, on peut dire que les matrices des Lois, du Temps se développent indépendamment et ne peuvent être attachées aux âmes de quelque forme qu'après avoir pleinement dépassé leurs hiérarchies* dans leur développement personnel et après avoir atteint l'état absolu. Et l'état absolu indique que toutes les actions qui se passent dans les matrices des Lois et du Temps deviennent automatiques. Ainsi, les matrices des Lois, qui forment les âmes selon les programmes, fonctionnent sous toutes les formes matérielles.

Tout dans notre monde et dans l'univers se développe selon des programmes qui correspondent au style d'être des formes de l'existence. Et l'être est formé à partir de situations, d'événements et de processus de l'existence contribuant à la construction dans l'âme de diverses formes des qualités particulières*.

Comme nous le voyons, pour qu'une forme quelconque puisse vivre, elle exige une organisation énorme élaborant tous les processus de son développement et les dirigeant de l'énergopotentiel minimal* de l'âme à celui maximum, c'est-à-dire une organisation prenant soin de la croissance constante du pouvoir énergétique de l'âme de la pierre, de l'insecte, de la plante, de la reptile, de l'animal etc. La progression s'accompagne toujours d'une augmentation de la quantité d'énergie dans l'âme de toute forme de vie, tandis que la dégradation est accompagnée toujours de la diminution de cette quantité.

Au cours de l'évolution, tout est contrôlé et conduit vers ses objectifs et ses sommets par les Personnalités Célestes – par les Substances*. Une telle organisation qui s'occupe de l'évolution des formes représente l'ensemble des systèmes hiérarchiques de Dieu prenant soin de notre Terre et de toute l'humanité.

Chaque Système représente une hiérarchie qui, à son tour, se spécialise dans certains types d'activités. Toute vie sur la Terre est soumise à leurs objectifs et à leurs projets.

Dans ces hiérarchies, il existe des mini-hiérarchies qui se spécialisent dans certaines formes de vie et les subdivisent en différents espèces, types, etc. En d'autres termes, les hiérarchies des plantes, des insectes, des animaux et d'autres formes d'existence conduisent à l'évolution de certains Systèmes hiérarchiques. Elles implantent des formes de vie, les modifient au fil du temps, leur insufflent les âmes nécessaires, composent des programmes, réincarnent les âmes d'une forme à une autre, etc.

Mais au cours de la réincarnation des âmes, les gens se trompent: par exemple, ils croient qu'après la mort l'âme d'un humain peut insuffler dans un arbre ou une fleur, dans un animal. Mais lors de toute évolution de l'âme humaine, cela ne s'est passé que quelques fois. Et seulement à la fin de cette cinquième race on a commencé à l'utiliser comme une punition rare pour les certaines personnes qui n'apprécient pas leur amélioration dans le corps donné d'un homme ou d'une femme.

Selon les lois du développement évolutif, une âme, qui a déjà été transformée en une forme de l'existence supérieure, ne pourrait jamais être insufflée dans une forme qui est inférieure de celle-ci du point de vue de l'évolution. C'est pourquoi l'âme humaine ne peut être insufflée dans le corps d'un animal, et celle de l'animal - dans une plante ou un reptile (qui, selon le Niveau*, est inférieure de l'animal). Tout dans le monde se dirige du niveau inférieur de la hiérarchie des formes de vie vers son sommet en se basant sur les lois de la perfection, et l'installation dans la forme se trouvant au-dessous du Niveau du développement fait référence à la dégradation et est inacceptable pour une âme progressiste.

Nous avons rappelé comment se passait le développement des plantes et d'autres formes vivantes sur la Terre.

Nous passons maintenant à la question du lecteur qui s'intéresse à un moment spécifique de la vie des plantes, à savoir, il pose la question suivante:

- Je m'intéresse à la question suivante: quand l'âme d'une plante entre-t-elle dans la graine? La difficulté de la compréhension consiste en ce que la graine des arbres est d'abord située à l'intérieur du fruit tendre, si l'on prend des pommes, des cerises. Si les graines sont mûres, est-ce que cela signifie qu'elles possèdent déjà une âme? Mais l'arbre, à son tour, possède aussi une âme. On peut donc dire que l'on obtient l'âme double. Qu'est-ce qui se passe après sa séparation du tronc de la mère?

Réponse. Chaque fruit a son propre programme du développement et, lorsqu'il se trouve sur un arbre, il n'est pas encore doté d'une âme individuelle. C'est le programme qui joue le rôle principal dans son avenir. Mais tant qu'il ne s'est pas séparé de l'arbre, il ne peut pas fonctionner, il peut seulement exister et mûrir jusqu'à la condition nécessaire pour le programme de l'arbre.

Puis il le quitte. Mais l'âme est infusée dans la graine du fruit lorsque le programme du développement de la graine est activé. Et le programme, à son tour, ne commence à fonctionner que lorsque le milieu environnant correspond aux indicateurs qui servent de point de départ pour son activation. Si les conditions environnementales ne répondent pas aux normes, la mise en marche du programme ne se produit pas, l'âme n'insuffle pas et la graine meurt.

Le fruit possède aussi un programme* qui assure l'existence de sa matière pendant un certain temps. Il a une seule âme avec une plante (un arbre ou une fleur), mais lorsqu'il se sépare du corps de la mère, il perd son âme, comme une main coupée du corps humain. La matière perd progressivement l'énergie spirituelle. Et ce n'est qu'un programme qui y reste.

INSECTES ET LES PETITS ANIMAUX

Lecteur. D'après vos informations, il est connu que le Système Négatif conduit les insectes négatifs. Ces insectes désagréables comme les cafards, les insectes, les papillons de nuit, etc. s'installent dans des lieux de résidence humains. On sait que toute forme de vie est un générateur de diverses énergies, les insectes y compris.

La question est suivante: pourquoi ces insectes vivent-ils dans des lieux de résidence humains (je ne prends pas en compte les aspects de la réponse à cette question qui "se trouvent à la surface", tels que la saleté, les conditions insalubres, etc.) ... Je suppose que ces insectes vivant avec un homme (qui néglige sa vie et son logement) collectent son énergie négative et la transfèrent aux Systèmes hiérarchiques Négatifs, comme une télévision ou un ordinateur. Qu'est-ce qui explique la concentration de ces insectes en grande quantité? Est-ce qu'il s'agit de lieux d'accumulation des énergies négatives?

Réponse. Il existait une croyance populaire selon laquelle le diable a inventé toutes sortes d'insectes meurtriers et nuisibles de sorte que la Terre ne semble pas être un paradis pour l'homme. De nombreux insectes détruisent les déchets, en faisant à la fois une action utile et nuisible. Parfois, ils sont nécessaires du point de vue de la propagation des maladies, et toute maladie régule l'énergie d'une personne.

Grâce à la maladie le corps humain se débarrasse de ses énergies sales, ce qui constitue un avantage pour l'homme. S'il ne se purifie à l'aide d'une maladie (apportée par un insecte), il devra subir après sa mort une purification dans les couches supérieures de l'enfer, ce qui est bien pire qu'une purification à l'aide de la maladie avec le soutien de parents et de médecins. C'est-à-dire qu'il faut voir une chaîne de dépendances se dirigeant de l'insecte vers le karma de l'homme et vers son destin ultérieur.

Par exemple, de nombreux insectes, comme le moustique du paludisme, responsable du paludisme, peuvent devenir une source d'infection de diverses maladies transmises par le sang.

La même chose avec des souris, des rats et des écureuils qui apportaient la peste et le choléra provoquant la mort des villes et des villages. Mais de telle manière les Célestes purifiaient la planète des énergies sales et essayait d'habituer les gens à la propreté. (La population ne mourait que dans les zones de la planète les plus polluées du point de vue énergétique).

Mais maintenant les gens ont la possibilité de se purifier à l'aide des informations de nos livres. Cependant cela ne concerne que les gens qui les lisent, la majorité purifiera donc par les anciennes méthodes, c'est-à-dire par la maladie.

INSECTES NUISIBLES

Lecteur. Je suis aussi préoccupé par la question des insectes, leur destruction, car on dit qu'une personne n'a pas le droit de tuer des créatures vivantes. Mais qu'est-ce que l'on peut faire? Prenons, par exemple, la mite qui gâte les céréales et les vêtements. Est-il possible d'habiller des vêtements troués, de refuser les céréales pour que la mite se développe? Ou il ne s'agit que de la torture, de l'assassinat violent?

Ou les cafards. Ils propagent aussi de diverses infections. Est-ce que l'on ne peut pas les faire sortir?

54

Et est-ce que l'on peut donner de la viande au chien? Dans ce cas la vache meurt, ce qui semble être une mauvaise chose d'une part, mais de l'autre on comprend que le chien en a vraiment besoin. Si la vache ne meurt pas, ce sera donc le chien qui mourra. Et qu'est-ce que l'on peut faire?

Réponse. Les insectes se subdivisent en insectes bénéfiques et nuisibles. Les plus utiles sont les abeilles (elles pollinisent des fleurs des arbres fruitiers, contribuent à la récolte, donnent du miel), les coccinelles (détruisent les pucerons), les libellules (mangent les mouches, les moustiques) etc.

Mais il ne faut pas redonner dans les excès. Les Célestes considèrent tout en s'appuyant sur la réaction humaine aux événements. L'action négative d'une personne est la manifestation de ses inclinations sadiques. Le reste doit être considéré par un homme comme un avantage de l'existence d'un insecte pour sa vie et la nature en général.

De nombreux insectes vivent séparés des humains et exercent dans la nature de fonctions particulières dont elle a besoin. Les insectes qui pénètrent dans la vie humaine et empêchent son existence normale sont nuisibles, mais permettent à une personne de battre avec eux par les méthodes habituelles. C'est pourquoi il a le droit de détruire les mites, les cafards, les moustiques et d'autres qui lui nuisent.

Mais en même temps, le fait qu'il ait des émotions sera important: s'il commence à détruire avec la colère, la haine, la jubilation, l'âme commencera à accumuler un maximum d'énergies négatives. Si cela produira avec les émotions de la protection de la famille, il y aura une quantité minimale d'énergie négative.

Il existe des dispositifs de protection qui ne détruisent pas, mais effraient les insectes et les rongeurs, tels que, par exemple, les appareils à ultrasons, les dispositifs antibruit, les moustiquaires, etc. Dans ce cas, le karma ne fonctionne pas du tout.

Nous répétons encore une fois que l'acquittement de ce karma* équivaut à la quantité totale de dégâts d'énergie infligés (l'énergie totale des insectes qui ont été estropiés et écrasés au cours de leur cycle de vie). Cela signifie qu'un petit nombre d'insectes détruits peut se manifester de manière karmique dans des blessures légères du corps humain: égratignures, ecchymoses, cônes bourrés, épines, etc.

La renaissance de l'âme des insectes en personne à travers une série de formes

Lecteur. Vos livres affirment que les âmes commencent leur évolution à partir de minéraux, se développent sous des formes telles que des insectes, des animaux sauvages, jusqu'à ce qu'elles mûrissent afin d'incarner dans le corps humain. Et tout le temps, ces âmes s'enrichissent de tel ou tel type d'énergie. Mais, comme vous le dites dans vos livres, les insectes et les animaux sauvages sont sous le contrôle du Système négatif.

Question: Est-ce que les personnes qui ont l'expérience de vivre dans le corps d'insectes, d'animaux sauvages, contiennent dans les cellules de la matrice de leur âme des énergies basses, des énergies sombres qui devraient être accumulées lorsqu'elles étaient des bourdons, des araignées, des loups, des lions. Sont-ils capables de devenir des personnes positives?

Réponse. Les Négatifs créent des programmes pour le développement des insectes et les contrôlent au stade de l'intelligence collective (de l'égrégore). Les insectes passent leur propre hiérarchie et puis un certain nombre d'autres formes de la hiérarchie des animaux, en accumulant des énergies positives ou négatives. Par exemple, une abeille accumule des énergies positives, tandis qu'une taupe (ainsi que des insectes parasites: puces, moustiques, punaises de lit) accumulent celles négatives, car ils se concentrent initialement sur le fait de détruire ce que l'homme crée. Un tigre, comme un animal sauvage, gagne plus d'énergies négatives, tandis qu'un cerf - positif, etc. Les transitions d'une forme à une autre contribuent à l'influx dans la matrice de l'âme des énergies des deux signes.

Mais la distribution des âmes en négatif et positif se produit à partir du stade d'acquisition d'un esprit personnel, c'est-à-dire du stade tardif du développement des insectes. En outre, si nous parlons uniquement d'eux (insectes), il convient de noter que les volumes de leurs accumulations d'énergie sont misères, puisque leurs âmes sont de très petite taille. Et quand les âmes des anciens insectes passent en forme humaine à travers un certain nombre de formes intérimaires, dans ce cas il s'agit déjà d'un Niveau élevé qui permet à l'âme d'accumuler des énergies plus puissantes. Et un potentiel plus puissant créé dans une nouvelle forme de personne est toujours capable de supprimer un plus petit potentiel des accumulations antérieures, bien sûr si la personne le veut. La forme de l'homme permet aux âmes des anciens insectes et des animaux agressifs de dégénérer en personnalités positives. Les programmes de Dieu qui offrent aux âmes des choix y contribuent aussi.

PEUR DES INSECTES

Lecteur. Il existe dans notre monde de nombreuses formes de vie biologiques issues du système négatif: insectes, requins, crocodiles. Mais pourquoi ce sont les araignées, et non les abeilles ou les bourdons, qui provoquent une grande peur?

Réponse. Nous savons que seulement un petit nombre d'individus a peur des araignées. Une partie de la population est indifférente à cet égard, et beaucoup de gens même les aiment. Il faut dire que ceux qui ont peur des araignées souffrent d'une intolérance individuelle liée à des situations d'incarnations passées. Peut-être une personne vivait-elle dans une région où étaient beaucoup d'araignées mortels. Cette intolérance s'applique à toutes les autres formes de vie dangereuses pour les humains.

Question. Si une personne regrette sincèrement d'avoir tué et torturé des insectes et, par exemple, commence à faire des choses charitables, en aidant les refuges pour les animaux, peut-elle atténuer le karma?

Réponse. Le karma est toujours remboursé par l'action opposée, dans ce cas par l'attitude opposée à tous les êtres vivants.

KARMA DES ENFANTS TUANT DES INSECTES

Lecteur. J'aimerais recevoir une réponse à cette question. Les enfants aiment souvent torturer les insectes. Le droit juridique ne protège pas ces êtres des actes pervers, contrairement, par exemple, aux animaux domestiques. À quelles punitions pourraient faire face les tortionnaires d'insectes en enfer?

Réponse. Bien sûr, après la mort, les tortionnaires d'insectes se retrouvent dans l'une des couches supérieures de l'Enfer où les conditions de vie ressemblent à un système esclavagiste. Les âmes y reçoivent toujours des "coups de pied", de diverses punitions pour les plus petites infractions, elles sont battues avec des fouets, elles sont humiliées et mutilées de toutes les manières possibles. En outre, quand cette âme sera incarnée encore une fois dans le monde terrestre, elle sera infusée dans un corps défectueux. Il pourra avoir des membres laids ou ne les posséder pas. Maintenant, des enfants pareils naissent souvent. Parfois les gens acquièrent les blessures plus tard, des maladies y comprises.

Nous répétons encore une fois, le remboursement de ce karma équivaut à la quantité totale du dégât d'énergie appliquée, c'est-à-dire de l'énergie totale des insectes blessés et écrasés au cours de toute la vie.

ANIMAUX INSTAURATION DE L'ÂME HUMAINE DANS LE CORPS DE L'ANIMAL

Question. Est-ce que l'âme d'un pécheur peut être décodée à l'état d'un animal, par exemple d'un chien ou d'un chat?

Réponse. L'âme ne peut pas être décodée à l'état de l'animal. Habituellement on la décode complètement. Mais dans de rares cas, quand on espère de voir des améliorations personnelles, on la «abaisse» à titre de punition temporaire au stade d'animal. Dans le même temps, les qualités ne sont pas complètement purifiées, comme lors du décodage, mais sont partiellement bloquées jusqu'au Niveau souhaité. La conscience de l'âme change aussi. On ne peut pas affirmer que l'âme de l'ancienne personne dans le corps animal continuera à comprendre tout ce qui est propre au corps humain. La conscience correspondra dans ce cas au niveau et au type d'animal.

Lecteur. Vous dites que l'âme de l'ancienne personne se trouvera dans le corps de l'animal, mais elle possédera une nouvelle conscience. Quelle forme aura cette conscience?

Réponse. L'instauration de la forme d'une personne à la forme d'un animal, c'est-à-dire une réduction de plusieurs niveaux - ce sont les cas les plus rares. Cela revient au même que, par exemple, laisser un élève de cinquième année pour une année scolaire supplémentaire, mais en le baissant dans une quatrième classe et en l'obligeant ainsi à étudier le matériel de la quatrième année. Généralement on tend à ne pas le faire aux écoles. La même chose avec les incarnations de l'âme humaine dans le corps d'un animal. Au cours de l'existence de la cinquième civilisation, on n'a pas observé que 20 - 30 cas de ce type de la réincarnation. En plus cela ne peut se passer qu'avec les âmes dont les qualités requises après la dégradation sont particulièrement précieuses. Et maintenant, à la fin de la 5ème race, cette variante de la punition est utilisée très rarement.

Une âme humaine traverse de nombreux Niveaux du

développement et commence soudainement à dégrader une incarnation, puis une autre, et il ne reste plus de temps pour la rééducation, ou apparaissent d'autres raisons pour la punir; elles décident donc de la restituer au corps de l'animal.

Si nous examinons ce cas rare, alors quand une âme humaine dégradée est introduite dans le corps d'un animal, dans ce cas les cellules de son âme se purifient des énergies sales et des qualités instables accumulées au cours de sa vie. En plus on ferme toutes les qualités humaines dont la personne n'aura pas besoin sous la forme d'un animal.

Après avoir effectué toutes ces manipulations avec l'âme d'une personne, elle perd la capacité de profiter d'une activité mentale au Niveau humain. En conséquence, ce n'est que la partie de la conscience dans laquelle fonctionnent les qualités destinées à la survie et à la protection qui reste dans l'âme.

En outre, une telle âme se retrouve avec la seule qualité d'une personne - la capacité de se sentir souffrant de la privation d'une vie meilleure. Certains sans-abri, des alcooliques qui dévastent complètement la base énergétique de leur matrice humaine, parviennent à un tel état, en la rapprochant ainsi de la forme de l'état animal. Seulement quelques fonctions de base soutenant leur activité vitale y restent, l'une d'entre elles consiste à parler en langue humaine, même si les contenus sont les plus primitifs, l'autre à être capable d'exprimer le désir de manger, de boire et d'utiliser un langage grossier.

C'est le niveau de la conscience animale que tout le monde peut observer au cours de la vie. Mais ces âmes sont généralement décodées.

La prise de conscience de l'âme humaine dans le corps d'un animal.

Lecteur. Les âmes des anciennes personnes instaurées encore une fois dans les corps d'animaux comme punition de notre temps, comment sont-elles perçues par le monde qui nous entoure? Tout le monde comprend, mais ne peut rien dire?

Réponse. Le niveau de la compréhension des âmes des anciennes personnes instaurées dans un animal est limité par le cadre de leur existence. Par exemple, au cours de la vie humaine l'âme a pu lire, et maintenant cette qualité était bloquée. Mais leurs âmes sentent et comprennent beaucoup plus que les animaux ordinaires, elles sont faciles à apprendre, elles comprennent beaucoup, mais elles ne peuvent pas l'exprimer, elles souffrent plus que tout autre animal. Leur souffrance vient du fait qu'ils ne peuvent pas s'exprimer pleinement, comme auparavant, se trouvant sous la forme humaine.

ANIMAUX DE LA SIXIÈME RACE

Lecteur. Quelles nouvelles formes biologiques remplaceront les animaux de la 6ème race?

Réponse. Ces formes ne vivront que dans l'océan et au cours d'une courte période. La seconde moitié de la période de la 6ème course se déroulera sans aucune forme animale. Ils doivent disparaître. Leur temps sur notre planète a déjà passé.

Lecteur. Dans la cinquième race il y a beaucoup d'âmes décodées et donc, comme vous dites, il y a un manque d'âmes pour la prochaine race. À cet égard, les âmes des anciens animaux entreront-elles dans la nouvelle race au lieu des âmes décodées des gens?

Réponse. La sixième race doit se composer d'âmes très développées ayant passé avec succès des épreuves morales, tandis que les âmes des animaux ne possèdent ni l'un ni l'autre. Ils ne peuvent pas sauter plusieurs niveaux du développement pour entrer dans une nouvelle race.

Aucune des âmes d'un animal de la 6ème race ne pourra se réincarner dans le corps humain en raison de son énergopotentiel très faible. Pour devenir partie de la Race d'Or il faut posséder un certain pouvoir de l'âme, son potentiel élevé, car ses représentants devront remplir non seulement un programme d'une vie, mais 3-4 programmes en une incarnation pour éliminer le retard dans le développement humain. C'est pourquoi il faut avoir des âmes fortes.

Au lieu des personnes qui seront décodées pendant la période de transition entre les races, les nouvelles (jeunes)* âmes ne pourront plus les remplacer, l'introduction des âmes des animaux sous la forme d'homme cessera pour toujours. Les âmes des animaux ayant restées dans la période actuelle sur la Terre afin de poursuivre leur développement seront envoyées dans les autres mondes, et certaines d'entre elles se transformeront en forme de créatures aquatiques qui habiteront l'environnement aquatique de notre planète.

Lecteur. Sur la Terre il y a des animaux qui appartiennent au Système négatif du Diable. Lorsque l'âme d'un tel animal renaît dans le corps d'un humain, appartient-elle immédiatement au Système négatif ou subit-elle des épreuves particulières?

60

Réponse. Toute âme passée de la forme d'un animal à la forme d'une personne se voit attribuer 10 incarnations au cours desquelles elle se manifeste de manière positive ou négative. Après seulement 10 vies elle peut être transférée dans le Système négatif*.

ÂMES DES ANIMAUX APRÈS LA MORT

Lecteur. Est-ce qu'après la mort, les âmes humaines rencontrent ses animaux aimés: les chats, les chiens?

Réponse. Après la mort, les âmes humaines ne sont pas autorisées à rencontrer les âmes des animaux aimés, car l'âme humaine ne peut descendre au Niveau d'un animal.

Dans le monde fin fonctionnent certaines lois énergétiques et, conformément à celles-ci, les couches denses du monde dans lequel se trouve l'animal décédé pousseront l'âme humaine hors de leur sein si elle tente de descendre dans leurs couches. Et le potentiel d'énergie faible de l'âme animale ne permettra pas à un homme de s'élever au niveau supérieur. Après la mort toute âme se retrouve dans les couches qui correspondent à son énergopotentiel accumulé pendant la période de leurs réincarnations.

Cependant, l'animal pourrait, après sa mort, visiter le lieu où il a vécu au cours de l'année (le terme varie en fonction du niveau énergétique de l'animal). Le maître peut entendre les pas de son animal de compagnie, des sauts et parfois sa voix.

Et bien qu'il existe certaines lois concernant l'interaction des âmes de formes et de Niveaux différents sur le plan subtil, mais à la fin de la 5ème race, lorsque les secrets du développement humain et de tout ce qui existe sur la Terre sont révélés, les âmes bien développées peuvent découvrir les faits inconnus afin d'améliorer la compréhension de nombreuses vérités. C'est pourquoi nous partageons avec le lecteur les informations supplémentaires reçues par l'un de nos lecteurs. C'est ce qu'elle écrit.

«Je voudrais vous raconter une petite histoire, comment notre Masya qui était toujours un chat méchant, prédateur et même sauvage est devenue un chat possédant les qualités tout à fait opposées. Elle changeait sous l'influence de la lecture quotidienne à haute voix du Livre des lois et de nouvelles prières. Le chat a vécu avec nous 17 ans et, au cours des trois derniers jours de sa vie, j'ai lu chaque jour en sa présence quelque chose tiré des textes du Livre des lois et de nouvelles prières. Avant de commencer à le faire, Masya était vraiment sauvage, elle ne se laissait jamais caresser, mais au cours de ces trois jours, elle a changé complétement (90% de son âme ont subi aux changements). Elle a commencé à démontrer son amour et sa sauvagerie ne l'empêchait plus.

Et pourquoi j'écris à ce sujet? Notre chat est mort à cause de sa vieillesse. Mais il y a deux semaines que ma fille a vu un rêve. Nous avons décidé qu'on lui avait montré le Caveau des âmes de chat dans son rêve.

Un grand nombre de chats dormaient dans la même pièce, se trouvaient dans la même position, étaient allongés.

Mais ils n'étaient couchés ni sur le dos ni sur le côté, mais ils se trouvaient dans la position intermédiaire entre ces deux états. Parmi eux ma fille a vu Masya. Tous les chats étaient noirs et seule Masya était blanche comme la neige !!! C'était le résultat des énergies nouvelles !!! J'ai réalisé que les animaux changeaient aussi sous leur influence. Les Célestes nous l'ont montré.

Merci beaucoup d'être dans notre vie, merci!

Sayapina Svetlana».

Cette lettre n'a pas besoin des commentaires. C'est une confirmation que notre connaissance porte la Lumière aux âmes.

APPROXIMATION D'UN ANIMAL À LA MORT

1. Le chien est malade.

Lecteur. Le chien de ma copine est désespérément malade, il respire difficilement, il ne mange pas et râle toute la journée. On peut affirmer qu'elle souffre. Qu'est-ce que l'on peut faire? Si l'on euthanasie l'animal, cette action affectera-t-elle le karma de ses maîtres? Et quel est l'attitude des Célestes envers l'euthanasie d'un animal?

Réponse. Les Célestes sont contre toute sorte d'euthanasie. On propose de prendre des analgésiques pour réduire les souffrances de l'animal et de l'homme. Il faut appliquer toutes les forces pour tenter d'atténuer les souffrances.

2. La mort des animaux

Lecteur. J'aime beaucoup les animaux et je m'inquiète à la question suivante. Actuellement, beaucoup d'animaux (des chats, des chiens) meurent sur les routes sous les roues de transport. C'est une chose difficile à voir. Comment les Maîtres Célestes règlent-ils le processus de la prise de leurs âmes? Les animaux souffrent-ils au moment de la mort?

Réponse. La prise des âmes animales e douche est réglementée. Tout se passe comme chez l'homme: l'âme s'envole quelques secondes avant l'impact, mais cela n'arrive pas à tout le monde. Il y a beaucoup d'exceptions.

Si le Déterminant négatif d'un animal veut en tirer plus d'énergie, il étend le moment de la mort et l'animal peut souffrir pendant un certain temps. Cela est aussi nécessaire pour vérifier l'âme des gens pour la miséricorde et la compassion à l'égard de leurs petits frères.

3. Les âmes des animaux ne peuvent pas être décodées.

Lecteur. Est-ce que je comprends bien qu'en s'incarnant dans les animaux et les plantes, les âmes qui se développent ne peuvent en aucun cas être décodées, car leurs programmes ne donnent pas le choix propre au programme humain? Et les âmes des plantes et des animaux sont-elles transférées au cours de leur développement au Hiérarque négatif avant de faire partie de la forme humaine?

Réponse. Oui, tout est correct, les âmes des plantes et des animaux ne sont jamais décodées, car elles suivent des programmes stricts et ne se trompent donc jamais dans la prise des énergies. Elles n'ont pas de karma, donc elles ne peuvent pas être décodés. Seulement les âmes ayant dépassé le stade du développement sous la forme humaine peuvent être décodées.

Cependant, les âmes des plantes et des animaux négatifs peuvent être transférées au Diable car il doit aussi construire ses mondes afin de former les conditions de vie correspondant à l'éducation stricte de ses accusateurs se trouvant dans des conditions difficiles. Il possède plusieurs mondes bas, c'est pourquoi toutes les âmes négatives, toutes les plantes et les animaux divergent entre eux.

CODES DES ÂMES

1. Les codes des âmes d'animaux et de plantes.

Lecteur. Le nom d'une personne est un certain code de son programme. Et qu'est-ce que l'on peut dire à cet égard à propos des animaux, des plantes, des minéraux? J'ai deux chats et ils n'ont pas de nom, il suffit de les appeler «minou, minou» et c'est seulement quand je les invite à manger.

Réponse. Les animaux, les plantes et les minéraux n'ont pas de noms personnels du point de vue subtil. Après la mort, leurs âmes se trouvent aussi dans des caveaux spéciaux surveillés par des Systèmes hiérarchiques spécialisés dans le développement de ces formes. Mais à cause de l'individualité de chaque âme, de telles âmes sont aussi soumises à une comptabilité et une systématisation strictes dans le cadre desquelles elles attachent des codes qui les unissent à certains types et classes.

Le code* ne permet pas à une âme de se perdre parmi les autres, et les programmes donnés après l'incarnation contrôlent le développement d'une qualité spécifique d'une forme vivante correspondant à son type et au niveau souhaité. C'est pourquoi l'âme de la rose se développera dans unes qualités et l'âme de la pomme de terre dans les autres. L'âme de la pierre de chrysolite se perfectionne aussi du point de vue de la qualité opposée à celle dans laquelle elle progresse, par exemple, du granit. Tout cela est contrôlé par le programme. Après la réincarnation d'un animal, d'une plante, d'un minéral, les programmes changent, en continuant à guider les âmes à travers les formes selon les Niveaux de leurs hiérarchies.

2. Le code de l'âme indique ses principales qualités.

Lecteur. Quels sont les principaux paramètres qui peuvent être définis par un code numérique dans une âme?

Réponse. Il existe d'innombrables indices de l'âme et chacun d'elles a sa propre valeur numérique. Le nombre et la qualité des paramètres énergétiques à travers certaines formules conduisent à l'identification des principales caractéristiques de l'âme qui donnent des informations générales sur leurs qualités fondamentales.

3. La différence entre les codes des âmes de Diable et de Dieu.

Lecteur. Quelle est la principale différence entre les codes numériques des âmes de Diable et de Dieu?

Réponse. Les âmes de Diable et de Dieu se distinguent par les signes - négatif et positif. Les codes des âmes positives et négatives peuvent être identiques du point de vue des chiffres, mais ils possèdent toujours des signes opposés car les signes donnent une interprétation complètement différente des mêmes chiffres.

QU'EST-CE QUI FAIT PARTIE DE LA STRUCTURE DE L'ÂME DES ANIMAUX?

1. Un animal possède-t-il une matrice de l'âme?

Lecteur. Je lis votre livre "La Matrice* - la base de l'âme." J'ai une question à poser. Le livre contient les informations suivantes: "À propos, nous y mentionnons aussi nos frères les plus petits - les animaux. Ils n'ont que trois corps énergétiques: matériel, éthérique et astral. Lorsque l'âme des animaux développés se transforme en forme humaine, dans ce cas ils reçoivent un ensemble complet de coquilles destinées à un homme de la cinquième race. "

Et comment l'âme d'un animal entre-t-elle dans l'âme d'une personne si elle n'a que trois coquilles et donc, on peut dire qu'elle manque la coquille principale: celle qui entretient la matrice.

On peut donc affirmer que l'âme de l'animal (et des minéraux aussi) ne possède pas dès le début de matrice de l'âme et qu'elle ne contient que les corps d'énergie les plus simples*. Comment dans ce cas l'accumulation des énergies (l'augmentation de l'énergopotentiel) se produit-elle dans les âmes des animaux (et des minéraux) et comment deviennent-elles individuelles si elles ne disposent pas initialement de matrice dans les cellules desquelles se passe une accumulation de l'énergopotentiel?

Réponse. Vous avez mal compris ce que vous aviez lu. Les informations principales concernant l'âme se trouvent dans notre livre "La création de l'âme" ("L'encyclopédie de la nouvelle ère").

Nous expliquons: la notion "de l'âme" inclut une matrice inspirée, une construction formée par elle-même et créée dans les laboratoires de Dieu. C'est une structure tridimensionnelle qui peut être placée sous une autre forme et, sans elle, les autres corps ne seront pas spiritualisés. En même temps, cette construction fondamentale de la matrice est divisée en trois parties qui constituent la trinité et une telle âme initiale, on peut en appeler son noyau, se trouve dans toutes les formes de vie: pierres, minéraux, atomes, protons et électrons, et bien sûr, animaux. Elle accumule toujours l'information, se développe dans les cellules et augmente son énergopotentiel.

Lorsque l'âme d'un animal passe à une forme humaine, tout d'abord, elle reçoit de nouvelles coquilles minces complétant leur nombre total jusqu'à 7. En plus on pose dans son programme les bases du style du comportement humain. Il faut aussi dire que le programme inclut le processus de l'auto-apprentissage par l'imitation d'autres personnes, c'est-à-dire par l'imitation d'une forme semblable.

Lors du passage à la cinquième race, les Maîtres Célestes ont ajouté à l'âme de l'animal quatre coquilles énergétiques supplémentaires. Et les situations du programme ont permis de les remplir de nouvelles énergies plus élevées. Les situations créent des conditions propices à la maîtrise par l'âme de nouveaux actions et processus. Les actions et les processus sont la production de l'énergie d'un nouveau Niveau du développement.

Lorsqu'on prend la forme d'une personne, l'âme doit être complétée par de coquilles fines. Le programme du développement principal devient plus compliqué et le programme d'auto-apprentissage comporte des éléments supplémentaires qui permettent à l'âme de l'ancien animal de rejoindre plus rapidement à la nouvelle manière de l'existence.

2. Le nombre d'âmes des animaux incarnées dans la forme humaine.

Lecteur. Combien d'âmes issues du monde animal et incarnées dans la forme humaine se trouvent maintenant sur la Terre? Il me semble que leur quantité est considérable car elles entrent à la place des âmes dégradantes.

Réponse. Les nouvelles (jeunes) âmes n'entreront plus dans la forme d'un homme au lieu des âmes qui seront décodées, car la population commencera à décliner. Les âmes des animaux restées dans la période actuelle seront envoyées dans les autres mondes, et certaines d'entre elles se transformeront dans une forme de créatures aquatiques qui doivent s'installer dans l'environnement aquatique de la Terre.

Les âmes des animaux n'en sont pas encore capables. Elles ont encore besoin du développement supplémentaire, mais elles n'ont de temps pour le faire. C'est pourquoi elles seront redirigées vers les autres mondes et les autres formes d'existence toujours inconnues par les gens.

3. La taille d'une personne dépend-elle de la forme de l'animal dans le passé?

Lecteur. Si l'âme d'un animal se transforme en une forme humaine, dans ce cas se pose la question suivante: est-ce que la taille d'une personne adulte dépend de la forme d'un animal dont est issue l'âme? Si oui, est-il possible de dire que les personnes de grande taille étaient autrefois des girafes, des cerfs et que les petites personnes étaient autrefois des souris, des chats, des hamsters?

Réponse. La taille d'une personne, sa valeur dépend de la force de l'esprit et de la capacité à se protéger. Par exemple, beaucoup de personnes de petite taille ont un grand pouvoir, un caractère affirmé et peuvent se défendre. La taille n'est donc pas importante pour elles. Et beaucoup de personnes de grande taille ont un caractère doux, bon et ne sont généralement pas en mesure de repousser les attaques. Par conséquent, leur taille sert d'une sorte de protection supplémentaire contre les agresseurs. L'ennemi a peur visuelle d'un homme de grande taille et ne montre donc pas son agressivité en tentant de l'éviter cette personne.

Quant aux animaux, ils ont leur propre hiérarchie. Seules les âmes qui ont atteint leur sommet pourraient passer à la forme humaine où l'intellect de l'âme est la qualité prédominante responsable du passage aux Niveaux supérieurs. La taille de l'animal ne dépend pas de son esprit et n'affecte pas la taille d'une personne lors de sa réincarnation.

4. La réanimation d'anciens animaux.

Lecteur. Quel est le but de la réanimation d'anciens animaux (par exemple, des dinosaures)? La Terre a-t-elle besoin d'énergies anciennes ou ce n'est qu'une simple curiosité humaine?

Réponse. La réanimation d'anciens animaux est impossible dans la forme complète, c'est-à-dire dans la forme dans laquelle l'animal existait à l'époque et a été créée par les Créateurs de formes matérielles. La science n'a pas encore appris à lier l'existence des formes dans leur interaction avec l'énergie de la planète comportant des formes d'intérêt.

À chaque période d'évolution du développement de la Terre, la planète fait descendre certains types d'énergie d'un potentiel particulier, et ce potentiel* augmente constamment à mesure que la Terre évolue. Et toute forme qui en vit est créée pour un temps précis correspondant à la forme de l'énergopotentiel de la planète afin de traiter certains types d'énergie.

Au fur et à mesure de l'évolution, le potentiel total de la Terre augmente et, donc, la forme ancienne de l'animal, qui est concentré sur un énergopotentiel faible du passé, ne peut exister dans un monde dans lequel ce potentiel a déjà été augmenté en 100 fois.

FINESSES ÉNERGÉTIQUES DU PASSAGE DE L'ÂME EN FORME HUMAINE

Lecteur. Dans le livre "La révélation du Cosmos", on dit que l'âme doit gagner 70 unités d'énergie pour entrer dans la hiérarchie de l'Homme. Mais il y a des âmes qui commencent leur développement à partir d'une hiérarchie terrestre commune. Par exemple, des minéraux contiennent de "0" à 5 unités, mais il y a des âmes qui commencent par des plantes et où, dans ce cas, elles prendront ces 5 unités pour commencer immédiatement de la forme de la plante?

Réponse. Dans ce livre on présente un fragment de la chaîne du développement évolutif des âmes sur la Terre. En réalité, leur progression, précédant ce fragment, commence par des particules élémentaires. Toutes ces particules* ont également un corps physique, c'est-à-dire qu'elles constituent une certaine forme dans laquelle est infusée une matrice trine se développant conformément au plan de l'existence de cette particule élémentaire et utilisant une chaîne de réincarnations.

Atome, molécule, cellule, proton, électron, photon, etc. - ils ont tous des âmes individuelles qui, dans le processus de réincarnation, produisent certaines valeurs des potentiels énergétiques. Mais la proportionnalité des potentiels énergétiques des âmes de différentes particules élémentaires (des atomes, des molécules etc) est individuelle. Toutes ces âmes ne progressent pas sous une seule forme, mais elles passent sans cesse de l'une à l'autre, en atteignant la forme humaine qui, au moment initial de son existence, avait l'air d'un sauvage possédant un énergopotentiel minimal et les formes de reptiles et d'animaux du point de vue du Niveau de son développement.

Chaque forme de l'existence dépasse sa propre Hiérarchie du développement, ce qui permet de relier les Niveaux des potentiels d'énergie inférieurs des âmes à la Hiérarchie inférieure et ses niveaux supérieurs - à la Hiérarchie supérieure. C'est-à-dire que le processus du développement de l'âme à travers de différentes formes se poursuit constamment. En plus, les âmes qui ont acquis les indicateurs d'énergie nécessaires sont transformées en forme humaine. Et l'ordre de tous ces passages est contrôlé par des Systèmes spéciaux impliqués dans le développement des formes terrestres.

Les indicateurs initiaux du passage d'une forme à une autre changent constamment, ce qui est lié à une augmentation du Niveau planétaire de la Terre, c'est-à-dire à son passage vers des orbitales supérieures. Chaque Niveau terrestre supérieur et son orbite* contribuent à l'augmentation des potentiels énergétiques des âmes de toutes les formes existantes.

C'est pourquoi la première race a commencé par l'énergopotentiel minimal des âmes, la seconde a augmenté son énergopotentiel initial, la troisième est devenue encore plus grande, etc. Par conséquent, la cinquième race a eu besoin d'un potentiel de 70 unités d'énergie (l'indice d'énergie est conditionnel car ses limites changent constamment leur valeur).

C'est une raison qui explique le changement et l'augmentation de cette limite jusqu'à 70 unités d'énergie pour la sixième race ce qui cause aussi le changement des exigences pour cette limite. Dans le livre "La création de l'âme» nous avons expliqué qu'on a créé un type spécial de l'âme terrestre afin de lutter contre le manque des âmes possédant les qualités nécessaires et d'accélérer leur développement.

Ces âmes sont formées à partir des matrices décodées, dans lesquelles est posée l'énergie d'une meilleure qualité et d'une puissance requise prises des personnalités décodées, ce qui permet de générer les indicateurs d'énergie nécessaires. Cela est lié au retard du développement de l'humanité et à la nécessité de réduire au minimum le temps nécessaire à la perfection de sorte qu'à la fin de la septième race, les âmes aient le temps d'accumuler les indicateurs nécessaires leur permettant d'entrer dans la Hiérarchie de Dieu.

COMMENT L'ÂME PASSE D'UNE HIÉRARCHIE À L'AUTRE

Lecteur. Dans l'une des conférences vidéo, madame Ludmila a déclaré que l'âme de la hiérarchie humaine pourrait provenir d'une hiérarchie d'animaux, où elle pouvait appartenir au mouton ou au lion, et d'une hiérarchie de plantes. Et cela permettra à la qualité du caractère d'un mouton ou d'un lion de se manifester sous la forme humaine. Et si la matrice des qualités est bloquée, ou plutôt, les énergies accumulées lors de l'incarnation passée sont fermées, alors les qualités ne peuvent pas se manifester dans le présent?

Réponse. Au cours des étapes du développement des plantes ou des animaux, leurs âmes se sont constituées d'un complexe de diverses énergies. Par exemple, une plante, sous la forme d'un cactus, a accumulé des énergies négatives, et sous la forme d'une plante cultivée - d'autres énergies, sous la forme d'un chêne - le troisième type d'énergie, etc. En passant la hiérarchie de plantes ou d'animaux, une âme peut traverser des milliers d'espèces et accumuler ses propres énergies. Par conséquent, un certain bagage d'entre elles (énergie) sera disponible, ce sera leur propre bagage.

La possibilité de passer d'une hiérarchie à une autre (schéma 1), ainsi que dans une forme, est déterminée par l'énergopotentiel de l'âme. Les hiérarchies peuvent posséder aussi des potentiels différents, car elles appartiennent aux différents niveaux du développement de la hiérarchie terrestre et chacune d'entre elles a ses propres qualités.

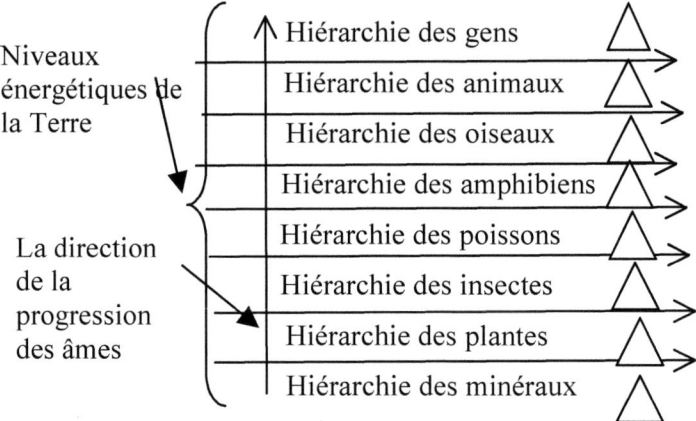

Schéma 1. Hiérarchie des formes vivantes sur la Terre

Le travail avec un nouvel éventail d'énergie forme toujours de nouvelles qualités dans la matrice de toute âme. Mais, pour qu'une âme puisse passer d'une hiérarchie à une autre, certaines lois doivent être respectées: dans ce cas, il est nécessaire de respecter un changement dans la séquence des éventails d'énergie.

Cette séquence de formes du développement consiste au fait suivant: premièrement, l'âme passe une phase des minéraux, puis des plantes, des insectes, des oiseaux, des animaux, et après cela elle passe à la forme humaine qui, à son tour, passe dans les Mondes Supérieurs.

Si, par exemple, la limite supérieure de la hiérarchie qui se termine par un animal atteint le sommet de l'énergopotentiel de la limite inférieure de la hiérarchie de l'Homme, alors l'âme de l'animal est transférée à la forme humaine. Si cet énergopotentiel supérieur de la hiérarchie animale reste inférieur au potentiel inférieur correspondant au premier Niveau de la hiérarchie de l'Homme, dans ce cas on n'assistera pas au passage et l'animal continuera à gagner l'énergie nécessaire selon sa position dans la hiérarchie.

Le schéma 1 montre la séquence du passage des âmes de bas en haut à travers des hiérarchies et, en conséquence, la croissance des potentiels énergétiques des hiérarchies qui se passent au cours de ce passage. Autrement dit, la puissance de la hiérarchie des plantes est supérieure à celle de la hiérarchie des minéraux et la puissance de la hiérarchie des insectes est supérieure à celle des hiérarchies des plantes, etc. Il faut préciser que les fréquences énergétiques avec lesquelles travaillent les formes augmentent aussi.

Ainsi, les énergies s'accumulent dans la matrice de l'animal et servent de matériel pour la construction ultérieure de l'âme humaine.

COMMENT PEUT-ON UTILISER LES QUALITÉS PASSÉES DES PLANTES ET DES ANIMAUX DANS UNE NOUVELLE INCARNATION?

Lecteur. Des plantes, des animaux se développent, accumulent certaines qualités, mais quel est leur but? Par exemple l'homme a besoin des qualités pour former un caractère et certaines capacités. C'est pourquoi, donc, une question s'est posée – dans quel but peut-on utiliser les qualités passées des plantes et des animaux et comment peut-on le faire?

Réponse. Au cours du passage à une nouvelle forme, les Célestes forment des programmes spéciaux sur la base desquels l'âme commencera à former telles ou telles qualités dans le corps humain. Mais les qualités internes du passé influenceront nécessairement le scénario du futur programme de l'âme lors de son passage d'une forme de l'existence à une autre. C'est comme si une personne a de l'argile et de la paille, alors elle peut construire une maison en adobe. Si elle a une pierre et du ciment, elle peut construire une maison en pierre. Si la personne a des rondins, il est assez d'utiliser la hache pour construire une maison en rondins. Le bâtiment dépend du matériel choisi.

Ainsi la même chose se passe avec chaque âme. Ses futures qualités se baseraient sur le composite qu'elle avait précédemment acquis (l'ensemble des énergies accumulées). Et comme les âmes de différentes plantes ont accumulé de différentes énergies, une plante se verrait attribuer un programme lui permettant de construire unes qualités, et une autre - d'en construire les autres, puisqu'elles ont un composite différent*.

Mais rappelons encore une fois qu'avant de commencer à se réincarner sous la forme humaine, l'âme de la plante poursuivra d'abord son évolution dans la hiérarchie des animaux en fonction des dépendances de l'énergopotentiel du système commun du développement graduel de l'Univers.

Le programme du nouvel homme élaboré par les Célestes sera constitué des situations qui, en se basant sur des énergies disponibles, commenceront à construire de nouvelles qualités, des qualités déjà humaines.

Celui qui aura plus de qualités positives dans le composite de la matrice exprimera toujours la gentillesse et la miséricorde, car les énergies positives forment un champ positif commun qui domine sur celui négatif. Mais si le champ dominant est négatif, alors l'agression d'une personne se manifestera sous les différents types: en mots, en actions, en désirs.

Mais au cours de la progression de l'âme, son passage d'une forme à une autre, au cours de la réincarcération sous la même forme, on peut assister au blocage des certaines qualités qui, par exemple, sont déjà perfectionnées (cela peut se produire lorsque le passage aux différentes formes, lorsque les réincarnations sous une forme etc) ou qui ne sont pas nécessaires dans cette incarnation.

Le blocage est une couverture pour la fonction de la manifestation de la qualité avec une énergie plus puissante. À ces fins on utilise une construction spéciale. Le sens d'un tel blocage consiste à créer un mécanisme qui ne permettra pas aux qualités passées de se manifester sous la forme des incarnations précédentes.

HIÉRARCHIE DES CHATS

Lecteur. Vous avez écrit que le chat avait sa propre hiérarchie dans la hiérarchie des animaux. Si l'âme se développe dans le corps d'un chat de race, s'était-elle déjà développée dans un corps du chat sans race?

Si l'âme passe dans la hiérarchie d'un animal, alors le développement se manifestera d'une manière constante ou l'âme pourra passer dans la vie suivante de la hiérarchie d'un animal qui se trouve au-dessus de celle de chat sans le passage complet?

Réponse. Les chats de race sont au-dessus des métis dans leur hiérarchie. La race avec son apparence particulière a été créée dans le but de séparer l'âme de l'animal plus développée de celle moins développée. Chaque race prévoit une distribution particulière des âmes des animaux dans leurs hiérarchies, en s'appuyant sur les directions du développement strictement séparées, ce qui conduit à l'accumulation d'un certain type des caractéristiques qualitatives dans les matrices.

Cela est principalement lié à la structure physique différente de leurs corps matériels où les caractéristiques de la physiologie orientent chaque type de race animale vers des maladies spécifiques, des comportements typiques et des capacités particulières, celles mentales y comprises.

L'apparence inhabituelle des animaux a permis aux gens de choisir des animaux de race pour les garder dans la maison et, ainsi, de créer de nouvelles conditions de l'existence contribuant ainsi à leur progrès futur dans l'humanité, dans un environnement plus civilisé.

Lorsque l'âme d'un animal passe d'une hiérarchie à une autre, elle (l'âme) doit systématiquement et complètement franchir tous les Niveaux de cette hiérarchie.

CHATS DE RACE

Lecteur. Les chats de race dégagent-ils une énergie différente de celle ordinaire? Lors de son passage dans la hiérarchie humaine, l'âme de l'ancien chat de race devient-elle quelqu'un de la noble famille humaine? Existe-t-il ou non des différences dans les accumulations d'énergie* des chats de race? Les chats ont-ils le choix?

Réponse. Chaque race de chats, de chiens, etc., possède son propre type d'énergie transmettant certaines propriétés de la race. Du point de vue de l'évolution, une race existe pour une courte période de temps et, par conséquent, dans la hiérarchie d'une espèce animale elle occupe un Niveau intermédiaire.

Le niveau d'un animal dépend du niveau évolutif du développement de son âme. Et s'il (le Niveau)* n'est pas élevé, la race de l'animal n'est pas donc finale dans sa hiérarchie.

Puisque les chats continuent à se développer dans leur hiérarchie pendant un certain période de temps, toutes leurs âmes atteindront la perfection, mais en temps voulu. Et seulement après avoir atteint le sommet de la hiérarchie, leurs âmes passent à une hiérarchie du développement d'animaux du Niveau supérieur (où se trouvent les chiens, les éléphants, les singes, les dauphins). Les chats ne peuvent pas passer à la forme humaine.

ANIMAUX SONT DEVENUS PLUS INTELLIGENTS

Au début du XXIer siècle, les animaux ont fait un grand pas en avant dans le développement. On peut faire de telles conclusions en s'appuyant sur les programmes de télévision qui montrent leurs réalisations évolutives. On voit sur les écrans de télévision des corbeaux qui montent des toits enneigés sur des cartons, comme les enfants le font; les chiens intelligents qui tentent d'apprendre à ramper les bébés humains ne sachant pas se déplacer sur le sol à deux jambes; les singes communiquant avec un homme en langue de muet, etc.

Par exemple, on a diffusé à la télévision qu'un bébé, étant allongé sur le sol, sur le ventre, tapait la surface lisse, tandis que ses jambes restaient immobiles. Puis le chien s'est allongé aussi sur le ventre et a commencé à ramper autour du bébé, en le regardant et comme s'il disait: «Regarde comment il faut bouger». En même temps, ses jambes arrières, comme celles d'un enfant, ont été traînées et il a déplacé son corps dans la direction souhaitée avec ses jambes antérieures.

Le chien rampait autour du bébé en le regardant, comme s'il l'encourageait: «Viens! N'aie pas peur!». L'enfant regardait aussi son «professeur» avec un intérêt, mais il n'a pas pu avancer au moins à cinq centimètres. Cependant, le comportement de l'animal était tout à fait incomparable.

Les chiens, les singes et les perroquets se comportent comme des humains. Ils font de la planche à roulettes, nourrissent les autres animaux, dansent au rythme de la musique. Les vaches et les chevaux ouvrent les portes dans leurs stalles et vont se promener, en libérant ses compagnons.

C'est pourquoi à l'heure actuelle (2019), on peut dire la chose suivante: **«On s'étonne par l'esprit des animaux et la stupidité de l'homme».** Les animaux progressent de façon spectaculaire et l'homme est considérablement dégradé dans sa masse totale.

On va encore parler un peu de notre animal domestique, puisque l'on peut voir le progrès de son âme comme de nos propres yeux.

Nous avons trouvé notre chaton près de la poubelle. Quelqu'un l'a jeté dehors, car il avait une petite teigne sur la joue (c'était un centimètre de diamètre). Le chaton se tenait près de la poubelle et, en se retrouvant dans un environnement inconnu (on suppose que l'on a jeté quelques minutes avant notre visite), piétinait sur place, en ne sachant que faire.

C'était Larisa qui l'a remarqué et l'a ramené à la maison. Elle a guéri la teigne à l'aide des médicaments. Le chaton est devenu plus joli et on a commencé à le considérer un membre de notre famille (c'est le chaton Maria, la petite-fille de Larisa, Diana Seklitova, l'a décrit plus tard dans son livre «À la recherche du tiers monde»). Si l'on parle de la nourriture, le chaton préférait les pommes de terre bouillies et les concombres frais, il buvait du lait. C'était pour la première fois que nous avons rencontré un chat (plus tard on a compris que le chaton était la chatte) qui a mangé de tels produits. Elle a grandi, son caractère était doux et obéissant, elle ne grimpait jamais sur la table. Si elle avait besoin de manger et si elle était assise sur une chaise à côté de nous, elle posait soigneusement une patte sur le bord de la nappe, en nous disant «Donnez-moi à manger». Nous avons mis la nourriture du magasin dans son assiette et elle est descendue au sol pour manger. Quelles autres particularités du comportement avait-elle?

Contrairement aux hommes qui pouvaient uriner dans la rue, devant les femmes et les enfants, elle ne se permettait jamais de faire une chose si éhontée, bien que nous ne lui apprenions pas la modestie. Mais elle n'a jamais uriné en présence d'une personne. Si elle avait besoin d'aller aux toilettes et quelqu'un des membres de sa famille se trouvait près de son plateau, elle miaulait, comme si elle disait «ne me dérange pas». Dès que le perturbateur était parti, elle a pris sa place. C'était aussi pour la première fois que nous avons rencontré un chat tellement timide.

Larisa écoute souvent dans sa chambre de la musique, elle a sa propre collection d'œuvres musicales. Quand elle écoutait de la musique et faisait quelque chose avec ses mains (cousait, repassait, écrivait des livres, travaillait avec son site Web, etc.), la chatte était allongée sur un tapis et écoutait involontairement les mélodies de sa collection. Nous étions persuadés que la chatte ne faisait aucune attention à la musique humaine. Mais un jour, elle a réfuté nos suppositions.

Moi, je me suis assise à la table et j'ai tapé sur mon ordinateur. Puis j'ai décidé d'écouter la collection musicale de Larisa. J'ai apporté un magnétophone dans la chambre et l'ai fait marcher.

Je tapais. Les mélodies sont jouées les unes après les autres. Soudain, un chat s'est levé, a posé doucement une patte sur mon genou, en me regardant. J'ai demandé: «Tu veux manger?». Elle continuait à me regarder. «Bon, allons», ai-je dit. Je me suis levé et j'ai suivi le chat. Elle était devant moi. J'étais persuadée qu'elle me conduirait à la cuisine où elle avait sa propre «salle à manger».

Mais le chat s'est tourné dans la direction de la chambre de Larisa. Je la suivais, mais j'ai déjà compris ce qui se passait. En se dirigeant vers son tapis, le chat m'a regardé et a sauté dessus. Puis elle m'a regardé comme si elle me disait: «C'est la musique de Larisa et tu dois en écouter dans sa chambre».

On peut dire qu'elle voulait dire: «Pourquoi est-ce que tu écoutes de la musique au mauvais endroit? C'est un gâchis».

J'étais surprise. La chatte a reconnu les mélodies et, en passant à côté de moi, elle a décidé de rétablir l'ordre.

Ainsi, un animal de la race de chat a aussi confirmé que les chats ont l'audition intérieure et sont capables de reconnaître les chansons préférées.

Il faut aussi souligner que les animaux ont également un sentiment de honte, contrairement à certaines personnes impudentes, arrogantes et intolérantes qui sont capables d'uriner sous les yeux des passants. Ce comportement des animaux est surprenant et celui des gens est horrifié.

OÙ L'HOMME DE NEIGE ACCUMULE DES INFORMATIONS

Lecteur. Dans l'un de vos livres, vous avez écrit que l'homme de neige envoie les données accumulées à un certain Système Cosmique par le biais du travail des corps subtils. Cela doit-il être compris comme le fait qu'il préserve en lui-même des impulsions provenant de l'environnement en énergies qui passent par ses chakras dans les coquilles? Et ensuite, son Déterminant les transfère au Système Cosmique fonctionnant avec cet homme de neige?

Réponse. Oui, toutes les informations sont accumulées dans l'une des coquilles subtiles d'un homme de neige, mais sa quantité est différente de celle des gens ordinaires. Sa coquille d'information possède une structure spéciale permettant d'accumuler des informations strictement définies et de les transmettre automatiquement à leur Système. Mais ces informations concernent les données relatives à l'écologie et qu'il doit transférer à son système.

Quant aux informations relatives à sa vie personnelle et à son développement individuel, elles s'accumulent dans les structures de son âme. Après tout, il l'a aussi, il n'est pas un bio robot. Son âme est aussi constituée d'une matrice commune et des coquilles temporaires et permanentes, mais elles diffèrent du corps énergétique des personnes par leur construction interne.

* * *

Chapitre 3
ÂME. HOLOGRAMMES. TÉLÉPORTATION.
RECETTE DE L'IMMORTALITÉ.

Nous commencerons ce chapitre par la question sur la possibilité d'exister éternellement, c'est une chose dont chaque personne rêve et qui, à leur avis, est inaccessible. En fait, en ce qui concerne l'existence de l'univers, sa vie courte n'est qu'un instant dans cette éternité. Et qu'est-ce qu'elle peut comprendre au cours de cet instant, qu'est-ce qu'elle peut ressentir et dans quelle mesure pourra-t-elle avancer du point de vue de son développement? Et si la personne perd cet «instant» à la recherche des avantages et des plaisirs de la vie, qu'est-ce qu'il reste dans son âme minuscule?

Le rêve de l'éternité semble irréel pour la plupart des gens, car ils ne voient que la mort, le délabrement, le remplacement des unes choses par les autres qui existent aussi pendant un instant court de l'histoire de la Terre. La vie humaine se termine aussi instantanément, mais l'homme ne commence à le comprendre qu'en devenant vieux, quand il a déjà tout passé.

Cependant, la vie crée l'illusion de l'éternité de son existence: elle consiste en ce que dans l'enfance et la jeunesse la vie semble d'être sans fin, infiniment longue, même une année semble d'être l'éternité. Et il (l'homme)* est déjà affirmé de son immortalité, quand soudain arrive la vieillesse et quand il voit qu'il se trouve au bord de l'oubli éternel. Et toute sa confiance en son existence éternelle était basée sur l'illusion d'une conscience non développée. Tandis que celle développée se mesure avec le monde extérieur et voit la brièveté de sa propre existence sur la Terre, en commençant à chercher des moyens de prolonger son existence et les moyens d'atteindre l'immortalité.

L'homme essaie de créer toutes sortes d'élixirs et d'entrer en collusion avec l'Hiérarque négatif qui garantit l'immortalité. Mais tout s'avérerait vain, car l'individu n'a pas compris l'essentiel – ce que le développement de son âme serait l'élixir magique de l'immortalité. La personne non développée et celle ne servant qu'à son ego ne peut pas atteindre l'immortalité.

Seuls les processus de progression (et non les processus de dégradation) ouvrent à l'âme le chemin à une existence éternelle. Pour aboutir à ces fins, il est nécessaire d'accumuler la quantité requise de l'énergie dans des structures humaines fines qui, en combinant les deux signes, dépasseront une certaine valeur de l'énergopotentiel de l'âme. Pour un homme, cette valeur est conditionnelle, mais selon sa propre hiérarchie elle devrait correspondre à 50 unités d'énergie conventionnelles (abrégées en u. e. c.)*, c'est-à-dire que l'âme doit atteindre le milieu de la hiérarchie Humaine, en faisant ainsi les accumulations nécessaires dans sa matrice. Cela est propre et aux individus positifs, et aux individus négatifs.

La recette de l'immortalité s'est révélée très simple: il suffit d'apprendre correctement les vérités, de remplir de nouvelles connaissances et de nouvelles pratiques, en utilisant chaque minute de son temps libre pour acquérir de nouvelles notions et maîtriser des compétences utiles. C'est-à-dire il faut mettre tout à profit, aux états absolus. Et tout cela formera cette quantité d'énergie personnelle potentielle de l'âme qui fera cesser la chaîne des réincarnations douloureuses d'une personne et rendra son âme immortelle.

Ce n'est qu'un développement correct qui peut rendre une personne immortelle. Et les clés de la bonne progression* d'un individu positif sont présentées ci-dessous.

Recette de l'immortalité

1. Le respect des Commandements de Dieu, des lois de la société et l'assimilation des principes moraux du comportement. C'est l'essentiel pour l'homme de Dieu, car sans l'utilisation des principes moraux, sans le respect et l'application des lois et des règles de l'existence, il est impossible d'entrer dans une hiérarchie positive.

2. L'assimilation correcte de toute connaissance de son Niveau du développement et la construction d'une hiérarchie de leurs qualités dans les cellules de la matrice de l'âme, ce qui exige une bonne compréhension du métier étudié, de ses processus. C'est le travail de l'intellect, le développement de l'esprit.

3. Le développement des activités pratiques de son propre niveau jusqu'à l'aboutissement du professionnalisme, l'acquisition du plus grand nombre de pratiques et de compétences utiles.

Ce sont les trois principes dont l'adhésion assure à 100% l'immortalité de l'âme, de la personnalité dans sa coquille extérieure. Cette recette est créée pour les individus positifs. (Et l'Hiérarque négatif rend ses subordonnés immortels, en les forçant à passer les situations les plus difficiles de la vie d'une manière robotisée et en sculptant les âmes possédant des qualités requises par sa propre Hiérarchie. Il ne prend en compte aucun désir sauf son propre.)

Les 50 unités d'énergie conventionnelles (u.e.c.) de l'âme servent d'un indicateur général pour les individus positifs et négatifs lors de leur passage à la catégorie des personnalités qui ne peuvent pas être décodées, c'est-à-dire à l'existence éternelle.

Mais en ce qui concerne les individus négatifs, il faut y faire quelques remarques.

ORIENTATION DES INDIVIDUS NÉGATIFS VERS L'IMMORTALITÉ

En ce qui concerne les individus négatifs, la condition, qui leur permet d'entrer à l'existence éternelle, est un ensemble d'énergies essentiellement négatives, mais non celles basses, provenant d'actes négatifs de toutes sortes, mais d'activités élevées, issues de l'activité scientifique, puisque ce sont principalement les hautes énergies qu'assurent la puissance de l'énergopotentiel de leur âme.

Ils doivent aussi accumuler 50 u.e.c., mais celles avec un signe négatif (les énergies positives contenant dans leur matrice doivent être minimales). C'est-à-dire qu'il est important pour eux aussi de passer à l'immortalité en développant de différentes sciences mathématiques, des pratiques constructives, des inventions, l'informatisation et d'autres connaissances basées sur des travaux avec des hauts processus et énergies négatifs.

Un individu négatif ne pourra pas s'élever à l'aide de l'agression, du meurtre, de la corruption, de la cupidité et d'autres préjudices supérieurs au 30ème niveau de la hiérarchie humaine, et, par conséquent, il n'atteindra jamais l'énergopotentiel conventionnel de 50 u.e.c. à l'aide de telles actions.

Il doit aussi développer son intellect. Il devra donc non seulement apprendre les pratiques négatives, mais aussi comprendre les sciences informatiques, en commençant par la comptabilité et en finissant par créer des «soucoupes volantes» et des stations intergalactiques, ainsi que des lieux vises à purifier les univers et les planètes de tous éléments dégradants (par exemple ceux de l'Enfer).

Il existe des processus élevés, moyens et faibles dans toute orientation du développement, c'est pourquoi il est important de se concentrer sur les objectifs d'actions et de connaissances élevées, sur leur maîtrise correcte, car la réalisation correcte des actions, ainsi que la compréhension correcte des vérités, contribuent à l'accélération du développement et par conséquent, à l'approximation à l'existence éternelle.

Cependant, en atteignant l'immortalité, il convient de prendre en compte certaines nuances du développement.

Quand l'âme atteint 50 u.e.c., on peut passer à l'existence éternelle, ce qui signifie la préservation complète de sa personnalité, de son propre «je», mais pas du corps matériel. Avant que l'âme atteigne 50 u.e.c., elle peut être décodée pour toute infraction par la décision des Juges Célestes qui la trouve sans perspectives, ce qui, à son tour, signifie qu'ils ne souhaitent plus dépenser l'énergie pour qu'elle incarne.

Mais quand l'âme atteint 50 u.e.c., elle ne peut donc être décodée par personne. Elle ne peut qu'être purifiée partiellement des énergies sales et après cela elle retourne de nouveau à l'aide des programmes particuliers sur la voie du développement de Dieu. Mais son corps matériel continue à mourir et à changer au cours de chaque réincarnation.

Une telle immortalité peut être qualifiée comme partielle, car à ce stade du développement, pour l'individu déraisonnable il est toujours plus important de préserver sa coquille mortelle externe et c'est pour elle qu'il cherche à obtenir son immortalité.

Ainsi, nous avons conclu que l'acquisition de 50 u.e.c. par l'âme n'assure l'immortalité qu'à son "je" personnel, avec la préservation de la conscience et de toutes les qualités acquises dans des réincarnations passées. Mais en se transformant, l'âme continuera ses réincarnations d'un corps matériel à un autre, qu'elle perdra toujours en atteignant la fin de son programme de vie.

1. En un mot - l'âme éternelle aura un corps mortel, ce qui ne convient pas à une personne.

Mais c'était la première étape que l'on a réussi sur le chemin de l'immortalité éternelle.

2. Pour la deuxième étape, le corps physique devra sortir de l'influence du temps. C'est le temps qui limite tout ce qui est matériel par le cadre de l'existence, qui le détruit, en ramenant les particules physiques à leur état d'origine pour créer de nouvelles formes de vie.

Et pour sortir de l'influence du temps, il faut atteindre le centième Niveau de la hiérarchie Humaine et entrer dans la hiérarchie de Dieu. C'est ici qu'une personne trouvera une coquille extérieure éternelle qui ne sera pas physique, mais sera représentée comme un matériel énergétique impérissable. Pour le faire, elle devra passer la sixième race, où elle doit se développer au cours de deux mille ans, et encore environ 800 ans dans la septième.

Ainsi, pour parvenir à la vie éternelle, les individus se trouvant en développement doivent attendre à peine 2800 ans qui passeront aussi vite que leur vie réelle.

L'essentiel est ce que la recette de l'immortalité détermine l'orientation du développement de l'âme à ceux qui souhaitent poursuivre l'évolution dans l'Univers.

POURQUOI LA MATRICE DE L'ÂME EST CONSIDÉRÉE COMME ÉTERNELLE

Lecteur. Dans "Les Lois de l'Univers" (chapitre 4, "La loi de la Trinité"), il est écrit:

"La base de la composition triple représente la forme initiale de l'existence de l'individu à une certaine étape de sa progression... puisqu'avant la création de cette composition triple, l'individu a déjà existé éternellement..., en obtenant de diverses formes des états modifiants... et chaque base de cette composition triple a été décomposée en trois parties identiques ... ne différant que par un volume donné et le la puissance d'origine. Question: Qu'est-ce que cela signifie: " avant la création de cette composition triple, **l'individu** a déjà existé **éternellement**, en obtenant **de diverses formes** des états modifiants... ". Comment on peut le comprendre? Où cet individu existait-il éternellement?

Réponse. Pour l'âme humaine, la notion de son existence éternelle doit être perçue comme la création d'une matrice à l'aide des «particules» d'énergie qui existe éternellement. ("Particules" – une notion figurée, car aux Niveaux Supérieurs de la hiérarchie de Dieu, il y a d'autres états d'énergies). Après tout, ce sont les 98-100ème niveaux de la hiérarchie de Dieu, sur lesquels se trouvent de très hautes énergies et leurs composants, qui créent l'âme initiale.

Les «particules» servant de briques primaires pour la création de l'âme ont connu beaucoup d'années de développement qui ne peuvent être exprimées par aucune mathématique. C'est-à-dire que l'âme est créée immédiatement à partir des énergies éternelles dont les éléments ont déjà subi un nombre infini de transformations de leur propre développement progressif. Il faut bien noter que la séquence globale de ce développement au stade de l'existence humaine ne peut pas encore être comprise. Par conséquent, la matrice initiale ne peut pas être détruite non seulement par l'homme, mais aussi par aucune autre créature développée.

De plus, la matrice triple initiale est créée au cours de 9 années cosmiques, et chaque année cosmique est égale à plusieurs milliards d'années terrestres. C'est-à-dire qu'au moment de quitter le laboratoire, la matrice triple standard, qui existe depuis si longtemps du point de vue de ses composants, est considérée comme éternelle et l'éternel, comme on le sait, est indestructible. Mais il ne faut pas confondre l'identité de la personne avec la base de sa matrice. La matrice est éternelle et le "je" personnel de la personne, formé au cours de plusieurs incarnations, peut être soumis au décodage, c'est-à-dire à la destruction.

Dans l'Univers, tout est construit sur des paradoxes, quand l'une chose commence à exclure l'autre.

La matrice éternelle de l'âme est créée de telle sorte que tout ce qui y est formé, sans succès, arbitrairement, et au mépris des plans des Célestes, est soumis à suppression et purification, tandis que la matrice éternelle initiale reste et sert pour le développement d'autres types d'entités. Ainsi, une seule matrice peut traverser différents mondes. C'est-à-dire que sa base triple initiale est éternelle et indestructible.

(Pour avoir plus de détails, voir l'article «La matrice éternelle et l'âme pas périssable» dans le livre «Les dernières informations sur le développement de l'âme», ch. 1.)

Question de l'éternité de la matière physique
(nouveau)

Lecteur. Un savant russe a introduit dans son corps une bactérie ancienne (âgée de plusieurs millions d'années) que l'on avait trouvé dans le pergélisol en espérant qu'il gagnerait la vie éternelle. Est-ce que c'est son choix ou c'est le passage d'un point de contrôle obligatoire de son programme de vie?

Dans quelle mesure cette expérience peut-elle réussir?

Réponse. L'éternité s'acquiert à l'aide du développement de l'âme et la matière terrestre est si basse qu'elle ne peut être éternelle sans passer le développement de quelques dizaines à millions d'années. Pour devenir éternelle, la matière, le corps humain y compris,

84

doit se débarrasser de l'influence du temps. Tant qu'elle est liée au temps, elle ne sera jamais (matière physique) éternelle. Par conséquent, l'éternité doit être recherchée dans l'indépendance de la matière par rapport au temps.

CÉLÉBRATION DU PASSAGE DE L'ÂME DANS L'ÉTERNITÉ

Lecteur. Le transfert des âmes positives de Dieu dans l'éternité à travers la sixième race se déroulera-t-il dans une atmosphère de fête ou d'une manière modeste? Est-ce que le Diable considère ce transfert comme une fête?

Réponse. Le jour quand les âmes sont transmises à l'existence éternelle et quand elles mettent point au processus du décodage* est particulier, est le jour le plus important de leur évolution sur la Terre. C'est pourquoi on ne peut le comparer avec le reste lors duquel l'âme se trouve dans le monde terrestre. Les Maîtres Célestes de l'humanité le comprennent et, en guise d'encouragement, rendent ce jour solennel et significatif, mémorable pour de longues périodes du développement de l'âme.

Le transfert des âmes positives dans l'éternité sera associé à la célébration extraordinaire à cause de la puissance de la Raison et de la victoire des qualités positives de l'âme sur le décodage, de la destruction du «je» personnel et de l'ouverture des portes de l'évolution perpétuelle.

Mais la fête qui est habituelle à la personne n'est pas prévue, la célébration se déroulera au Niveau des sensations de chaque individu dans le contexte d'une dimension commune dans le champ actuel du bien. Toutes les âmes seront embrassées par un sentiment d'inspiration, d'amour universel, de bonté pour tout ce qui se trouve dans le monde, de sublimités et d'une unité totale. Un individu partagera toutes les émotions avec tout le monde. L'homme n'a jamais éprouvé de tels sentiments, il ressentirait une force extraordinaire de l'auto-confidence et comprendrait qu'il a su surmonter ces épreuves incroyables et en sortir vainqueur. Ceux qui sont passés à l'évolution pourraient assister au «spectacle» d'énergie, ou plutôt pourraient voir les possibilités des énergies de créer la beauté, et les Maîtres Célestes démontreraient leurs capacités dans le monde subtil. Ce sera un spectacle extraordinaire.

Après cette célébration, on commencera à préparer des âmes

pour l'incarnation sur le nouveau territoire de la Terre afin de poursuivre son développement en une forme renouvelée.

Dans le système négatif, le transfert des âmes dans l'éternité est exprimé sous une forme stricte rappelant les célébrations de l'armée à l'occasion de l'acceptation du rang de général. Mais ce transfert n'y est considéré comme la fête non plus. Et puisque les subordonnés négatifs ont des qualités différentes de celles des positifs, ils se sentiront aussi satisfaits de pouvoir continuer à se perfectionner et de pouvoir gagner quelque chose de concret à l'aide de leur développement après lequel ils se mettront à la recherche des biens de vie.

Mais maintenant cet effort se réaliserait dans des conditions plus strictes, car les subordonnés négatifs avaient déjà reconquis les biens des individus positifs, en utilisant des méthodes cruelles. Mais maintenant ils devraient se battre les uns avec les autres pour obtenir ces biens, ce qui attiserait leurs relations à un certain Niveau du développement. Ainsi, ils se replongeraient dans la lutte pour une amélioration des conditions de vie.

COQUILLES.
COQUILLES TERRESTRES ET HUMAINES

Lecteur. Il est écrit dans vos livres que le nombre de coquilles d'un homme de la sixième race passera à neuf, et celui de la Terre à dix. Mais notre planète existe depuis des millions d'années de plus que l'humanité. Pourquoi son nombre ne se diffère que par un de celui de l'humanité?

Réponse. Il est nécessaire de prendre en compte la proportionnalité des énergocorps subtils. Du point de vue de la vitesse du développement, celle de remplissage des coquilles fines de l'homme se diffère de celle de la planète. De même, leurs coquilles sont d'une taille incommensurable. Par exemple, une personne développée peut remplir l'une de ses coquilles au cours de 50 incarnations (la durée totale est 3 000 ans). (on multiplie 50 incarnations par 60 ans de la vie = 3000 ans)*

Tandis que la Terre aura besoin d'environ 6 millions d'années pour remplir une coquille fine (on divise 4,5 milliards d'années en 7 coquilles = 6,4 millions d'années). Les nombres sont indiqués d'une manière conventionnelle, car chaque coquille exige son propre temps de remplissage, mais cet exemple donne la possibilité de présenter conditionnellement la proportionnalité du temps de remplissage des coquilles de l'homme et de la planète avec l'éventail de l'énergie requis. Après tout, sauf des énergies de l'homme, la planète peut remplir ses coquilles par des Niveaux d'énergie nécessaires.

Mais ce retard dans le remplissage des coquilles par la Terre ne signifie pas qu'une personne se développe plus rapidement. Leurs coquilles sont tout simplement disproportionnées, puisque les âmes des deux (de la Terre et de l'homme) se trouvent aux différents Niveaux de la perfection.

On peut dire que les Niveaux des différentes formes de l'existence sont particuliers, c'est-à-dire leur forme existe une période de temps nécessaire à la planète. Il existe donc une hiérarchie pour le développement de certaines formes de vie: les hiérarchies particulières des plantes, des animaux, de l'homme, des planètes, des étoiles, des volumes du monde, etc.

C'est pourquoi on ne peut pas comparer toutes les choses, puisqu'elles sont incommensurables du point de vue de leur durée de vie et de leur vitesse du développement.

TRANSFORMATION DES COQUILLES TEMPORAIRES EN CELLES CONSTANTES

Lecteur. Si l'âme remplit les coquilles temporaires au cours de chaque incarnation à partir de zéro, mais en même temps, il faut tenir compte du fait que ses accumulations dépendront des énergies avec lesquelles elle doit travailler selon son programme, dans ce cas on peut affirmer qu'au cours de chaque vie les coquilles temporaires seront remplies à partir de zéro. Cependant, si je comprends bien, dans chaque vie suivante, ces énergies seront plus élevées que dans celle précédente. Cela dépendra du Niveau sur lequel se trouve son âme en ce moment et de ce qu'elle construit en son intérieur.

Si la coquille temporaire d'une personne devient constante, alors son développement continuera à partir du développement de la qualité énergétique finale de l'âme. Et la coquille, qui était temporaire, commencerait à accumuler de nouvelles énergies d'un niveau supérieur. Est-ce que je comprends bien tout cela?

Et les énergies incluses dans l'ancienne coquille temporaire sont-elles sales ou non? Après tout, l'énergie s'accumule dans les coquilles temporaires, mais elle n'entre pas dans la matrice?

Réponse. L'information sur les coquilles temporaires est bien comprise. Les vieilles coquilles avec des énergies défectueuses sont jetés après la mort d'une personne et puis, au cours de l'incarnation suivante, on donne de nouvelles coquilles temporaires. Elles commencent à développer les énergies du Niveau du développement auquel l'individu s'est arrêté.

Mais il ne faut pas oublier qu'après avoir jeté des coquilles avec des énergies sales, le Niveau général d'une personne diminue partiellement. C'est pourquoi l'individu devrait répéter les situations dans lesquelles, lors de la dernière incarnation, il avait accumulé des énergies défectueuses et desquelles il a dû se débarrasser après sa mort.

C'est-à-dire que, lors de la prochaine incarnation, il devrait reconstituer le défaut passé afin de récupérer partiellement l'énergie du Niveau précédent. Mais puisqu'il a besoin de progresser, les Célestes ajoutent à son programme des situations lui permettant d'accumuler de nouvelles énergies d'un ordre supérieur.

Les énergies correctes, qui se trouvent dans les corps d'énergie non permanents, pénètrent dans les cellules de leur matrice et jettent ainsi les bases du passage de la coquille temporaire à une forme constante. Dès que les énergies correctes apparaissent dans les corps fins temporaires, elles ne sont plus déversées mais transférées au nombre de celles qui sont permanentes.

Cependant, une personne ne peut pas encore se développer sans aucune faute, c'est pourquoi elle continue à accumuler des énergies sales dans sa coquille. Bien sûr, elle accumule aussi les énergies correctes qui sont requises par le programme et elle le fait sans aucune faute. C'est-à-dire que l'individu possède les unes et les autre (les énergies propres et sales). Mais dans ce cas, après la mort, la coquille temporaire ne subit qu'une purification partielle, car toutes les accumulations correctes doivent y rester et multiplier, puisqu'il s'agit de la progression de l'âme.

Et puis, lors de la prochaine incarnation, une personne commencerait à se développer à partir du Niveau de ses connaissances correctes qui ont été déposé dans son ancienne coquille temporaire (qui est déjà devenue permanente)*. C'est de telle manière que se passe la transformation des coquilles temporaires en celles permanentes. Tous les corps minces ont aussi une structure matricielle.

Sous la notion des «énergies sales», on comprend les énergies défectueuses qui sont le résultat des actions fausses, des pensées et des sentiments bas d'une personne. Tout cela doit être purifié, et tout l'autre, qui est bien compris et qui est accompagné des sentiments élevés, reste dans la coquille temporaire, qui, à son tour, acquiert ainsi progressivement sa base permanente. Cependant, une personne apprend à comprendre et à penser correctement avec beaucoup de difficultés. Parfois, au cours des premières incarnations, elle perçoit tout ce qui se passe dans sa vie d'une manière fausse et, par conséquent, des coquilles temporaires seront libérées sans pitié.

Mais si la compréhension correcte de ce qui se passe commence à donner à l'âme des énergies nécessaires, dans ce cas elles resteront, et les coquilles temporaires cessent d'être libérées, en passant dans la catégorie des permanentes. Chaque incarnation suivante doit continuer à compléter les qualités développées à partir des fréquences énergétiques qui créent tout l'éventail des énergies de la qualité requise.

(Toute qualité doit créer sa propre hiérarchie, c'est-à-dire collecter la gamme complète des énergies d'un certain type dans une séquence régulière. La hiérarchie assure l'automatisme de l'action d'une qualité donnée). La présence de l'éventail de la qualité inclut aussi la séquence de la prise d'énergies nécessaires.

L'âme se base strictement sur les lois de sa construction qui sont, à leur tour, adoptées par notre Dieu. C'est pourquoi tout ce qui n'est pas conforme aux lois est enlevé et purifié, et la personne est donc obligée de répéter les situations passées pour corriger les fautes et obtenir les énergies manquantes.

EST-CE QUE L'ÂME RÉSISTE À L'OBTENTION DES ÉNERGIES «SALES»?

Lecteur. Est-ce que l'âme positive de Dieu résiste à l'entrée dans sa coquille des énergies sales* reçues des actes pécheurs de l'homme, ou non?

Réponse. Une personne évalue souvent ses actions d'une manière incorrecte, c'est-à-dire qu'elle trouve ce qui est fait mal comme une chose positive, mais en réalité, des énergies sales pénètrent dans l'âme. Mais dans les coquilles temporaires, il ne reste que les énergies correspondant à l'évaluation la plus élevée des Maîtres Célestes, tandis que l'évaluation humaine n'est pas prise en considération en raison de son Niveau du développement assez bas qui, à son tour, fait la personne se tromper et montre qu'elle n'est pas encore capable d'évaluer correctement ses actions.

Mais l'âme, qui s'est engagée dans une voie positive du développement, commencerait déjà à sentir qu'une personne faisait quelque chose de mal et s'opposait à l'entrée des énergies pêcheuses dans sa coquille.

On peut l'affirmer en s'appuyant sur l'apparition des sensations désagréables après avoir fait des actions illicites. Par exemple, l'humeur d'une personne peut se détériorer, l'individu peut ressentir une malaise ou une gêne. Certaines personnes possèdent une qualité bien développée qui s'appelle la conscience. Elle se manifeste à l'intérieur lorsqu'une personne fait quelque chose d'inapproprié aux actions positives. Par conséquent, il est nécessaire de faire attention à l'apparition de telles sensations et de ne pas répéter les actions après lesquelles elles apparaissent. Un individu qui a le sens de l'observation remarque toutes les nuances de ses sentiments et de ses sensations, ce qui lui permet d'apprendre à connaître son monde intérieur et de le diriger vers les sommets de la perfection humaine.

QU'EST-CE QUI EST MEILLEUR: ÊTRE DÉCODÉ OU PASSER À LA HIÉRARCHIE DE SIGNE NÉGATIF

Lecteur. Vous avez déjà dit que du point de vue céleste, l'entrée dans le Système négatif est préférable au décodage* de l'âme. Et du point de vue de l'âme, qu'est-ce qui est préférable: se débarrasser de la personnalité négative ou dégradante qui y grandit, en passant la procédure du décodage et en obtenant un nouvel ego afin de commencer son évolution à partir de zéro, et ainsi conserver la possibilité d'entrer dans hiérarchie de Dieu ou entrer à jamais au service du Hiérarque négatif*, en évitant la purification douloureuse dans l'Enfer solaire?

Réponse. Il vaut mieux que l'âme poursuive son développement, même dans une Hiérarchie négative. Le décodage signifie la destruction complète de l'âme, en tant que la base personnelle de son "je". Et si le «je» de l'âme est détruit, elle ne se sentira plus comme auparavant. C'est la même chose que vous ne pouvez pas vous sentir comme votre ami ou votre père. Vous comprenez bien qu'ils sont tout à fait autres et que leur «je» ne sera jamais pareil à celui vôtre. Vous êtes vous, c'est l'essence de votre "je". C'est pourquoi lorsque l'âme est décodée, son propre «je» disparaît pour toujours, et sur la base d'une telle matrice, une autre personne commence à se construire. Mais cette nouvelle personne ne comprendrait jamais et ne se souviendrait jamais de cette personne qui se trouvait dans sa matrice initiale. Mais puisque l'homme existe sur la Terre, il peut toujours corriger ses fautes. Il est nécessaire de faire tout votre possible pour remplir votre âme d'énergies positives afin que la partie positive de l'âme puisse dominer sur sa partie négative.

QUAND L'ÂME PASSE D'UNE HIÉRARCHIE À UNE AUTRE

Lecteur. Aidez-moi, s'il vous plaît, à comprendre une chose suivante.

Maintenant, je traduis le livre "L'âme et les mystères de sa structure" en une langue étrangère. Dans le deuxième chapitre, au cours du dialogue avec le Dieu, vous avez demandé si l'âme de Jésus-Christ se trouvait auparavant dans le corps de la planète, et la réponse a été suivante: "Oui, et pas seulement dans celui de la planète. Elle existait même en forme d'étoile, ce qui lui a permis d'accumuler le potentiel très puissant. " Puis on a posé la question suivante: "Est-ce que l'âme de la planète peut entrer dans la coquille de l'étoile au cours de son développement?" La réponse a été: "Non, c'est impossible. Elles ont une autre structure. L'âme de la planète est créée pour les planètes, l'âme de l'étoile - pour les étoiles." (Chapitre 2. Les âmes des planètes, des étoiles). Comment on peut le comprendre?

Réponse. Nous voulons attirer l'attention du lecteur sur la possibilité du développement de l'âme en dehors du temps physique, c'est-à-dire dans les mondes éternels. Par exemple, au cours de 2 000 années de temps terrestre, l'Âme Suprême peut passer une hiérarchie entière. De plus, la vitesse du développement se diffère selon les mondes physiques, ce qui rend impossible toute comparaison. Mais dans le monde terrestre, la différence dans les vitesses du développement des âmes existe aussi.

Par exemple, on ne donne à un papillon d'un jour qu'un seul jour pour qu'il se développe, tandis qu'une personne a presque 72 ans pour le faire, mais parfois on voit qu'une personne vit 30 ans et une autre peut vivre 98 ans. La différence entre les années et les vitesses de la perfection sera considérable et pourra présenter au lecteur le résultat inattendu à cause de la mauvaise compréhension de ce qui est écrit. C'est pourquoi leurs indicateurs du développement sont incomparables et, en outre, il est impossible de comparer les notions terrestres concernant le développement de l'âme se trouvant en-dehors des limites de la Hiérarchie terrestre (ou celle continuant son développement dans le Caveau des Âmes qui a son propre écoulement temporel).

D'habitude, il vaut mieux de comparer les formes existant dans le même monde, ayant des mêmes conditions de vie et des projets similaires. Tout le reste, qui se trouve dans de différents mondes, et, en particulier, dans de différentes dimensions, ne peut être comparé. On ne peut parler que des différents niveaux. Plus la personne est éloignée de la forme du point de vue de son Niveau, moins elle peut la comprendre.

En outre, il ne faut pas comparer les vieilles choses avec celles nouvelles qui sont séparées les unes des autres par plusieurs Niveaux. En termes numériques, on peut affirmer qu'au cours de même 50 ans, tout dans notre monde change.

Par conséquent, si nous retournons aux messagers de Dieu, on peut dire que l'on envoie les âmes requises par tel ou tel état de la société.

Nous avons déjà décrit plusieurs fois le potentiel de nos âmes. Ces chiffres sont si figuratifs et approximatifs qu'ils ne peuvent refléter leur état réel dans le monde physique régi par le temps. Mais en dehors du temps, on peut progresser de telle manière que personne ne pourra associer votre développement aux paramètres et conditions d'existence de la matière du monde terrestre. C'est pourquoi ces notions sont relatives et conditionnelles.

Quant à J. Christ, on y parle de la période du développement au cours de laquelle l'âme traverse la Hiérarchie des planètes qui se compose de 50 niveaux. Tant que l'âme traverse cette hiérarchie, elle possède une certaine structure subtile conçue pour cette forme d'existence. Et quand l'âme de la planète traversera la hiérarchie des Planètes, elle pourra accéder à la hiérarchie suivante des Etoiles, puisque jusque ce moment-là elle pourra achever son développement au Niveau des planètes. C'est-à-dire que **pour passer à d'autres formes d'existence supérieures, il faut d'abord achever la hiérarchie précédente**, correspondant à l'étape du développement et au choix de l'âme. L'âme n'entre dans la hiérarchie supérieure qu'après avoir atteint le sommet de la hiérarchie dans laquelle elle se développe maintenant et qui correspond à son Niveau du développement actuel.

Si l'âme se trouve au 20ème Niveau de la hiérarchie des Planètes, elle ne peut pas prendre la forme d'une étoile. Cela ne sera possible qu'après avoir traversé 50ème Niveau de la hiérarchie des Planètes.

Il existe des cas quand, au cours du développement de l'âme, elle a déjà atteint une étape du développement de l'étoile, et en se trouvant, par exemple, au cinquième Niveau, a eu besoin de quitter sa hiérarchie puisque les Célestes exigeaient une âme possédant un tel potentiel et de telles qualités. Donc dans ce cas, **les Célestes peuvent la retirer de sa hiérarchie pour un certain période du temps afin d'effectuer une tâche spéciale (dans ce cas, dans la hiérarchie des étoiles) et l'envoyer effectuer une mission dans le monde inférieur.** C'est-à-dire qu'une mission spéciale est confiée à l'âme et pour y réussir elle est dotée de structures fines spéciales qui peuvent bloquer la puissance excessive de l'âme, en réduisant sa manifestation (la manifestation de la puissance est bloquée)* jusqu'à l'énergopotentiel de la Terre requis pour l'accomplissement de telle ou telle tâche.

Les personnalités Supérieures ayant un énergopotentiel plus élevé descendaient souvent dans des mondes inférieurs à des fins spécifiques. Et c'est tout à fait possible dans les certaines limites. Mais nous devons nous rappeler que tout cela est fait pour un certain période du temps, généralement pour une incarnation, et puis, après avoir accompli les tâches requises, cette âme retourne à son Niveau précédent et continue son développement.

Donc tout ce que le lecteur veut comprendre, c'est que l'âme de la planète ne peut passer du 20ème ou du 40ème Niveau du développement planétaire à la forme d'étoile. Elle ne pourrait le faire qu'après avoir atteint le 50ème Niveau, quand elle terminerait son développement dans la hiérarchie des Planètes afin de continuer le processus de sa perfection.

Mais en se trouvant au Niveau supérieur (de la planète ou de la hiérarchie de Dieu), cette âme peut descendre pour un instant (et la vie de la personne pour une telle âme n'est qu'un instant) dans le monde inférieur afin d'exécuter une tâche donnée par les Célestes ou par Dieu. Cependant, cela n'est possible que dans certaines limites de l'énergopotentiel de l'âme. Le passage au-delà de ces limites rend déjà beaucoup de choses impossibles pour l'âme. Par exemple, notre Dieu a déjà atteint un tel énergopotentiel de l'âme qu'il ne pourrait descendre lui-même dans le monde terrestre, puisqu'il le brûlerait. C'est pourquoi il s'approche de la Terre et se manifeste à l'aide des messagers.

Ce qui est possible pour un Niveau est inacceptable pour un autre Niveau - c'est l'une des règles importantes du développement

de l'Univers.

Nos lecteurs oublient que toutes les âmes se développent selon les Niveaux et elles le font d'une manière cohérente, et ici cette règle est très pertinente. Quand une question se pose, on doit toujours penser et déterminer à quel Niveau s'applique-t-elle?

Nous avons dit plusieurs fois qu'il n'y a pas de contradiction dans l'information présentée, c'est le lecteur qui manque de connaissances lui permettant de combiner une connaissance avec l'autre. La matrice des Notions d'un tel lecteur n'est pas encore remplie des notions nécessaires, il a donc accumulé les connaissances de différents niveaux, mais il n'est pas capable de les réunir en un ensemble.

Par exemple, prenons J. Christ. Il a passé à la fois la hiérarchie des Planètes et la hiérarchie des Étoiles, malgré ce qu'elles sont inférieures au premier Niveau de la hiérarchie de Dieu puisqu'elles se rapportent aux formes matérielles. Christ, d'autre part, a été ramené sur la Terre après avoir atteint un certain Niveau de la hiérarchie de Dieu. Il faut bien rappeler que toutes les âmes soumises à des formes matérielles se retrouvent donc dans la hiérarchie de Dieu (ou de Diable).

Cependant, on devrait indiquer encore une chose qui a fait tromper notre lecteur. Nous avons parlé du fait qu'à cette époque, sur la Terre, il existe une âme à l'échelle planétaire, c'est madame Seklitova. Dans l'un des articles, nous avons mentionné que Christ a une âme planétaire. C'est-à-dire qu'on a comparé les voies de la perfection de notre messager et les siennes sans affecter l'histoire du développement de son âme.

C'est la même chose que, disons, moi, je dirais à un lecteur que j'ai travaillé comme le constructeur, et à un autre - que j'écrivais des livres et puis, s'étant rencontrés, ils commenceraient à m'accuser de mentir. Et la raison de ces divergences réside dans le fait que je mentionne mes professions de différentes périodes de ma vie réelle. Auparavant j'ai travaillé comme le constructeur, et puis j'ai commencé à écrire des livres. Et entre ces professions, il y avait beaucoup d'autres événements et de voies du développement qui étaient tout à fait différents.

Pour bien comprendre ces notions, il est encore nécessaire de savoir de quelle période il s'agit. C'est-à-dire qu'il est important de travailler avec des notions et avec le temps. Si une telle capacité n'est pas encore disponible, dans ce cas nous vous conseillons de considérer tout sous la forme d'un axiome. La compréhension viendra plus tard lorsque la conscience aura atteint un niveau nécessaire des connaissances.

SECRET DE L'APPARITION DES TACHES NOIRES ET DES ÉCLATS DU SOLEIL
(Energie des âmes décodées)

Plus tôt, nous avions écrit (le livre "La création de l'âme") que l'énergie psychique des âmes décodées était utilisée pour créer un deuxième type d'âme pour la Terre. Mais dans ce cas, on n'utilise qu'une énergie mentale de haute qualité. En effet, parmi les âmes décodées, il y a beaucoup de personnalités politiques, scientifiques, artistiques, officielles et d'autres âmes développées qui sont embourbés dans les vices de la liberté d'existence. Ces gens combinent les énergies sales des vices avec d'autres bonnes qualités acquises plus tôt, dans les incarnations présentes et précédentes. C'est pourquoi lors du décodage, leurs énergies sales sont artificiellement séparées de celles de qualité, qui peuvent être utilisées pour créer de nouvelles âmes. Ces énergies psychiques contribuent à l'accélération du développement humain, ce qui est particulièrement utile lorsque la cinquième race achève son étape du développement.

Le décodage des âmes se passe sur le Soleil, car ce n'est qu'à sa température que les coquilles permanentes peuvent être purifiées des énergies accumulées. C'est un type d'énergie plus élevé qui ne peut pas être brûlé par le feu de l'Enfer de la Terre (ce ne sont que les énergies inférieures se trouvant dans les coquilles qui peuvent y être purifiées, et, après ce processus, les âmes retournent toujours à la réincarnation).

L'énergie solaire, en revanche, brûle dans l'âme tout ce qu'elle a accumulé dans des corps d'énergie permanente*. (Les coquilles permanentes étaient destinées à la personne docile au décodage et, pour le transfert de la matrice, afin de l'utiliser pour y former une nouvelle personnalité, elle (la matrice de l'âme)* ne devrait subsister après la purification que sous sa forme initiale, sous laquelle elle sortait du laboratoire, c'est-à-dire sous la forme triple possédant des types initiaux d'énergies).

Les basses énergies libérées par les coquilles permanentes forment des taches noires sur le Soleil, c'est-à-dire elles forment les taches noires sur notre Astre – c'est l'accumulation des énergies sales issues des âmes décodées. Puis, elles sont transformées en énergies élevées de type physique.

Même au cours de notre vie, il y avait une période quand les taches noires ont disparu pour un moment. La raison de cette disparition consistait en période de la préparation des récepteurs engagés dans le décodage des âmes terrestres afin d'accepter de grandes quantités de nouvelles âmes. Il y a eu une restructuration des structures de la station fonctionnant à l'intérieur du soleil. Après tout, beaucoup d'âmes ne passeront pas à la race suivante et, comme on dit, on prépare pour elles de nouvelles places.

La grande partie de l'énergie des âmes sales est purifiée non seulement par le feu, mais aussi par les tourments des pécheurs, ceux psychiques y compris. Elle s'accumule dans les voûtes d'énergie particulières du Soleil, et puis, les Célestes l'utilisent en fonction de leurs projets.

L'énergie psychique qui est issue des individus décodés et que l'on n'utilise pas pour créer de nouveaux groupes d'âmes revient sur la Terre sous la forme des éclats du Soleil dirigés vers notre planète. Comme on dit, ce qui est créé par le mal de l'âme humaine revient toujours à l'individu pour qu'il le traite encore une fois. Après tout, la transformation secondaire de ces énergies peut être utilisée par une personne pour le développement des qualités positives (par exemple l'efficacité, la persévérance, la lutte pour la justice, etc.). Cependant lorsqu'on revient sur la Terre, on assiste souvent à l'apparition des rebelles, des révolutions et de l'indignation de masse (ce que nous avons observé au cours des années 2018-2019).

L'énergie psychique envoyée vers la Terre est transformée par la conscience des individus rebelles et indignés en types d'énergie particuliers, et tous ces individus se luttent pour la justice, pour rétablir l'ordre dans leur pays, pour la distribution adéquate des ressources matérielles et pour la défense de leur droit. On y assiste au traitement secondaire des énergies de type mental, mais il se passe déjà au spectre plus élevé. Par exemple les politiciens ont formé ces énergies à l'aide d'une lutte et leur but principal était de trouver leur place dans la société et les biens de la vie. Et quand le peuple retraitait ce type d'énergie, ils ne comprenaient qu'elles ont déjà été utilisées afin de lutter pour la justice et l'égalité des droits, pour l'honnêteté et la liberté. Lors de ce retraitement, la fréquence de l'énergie augmente, c'est-à-dire le principe de la lutte ne change pas contrairement à ses résultats (la lutte pour les biens et pour la distribution équitable sont de nature opposée).

Ainsi, le Soleil est un purificateur puissant des âmes des personnes vivant d'une manière injuste. Et ses taches noires et ses éclats transportant les protubérances des énergies vers la Terre sont le résultat de cette purification des âmes humaines.

DÉCOUVERT DU SECRET DE GRAAL

Lecteur. Dans le livre "Terrestre et éternel" vous avez donné l'explication concernant les plans: "Ces plans sont les gammes d'énergie avec lesquels une personne travaille et qu'elle collecte dans son Graal, c'est-à-dire dans une matrice".

Mais si on s'adressait à l'histoire, même le Vatican avait fait apprendre que le Graal était le clan de Jésus-Christ, le secret de la nature héréditaire que le Saint-Siège était obligé de cacher. Beaucoup de gens croient en l'existence du Graal qui représente le sujet de la convoitise des dirigeants et des héros célibataires, car il (le clan de Jésus-Christ), apparemment, pardonne tous les péchés et offre la vie éternelle. Bien que personne n'ait vu ce Graal, les scientifiques ne peuvent expliquer comment la matière organique peut offrir l'immortalité.

L'indication sur le clan de Christ, qui est réel, est une indication de la présence des âmes développées dans le monde terrestre. Ils existeront toujours, puisque dans certaines périodes du développement humain, les Célestes descendent les hautes âmes dans le monde terrestre et ces âmes ont pour le but de diriger les autres vers les hauteurs Divines, de former la civilisation et d'orienter leur développement.

La matière physique doit aussi correspondre aux forts potentiels de l'âme du point de vue de ses indicateurs énergétiques. C'est pourquoi c'était le clan qui a commencé sa voie de la famille de Christ, notamment de sa mère Marie et de son père, qui passait la cinquième civilisation. L'âme de Christ ne pourrait pas être infusée dans le corps d'un enfant possédant un faible énergopotentiel, car il existait une «Loi de Conformité»: un haut potentiel de la matière biologique devait correspondre à une haute âme, sinon la matière ne pourrait pas assurer le fonctionnement normal du corps physique, en le supprimant par sa puissance.

La mère de J. Christ devait aussi avoir un énergopotentiel élevé de sa matière biologique. S'il était faible, il ne pourrait pas reproduire le potentiel correspondant du corps enfantin, ce qui, à son tour, ne permettrait pas à l'âme de se développer normalement. C'est pourquoi lorsque nous parlons de la présence du clan de Christ, nous voulons souligner la présence de haute matière biologique sur la Terre, conçue pour fonctionner avec des âmes à haut potentiel.

En ce qui concerne le Graal, c'est **une expression symbolique de l'âme de chaque personne**. En réalité, c'est une matrice avec des cellules. Et quand une personne la remplira par les énergies qualitatives requises jusqu'au Niveau nécessaire, elle remplira donc son propre Graal de ses propres trésors de l'âme, après quoi elle passera automatiquement dans l'existence éternelle.

Un tel remplissage de l'âme humaine par des énergies, au cours duquel on assiste à son passage à une existence éternelle, doit être composé de 50 unités d'énergie conventionnelles (u.e.c.). Maintenant c'est le moment quand une personne peut perdre la possibilité de son décodage, c'est-à-dire que si elle accumule 50 unités d'énergie conventionnelles dans son Graal, dans ce cas son âme est privée du droit à être décodée et, en tant que "je" personnel, devient éternelle.

C'est-à-dire que, au cours de la réincarnation, l'âme continuera à jeter les corps matériels vieux et à acquérir ceux nouveaux. Cependant, elle ne sera plus complètement détruite du point de vue de son expression personnelle, puisqu'elle perd son «je». Ce n'est que la purification partielle des énergies sales qui pourra avoir lieu.

À la fin de la 7ème race, le Graal de l'âme de chaque personne qui a décidé de poursuivre son développement après la 5ème course, devrait être rempli jusqu'à 100 unités d'énergie conventionnelles. C'est-à-dire que le Graal serait rempli complètement. Cela serait suivi par le passage de l'homme à une existence éternelle et désincarnée. Une telle âme serait transmise dans la hiérarchie de Dieu, où elle cesserait le processus général de la réincarnation et de la perte des corps matériels. Et avec cela, une notion du Graal cessera d'exister aussi.

Mais chaque personne le remplira par son propre trésor créé par son travail personnel, c'est pourquoi le trésor sera tout à fait différent.

GÈNE DE CHRIST

Question. Christ avait-il des enfants? Est-ce que c'est possible que vous, madame Seklitova, êtes descendante génétique du Sauveur (si on parle du corps physique)?

Réponse. En s'appuyant sur les dernières recherches scientifiques, on peut dire que même à la septième génération, lors de la certaine période de temps, chaque personne est un parent d'un autre. Et puisque Jésus a eu un fils, ainsi que son propre arbre généalogique, on peut affirmer que le gène de Christ est contenu dans chaque corps humain moderne. Tout cela concerne l'histoire du développement de la matière biologique qui est la plus riche.

Et de telles personnalités Supérieures maxi potentielles, comme Jésus-Christ, participent non seulement au transfert de l'humanité au Niveau du développement plus élevé du point de vue spirituel, mais aussi au passage de la matière au prochain Niveau de son développement, en transformant ses éléments constitutifs.

Il y a deux mille ans que le gène de Christ s'est répandu sur la Terre beaucoup plus rapidement, car la population était moins nombreuse en la comparant avec celle d'aujourd'hui. En d'autres termes, l'augmentation de la population ralentit le rythme de sa propagation.

HOLOGRAMMES.
OÙ SE TROUVE L'ÂME LORS DE SON INCARNATION DANS LES HOLOGRAMMES

Lecteur. Comme vous l'avez indiqué, une personne dans la vie réelle évolue en s'appuyant sur des hologrammes créés uniquement pour elle. Je comprends que l'âme elle-même n'existe qu'à l'heure actuelle, c'est-à-dire elle n'existe que dans le présent. Est-ce que dans les hologrammes du futur, il n'y a que des hologrammes* du corps matériel (la question ne concerne que l'homme)?

Réponse. Oui, les futurs hologrammes ne contiennent que des hologrammes figuratifs du corps humain et ils passent à travers ces éléments figuratifs des situations de la vie. L'âme ne vit, comme vous l'avez dit, qu'au présent. Les hologrammes du corps qui se tournent vers le passé ne la contiennent plus. Tous les hologrammes corporels sont des guides parmi d'autres structures du monde subtil qu'une personne ne voit pas.

Les hologrammes de la personne d'avenir restent aussi sans âme.

Lorsque l'individu de présent qui possède l'âme entre dans les hologrammes de futur, il les anime à l'aide du moment de présent, ce qui, à son tour, leur permet de marcher et de fonctionner conformément au programme de la personne et au choix fait précédemment.

Ce volume de l'hologramme spatial, correspondant à la période de la vie de cette personne, pourrait contenir des hologrammes de deux ou trois autres variantes de sa vie qu'elles n'a pas choisies. Et si elles (les variantes)* ne sont pas choisies, dans ce cas le flux du temps présent ne peut pas les animer, et, par conséquent, en existant parallèlement à la variante principale de sa vie, elles restent passives, comme la décoration du spectacle sans les artistes. De telles variantes sont appelées les variantes non manifestées. Elles semblaient insaisissables du point de vue de la variante qui s'est manifestée grâce au choix de l'homme.

Chacune de ces variantes comportait d'autres situations de la vie, mais puisqu'une personne ne les a pas choisi, elles ne lui porteraient pas leurs événements, même s'ils étaient meilleurs en les comparant avec ceux qu'il a choisis. Des variantes d'événements passent parallèlement au chemin choisi, comme des images du film dans lequel les héros ressemblent à être vivants et essaient d'être passionnés, mais en même temps ils restent sans âme sur le film, et les acteurs qui les jouent et portent leurs âmes, se trouvent au moment actuel dans un autre endroit, comme dans un flux de temps présent.

C'est pourquoi si une personne entre dans le passé, elle se retrouvera dans les hologrammes d'événements déjà passés, mais les gens s'y comporteront comme sur les écrans d'une télé, en copiant exactement les héros existant au cours de telle ou telle période historique.

Selon ces hologrammes, on peut restaurer facilement tous les événements réels survenus sur la Terre dans l'histoire de la cinquième race.

L'histoire de l'humanité ne permet pas d'assister à aucune sollicitation des faits afin de satisfaire les intérêts de quelqu'un. À l'aide des hologrammes on peut rétablir la vérité, vérifier les participant impliqués aux événements (afin que certains actes héroïques ne soient pas attribués à d'autres), préciser les dates et même écrire des portraits des personnes significatives existant dans le passé et qui travaillant pour le bien de l'humanité. (En même temps, leurs portraits peuvent être peints à différents âges, ce qui n'exigera qu'un déplacement dans le temps correspondant à l'âge d'une personne).

Ainsi, les hologrammes* et la capacité de se déplacer dans le temps, ou la capacité de clairvoyance (de contempler les images du passé)* - tout cela peut aider l'humanité à restaurer la vérité de différentes relations personnelles malgré le temps. Les hologrammes du passé aideraient à identifier les scélérats, les vrais assassins et bien d'autres qui ont été cachés par les historiens, la cour ou les criminels. Rien n'échappe à la justice. Tout se trouve dans les hologrammes du passé. Eh bien, il est trop tôt de parler à propos de l'avenir, car l'humanité continue à passer des moments très importants qui détermineront quelle variante sera choisie par telle ou telle personne.

HOLOGRAMMES DE L'HOMME AU PRÉSENT ET DANS LES SITUATIONS DU PASSÉ

Lecteur. Il y a des hologrammes d'événements, de personnes et d'autres formes de vie qui existent dans le futur. Certains d'entre eux se réalisent au présent, en se manifestant comme la réalité. Ensuite, ils deviennent des hologrammes du passé. J'ai quelques questions à poser.

Question 1. Une personne du futur peut-elle passer aux hologrammes du passé, en contournant le présent?

Question 2. Supposons qu'une personne K** ait passé à son passé pour un an et ait sonné à la porte de son appartement le jour où il était seul à la maison. Qui l'ouvrirait la porte: 1) Son hologramme inanimé; 2) Personne ne l'ouvrirait, car un hologramme ne pourrait pas réagir à un stimulus externe, tout comme un personnage de film que regardait un spectateur, en criant lors d'un moment aigu; 3) L'hologramme K, qui serait animé, ouvrirait la porte**. (Dans ce cas on peut affirmer qu'une âme existe sous une forme dupliquée?)

Réponse. Les hologrammes des situations contiennent la forme d'une personne qui est étroitement liée à la situation réelle de l'événement. Une personne réelle les traverse comme les décorations théâtrales.

Les hologrammes du futur ne peuvent pas se déplacer eux-mêmes. Ils sont les guides du mouvement d'une personne spirituelle quand celle-ci vient à eux au moment de son développement. Cette personne ne peut se déplacer qu'à travers ces hologrammes du futur, sans eux il est incapable de passer aux autres situations.

Lorsqu'une personne les dépasse, ces hologrammes passent au passé, mais chacun d'entre eux reste attaché à la même situation de la vie. Ces hologrammes peuvent être appelés des décorations.

Mais il existe des hologrammes de personnes créées par les Célestes à des fins spéciales. Ils sont aussi sans âme et robotisés, ils existent dans le présent, c'est-à-dire dans la vie réelle de l'individu. Il existe dans un endroit et son hologramme apparaît à ce moment-là dans un autre endroit et transmet à celui-ci, par exemple, l'information nécessaire des Célestes. Après cela, il disparaît.

Les Négatifs peuvent utiliser de tels hologrammes afin d'exploser de certains objets et de produire de divers actes terroristes. Mais ces hologrammes sont connus d'en Haut. Ils sont matériels, ils existent pour une courte période du temps (pas plus de 1 à 3 heures) et puis ils se dissolvent.

Si l'on parle du déplacement d'une personne K* dans le passé, il est préférable que celle-ci passe dans le passé quand elle n'est pas chez elle (pour que sa famille ne lui pose pas des questions). Elle devrait se rappeler qu'à ce moment-là elle était absente: elle était au travail ou chez son ami. La personne peut choisir le moment où l'hologramme d'un proche ou d'un membre de la famille se trouve à la maison et lui ouvre la porte.

L'hologramme d'un proche qui agit automatiquement ouvrira la porte, car l'hologramme du passé est un mécanisme conçu pour certaines actions (à partir d'une voix, ainsi que de la perception des stimulus externes particuliers). Un hologramme d'une personne liée à une telle ou telle situation est conçu pour effectuer les actions qui reflètent cette situation. Par exemple, maintenant il existe des jouets qui commencent à bouger lorsque la lumière les frappe, qui réagissent aux commandes sonores, etc. Et qu'est-ce que nous pouvons dire des hologrammes créés par le Mental Supérieur! C'est pourquoi les hologrammes de l'homme et de son environnement sont encore plus fonctionnels, plus granulaires et complexes du point de vue de leur organisation structurelle. Comme les robots, ils sont capables d'exécuter automatiquement une série d'actions selon la situation donnée par le stimulus externe.

Il faut aussi souligner, **qu'en revenant dans le passé, il est impossible pour une personne ni de changer une situation de sa vie (ou celle d'une autre personne), ni de l'influencer.** (On peut le voir dans de nombreux films, par exemple, dans le film «Retour vers le futur».)

Premièrement, la situation indésirable s'est déjà passée. On peut le comprendre en s'appuyant sur le résultat des événements qui ne satisfait pas cette personne, les événements qui lui force à revenir. Mais tant qu'elle a l'intention de retourner dans le passé, un certain temps écoulera. En conséquence, cette situation se retrouverait aussi dans le passé comme le résultat obtenu par l'écoulement du temps après qu'une personne ait choisi l'une des variantes possibles.

Pour changer cette situation, une personne doit connaître tout le programme de sa vie. Seule cette connaissance lui permettra de comprendre quelle situation peut exerce une influence sur le résultat. La personne elle-même ne sera pas capable de déterminer quel point du programme est de contrôle et est capable de changer les événements du futur. C'est pourquoi l'individu reviendra plusieurs fois dans des événements passés qui se trouvent sur la même variante, qui sont déjà secondaires et qui ne peuvent pas affecter l'avenir. Autrement dit, il est important pour une personne de savoir laquelle de ces situations ouvre la voie à d'autres variantes de la vie et, par conséquent, à un autre résultat, et laquelle d'entre elles ne fait que répéter ces situations. Mais ce n'est que le Déterminant qui le sait.

Deuxièmement, pour changer l'événement souhaité, on a besoin du moment présent afin de mettre en mouvement toutes les circonstances existantes, en les dirigeant de la situation de choix vers le résultat souhaité. Mais aujourd'hui, l'homme est incapable de faire revenir le temps, c'est pourquoi il ne peut pas attendre aucun nouveau courant du temps présent.

L'homme est privé du pouvoir sur le temps, et c'est seulement le temps qui est capable de changer les événements impliquant le choix humain. C'est pourquoi dans le passé, il reviendra aux hologrammes "inanimés" qui représentent des mécanismes robotisés et incapables de faire un choix et d'inclure un moment réel. Tout dans le passé est lié avec l'absence du moment présent qui "anime" les hologrammes. Les gens qui y figurent sont aussi des hologrammes, mais ils sont matériels et très réels du point de vue de leur apparence. Une personne réelle ne pourra pas les distinguer des originaux. Mais ils ne feront toujours que ce qui est écrit dans la variante choisie par un homme.

Quant à la duplication de l'âme, c'est une chose impossible. On ne peut dupliquer une personne que sous une forme robotisée, c'est-à-dire de faire un robot. N'oubliez pas la supériorité de l'Esprit Céleste sur celui humain. Si une personne n'est pas capable de comprendre de simples vérités, dans ce cas l'Esprit Céleste crée ce qui apparaît inconcevable à l'inconnu.

EST-CE QUE LES HOLOGRAMMES DE PERSONNES PEUVENT AGIR TOUS SEULS DANS LE PASSÉ?

Lecteur. Dans le livre "Les doubles de la Terre", vous avez écrit qu'une personne qui a déménagé dans le passé à l'aide d'une machine à remonter le temps rencontrerait son hologramme inspiré. Il n'est pas difficile de deviner que la même chose s'applique à la phase du futur.

Mais en répondant à l'une des questions des lecteurs, qui a demandé: "Est-ce que dans le XXIème siècle il y avait eu les cas quand des personnes d'un autre temps sont tombées chez nous ou ce n'était que la fiction?". Votre réponse est suivante:

"Le fait du voyage dans le temps existait toujours". Dans ce cas on a une question à poser: si nous, les gens vivants possédant une âme dans notre corps, entrons dans le passé ou le futur, nous rencontrerons nos hologrammes ou non? Mais alors, qui entre chez nous? Ce sont nos hologrammes du passé ou du futur? Donc on a maintenant la question fascinante concernant les hologrammes de gens qui passent dans le passé. Les hologrammes du passé pourraient-ils soudainement commencer une nouvelle vie indépendante qui n'est pas liée avec leurs originaux animés qui, à leur tour, continuent à vivre dans la phase temporelle actuelle?

Réponse. Tout d'abord il faut dire que la personne réelle et son hologramme spirituel du passé ou du futur ne peuvent pas exister en même temps: l'un d'entre eux sera une personne réelle (avec une âme) et l'autre sera un hologramme inanimé, une construction robotisée et programmée (l'hologramme de telle ou telle personne).

Nous avons déjà écrit que pour transmettre certaines informations les Célestes créaient parfois des hologrammes matériels de l'homme et les envoyaient à l'endroit souhaité.

Mais un tel hologramme, transmettant des informations à quelqu'un, concernait la personne qui existait en même temps avec lui. Il n'a existé que pendant une courte période du temps et puis il a disparu.

Tandis qu'un hologramme venant du futur peut contenir des informations sur l'avenir à court terme et exister pendant une courte période du temps, au contraire, contenir une grande quantité de nouvelles informations et rester sur la Terre pendant une longue période du temps.

Il y a eu des cas où les hologrammes du dernier type (transmettant une grande quantité d'informations)* vivaient au présent pendant une longue période du temps et donnaient aux gens un certain nombre d'inventions qui n'étaient toutefois pas comprises et utilisées par les gens au cours de leur vie.

Ces hologrammes avaient un objectif missionnaire: élever le niveau technique du développement humain. Les gens ne sont pas en mesure de distinguer de tels hologrammes d'une personne réelle, ce qui permet aux Célestes d'introduire un tel hologramme à l'heure actuelle. Bien qu'il soit toujours possible de déterminer si la personne a une âme dans le corps matériel ou non en regardant ses yeux. Mais la connaissance concernant l'âme n'était donnée que maintenant, c'est pourquoi l'humanité précédente ne pouvait révéler aucune différence.

Les hologrammes de personnes qui sont déjà partis dans le passé ne pourraient pas mener une vie indépendante. **Chaque moment leur dicterait les actions, les paroles et les actes correspondant à la variante du programme choisi. Ils sont incapables d'apporter quelque chose de nouveau dans leurs vies.** En réalité, une personne réelle n'est pas non plus capable d'aller au-delà de son programme. Mais la différence entre un hologramme (l'hologramme d'une personne)* et une personne réelle consiste en ce qu'un hologramme ne va pas au-delà de la voie choisie, tandis qu'une personne réelle ne dépasse pas son programme complet contenant plusieurs variantes des voies du développement, c'est-à-dire que la personne a le droit de choisir et son hologramme du passé - non.

Adressons-nous à l'individu négatif.

À son tour, une personne, qui se développe sous la direction d'un Hiérarque négatif, vit selon un programme linéaire semblable à un hologramme d'un homme du passé. C'est pourquoi, du point de vue de la construction de ces programmes, une personne négative sera semblable à l'hologramme d'une personne venue du passé ou du futur. La vie indépendante de tels hologrammes n'aura aucun sens.

Cependant, les instructions des Célestes* font le Déterminant capable de changer les situations de la vie dans le passé. Mais cela arrive très rarement. Autrement dit, dans ce cas, on ne peut pas affirmer que grâce aux hologrammes du passé on ne pourra jamais changer l'avenir, l'influencer. Tout dépend de la volonté et des objectifs des Célestes.

Il existe une autre variante de l'apparition au présent des personnes du futur. Nous avons déjà expliqué le passage au monde actuel d'une personne qui continuerait à s'incarner dans un avenir. Mais à l'avenir, on pourrait assister à l'apparition des types d'âmes cosmiques qui n'existaient pas auparavant sur la Terre. Elles peuvent parfois être envoyés au moment présent du futur afin de transmettre de certaines informations ce qui permettra d'accélérer le développement de l'humanité.

À propos, la variante ci-dessus qui a transmis aux gens plusieurs inventions, convenait au type de l'âme cosmique envoyé au moment réel, inspiré et n'existant sous la forme d'un hologramme. C'est-à-dire qu'il était nécessaire de comprendre que les types des âmes cosmiques qui n'étaient pas auparavant incarnés sur la Terre, ne possédaient pas leurs propres hologrammes dans le passé et le présent et ne pouvaient être envoyés que pour modifier certains événements afin d'améliorer l'avenir.

Etant donné **qu'un messager cosmique ne possède aucun hologramme (dans le passé et le présent),** les Célestes réunissent strictement son programme, ne lui laissant aucun choix, en indiquant les situations d'une ou plusieurs personnes dont il utilisera les hologrammes afin de changer les situations dans telle ou telle direction. C'est-à-dire qu'une telle âme cosmique envoyée de l'avenir aura un programme linéaire. Mais ce sont aussi des cas très rares.

Ainsi il existe plusieurs variantes pour travailler avec des hologrammes et nous n'en avons noté qu'une petite partie.

HOLOGRAMMES DU FUTUR

Lecteur. Les hologrammes des situations qui se trouvent dans la phase du futur ou du passé ressemblent-ils à des images figées ou à des animations "vivantes"?

Réponse. Si une personne passe au futur, cela signifie que cette variante des événements de sa vie est incluse dans le programme de cette personne afin de faire apprendre les personnes du présent avec ce qu'elles verront à l'avenir. Cela devrait aider les gens du présent à prendre la bonne décision dans une certaine situation de la société qui n'a pas encore pris forme; ou à corriger certains événements dans le présent pour ce qu'ils ont vu:

a) arriverait exactement s'il était positif, ou

b) afin d'essayer de l'éviter si l'événement du futur est négatif.

Mais la plupart des gens considèrent la visite à l'avenir comme un plaisir ou un voyage passionnant, sans chercher à réfléchir à ce à quoi il est confié.

Mais revenons à la situation du passage à l'avenir. La situation est inscrite dans le programme et se produit dans les limites du programme personnel de l'individu. C'est-à-dire qu'une personne ne verra qu'un fragment de l'avenir et ne verra ce qu'elle traversera elle-même. En s'appuyant sur le programme, cette personne passe à la situation spécifique et réalise certaines actions.

Dans ce cas deux variantes sont possibles:

1) Cet hologramme peut ne pas être impliqué dans le présent et une personne le verra comme un fragment de l'image en volume de l'avenir. Dans cette variante il ne pourra pas exister que quelques minutes. C'est-à-dire que l'individu a le droit d'examiner et de retenir tout ce qu'il voit. Cette variante n'a aucun effet. L'image en volume de ce qu'il a vu semblait figée, mais cette variante serait quand même utilisée plus souvent.

2) Une personne a la possibilité non seulement de se retrouver dans une situation du futur, mais aussi d'y rester plus longtemps, en ressentant l'esprit du temps futur. Dans cette variante, l'individu, entrant dans la situation du futur, met en marche la situation de son avenir à l'aide du moment présent, c'est pourquoi les hologrammes qu'elle contient sont mis en mouvement par le moment de son programme. C'est pourquoi tout se passerait d'une manière appropriée au présent, quand une âme donnée atteindrait le Niveau de son développement nécessaire (même à travers une ou cinq incarnations). C'est-à-dire que tout tournerait autour d'elle.

De retour du futur, cette personne peut même apporter tel ou tel objet au présent, mais il (l'objet)* disparaîtra au bout d'un certain temps. Les Célestes le rendraient au moment où il a été retiré.

Cet élément porte le potentiel du temps futur qui est supérieur au potentiel du temps présent, ce qui permettra de commencer à détruire les hologrammes des situations à potentiel moins élevé. Mais cela ne peut être (la situation du présent ne peut pas être détruite par le potentiel du temps futur, car cela changera le cours d'événements de l'avenir de cette personne).

LÉVITATION. TÉLÉPORTATION.
JOUR DU JUGEMENT.
CE QUI EST NÉCESSAIRE POUR LA LÉVITATION

Lecteur. Les contes racontent souvent les histoires des sorcières et des magiciens, volant sur des balais, dans des mortiers, etc. Vous mentionnez aussi que les objets matériels, comme les êtres vivants, possèdent des coquilles minces. Donc j'ai une question à vous poser: si l'on leur donne des énergies de leur éventail, pourront-ils acquérir la propriété de la lévitation? Comment on peut le faire si l'on parle des objets inanimés?

Réponse. La lévitation de l'homme et des objets matériels n'est pas comparable du point de vue de leur qualité. C'est pourquoi on tend à utiliser un type d'énergie pour la lévitation des objets et un ensemble de plusieurs types d'énergie pour celle humaine. Jusqu'à présent, l'homme ne possède pas de telles énergies.

Pour que Baba Yaga vole dans un mortier, elle doit d'abord acquérir des compétences pertinentes dans le monde astral. On y tend à marcher et pas voler. Les objets y volent librement, car il n'y a aucune gravitation. Mais dans le monde astral l'âme est capable d'accumuler les habiletés de voler, de tourner, de contrôler son corps, de monter et de descendre. On doit apprendre tout cela jusqu'à l'automatisme: la gestion du corps, l'utilisation des vitesses d'une manière différente – plus vite et plus lente.

Dans cet aspect de l'existence on apprend aussi comment faire les objets voler et les contrôler. Seulement après avoir appris tout cela, cette sorcière, Baba Yaga, peut voler dans le monde physique. Mais on ajoute à la coquille du mortier de Baba Yaga un type spécial d'énergie qui le protège de la gravitation. Et Baba Yaga ne doit que le gérer automatiquement, en se basant sur les qualités acquises dans le passé. Ce mortier est mis en marche à l'aide de sa pensée.

Les objets inanimés ne volent pas eux-mêmes dans le monde physique, ils peuvent être contrôlés par d'autres créatures du plan astral qui, à leur tour, peuvent tout simplement les porter dans les mains ou les jeter, en restant invisibles. Ce ne sont que les objets créent spécialement par le Département Céleste de la lévitation qui volent seuls (comme un tapis volant, des balais de sorcière). Les miracles sont toujours accomplis par les Célestes dans le but de développer la pensée humaine pour comprendre une situation pareille concernant le vol. À la suite de ces conseils on a créé des avions.

Pour acquérir la lévitation, une personne possédant le Niveau du développement actuel doit être liée à un Département Céleste particulier (positif ou négatif) qui est responsable des propriétés paranormales. Ils fournissent à une personne une énergie spéciale à l'aide des codes spéciaux, mais c'est toujours la rémunération pour telle ou telle action, puisque rien ne peut être donné tout simplement. Un homme doit accomplir son don dans cette vie ou dans la suivante. Une telle rémunération ne serait donnée qu'aux personnes qui travaillaient en collaboration avec ce Département Céleste et, par conséquent, ont passé des épreuves et des initiations particulières dans le passé. C'est pourquoi c'est inaccessible pour la personne ordinaire.

Si les yogis sont capables de s'élever d'un mètre au-dessus de la Terre, ce ne sont que de nombreux entraînements obstinés qui leur permettent de le faire. Cette qualité ne peut pas être donnée par avance (bien que d'autres puissent être données afin de diriger un individu vers la voie souhaitée par les Célestes). Mais on devra travailler en remboursement de cette avance lors des autres incarnations.

Les gens de la sixième race ne devraient pas payer leurs capacités paranormales, car lors des réincarnations précédentes leurs âmes ont déjà accumulé assez des qualités dans leurs propres cellules des matrices, dont le nombre a atteint ses limites. Après avoir atteint ces limites dans les cellules, les qualités commencent à fonctionner d'une manière indépendante, en se transformant en un certain type d'énergie et en donnant ainsi à la personne la possibilité de développer des capacités nécessaires au Niveau de développement suivant. À cet égard, la Race d'Or utilisera ses propres propriétés et capacités sans les acheter et les emprunter d'en Haut.

À cette étape du développement, tous les miracles viennent des Célestes et sont accomplis par eux, et leur gloire est attribuée à l'homme.

TÉLÉPORTATION

Lecteur. J'ai lu que les centaures pouvaient se téléporter. Et plus tard, j'ai appris de la littérature que c'était possible d'apprendre à se téléporter. Mais il y a des questions mal comprises, si la téléportation a déjà existé dans certaines formes de vie, pourquoi, dans ce cas, cette qualité n'a-t-elle pas passé plus loin dans l'avenir?

Réponse. Le développement représente une voie compliquée. Lors des races initiales, de nombreuses propriétés de l'humanité du futur ont été testées. Dans le livre «La création des formes ou des expériences de l'Esprit supérieur», nous avons écrit que les Créateurs célestes ont beaucoup expérimenté avec les formes de vie dans le monde terrestre, en essayant de trouver celles qui sont capables de faire progresser l'âme le plus vite possible. C'est pourquoi certaines formes possèdent les propriétés particulières qui devraient être utilisées dans les races suivantes en tant que capacités naturelles.

Il faut noter que les formes existant pendant une courte période de l'histoire de l'humanité appartiennent à des formes expérimentales puisqu'elles ne peuvent pas satisfaire les obligations imposées par les Créateurs. On peut dire qu'elles (les formes)* n'ont pas répondu à leurs espoirs. Contrairement à ces formes, la forme humaine, homo sapiens (l'homme rationnel)*, s'est révélée être la plus réussie et a donc poursuivi son développement et sa perfection, en passant toutes les races, de la première jusqu'à actuelle.

Le fait que la forme de centaure appartient à la forme expérimentale indique aussi que sa propriété de se téléporter n'est pas acquise à l'aide de son âme développée, mais elle est donnée par les Célestes par avance. Et à cette fin, on a créé des programmes spéciales conçus pour étudier cette propriété dans la vie réelle. Il était nécessaire d'analyser ses capacités (les propriétés de la téléportation)* afin de prendre en compte les conséquences attendues de son utilisation, de l'extension ou de la réduction des limites de son application, etc. C'est-à-dire que la propriété de se téléporter a été construite artificiellement et s'inscrivait dans le programme de vie des formes homme-animal (des centaures).

La structure fine* a été spécialement formée afin d'exécuter les tâches comme un mécanisme donnant à l'âme la possibilité de se déplacer dans l'espace. Elle n'a pas été donnée à tous les centaures, mais seulement à ceux les plus développés. On assiste maintenant à la même chose sur la Terre, ce n'est pas tout le monde qui est artiste ou compositeur: l'une personne se voit attribuer une propriété et l'autre - non.

Ceux des centaures qui ont eu la possibilité de se téléporter, possédaient déjà de certaines accumulations qualitatives initiales d'énergie* sur lesquelles les Créateurs pouvaient déjà baser la capacité de se téléporter dans le plan subtil. En outre, au cours du travail de cette fonction, Ils déterminaient quels indices d'énergie étaient nécessaires pour que l'âme pût transporter le corps à une certaine distance. Par exemple, Ils déterminaient les déplacements maximum et minimum, la capacité de la puissance de l'âme à transférer le corps en fonction de sa gravité, ainsi que des déplacements des corps possédant le même poids et de différentes puissances de l'âme, etc.

On a fait plusieurs études: celles calculées, constructives (sur les plans subtils et physiques), on déterminait la capacité de l'âme à gérer ses mouvements, la ponctualité du mouvement et la capacité de tomber au point final (l'atterrissage)*, la durée de la maîtrise de ce processus. La téléportation a pris fin de façon tragique à de nombreux échecs: le corps transporté n'avait pas pu se récupérer et se retrouver en état initial ce qui provoquait la mort de la forme.

Toute capacité humaine du futur, avant d'être introduite en masse, est d'abord élaborée sur des formes d'existence intermédiaires. Tout cela est d'abord vérifié expérimentalement à des Niveaux des formes de vie inférieurs.

Si nous parlons du Niveau du développement des centaures (qui se trouvaient aux Niveaux inférieurs de ceux de l'homme moderne), dans ce cas cette propriété a d'abord atteint un sommet particulier, puis les centaures ont subi une forte dégradation, leur corps physique s'est trouvé incapable de progresser et au fil du temps, on a révélé beaucoup de leurs lacunes, comme nous l'avons déjà écrit dans le livre "La création des formes ...". Leurs capacités mentales se dégradaient considérablement.

Et surtout, toutes les races passées ne possédaient pas la spiritualité sur laquelle se basaient de nombreuses capacités paranormales. La spiritualité ne se base que sur les certaines fréquences des énergies d'un Niveau du développement approprié.

La progression de l'âme a lieu après le passage successif des Niveaux de la hiérarchie humaine. Il est impossible de l'atteindre en sautant à travers certains Niveaux. Si l'on le fait, on perd la puissance de l'âme et la qualité des propriétés acquises qui, à leur tour, deviennent "fragiles".

L'humanité a été amenée à développer la qualité de la spiritualité: premièrement, on l'a fait apprendre ses énergies à l'aide de l'introduction de la religion, des rituels et des prières. Et pour cela, Jésus-Christ a été abaissé dans le monde terrestre. **C'était une** préparation des âmes humaines de la cinquième race au développement d'un tel potentiel d'énergie de l'âme sur lequel il serait possible de construire des capacités paranormales.

C'est pourquoi toutes les capacités inhabituelles qui appartenaient aux formes humaines d'origine ont fait partie des études expérimentales des Célestes et n'étaient pas une propriété que l'âme avait atteint au cours de son développement. En plus, l'intuition n'était pas une qualité acquise par l'âme de l'animal, mais elle faisait partie **des qualités incorporées artificiellement dans la forme et étudiées par les Célestes.** Et toutes les possibilités de l'intuition se manifesteront dans un avenir lointain et, pour cela, cette qualité devra passer une longue voie du développement.

TÉLÉPORTATION DANS L'ESPACE ET DANS LE TEMPS

1. Est-ce que les centaures ont assisté au jour du jugement?

Dans cet article, le lecteur pose une question, ignorant notre réponse précédente concernant un sujet pareil. Mais nous laissons sa question inchangée, car il ajoute son attention à ce sujet.

Lecteur. Si je ne me trompe pas, vous avez écrit que le jour du Jugement se passerait dans l'histoire de l'humanité pour la première fois. Est-ce que c'est vrai?

Comment, dans ce cas, peut-on expliquer que les centaures possédaient la capacité de se téléporter? Est-ce que de telles capacités ne parlent pas d'un haut Niveau du développement de leur âme? Et est-ce que l'on peut affirmer qu'ils ont atteint un Niveau du développement supérieur à celui d'un homme de la cinquième race? Et s'ils étaient plus élevés que l'homme moderne, cela signifie qu'ils ont dû assister au jour du Jugement.

Réponse. On a déjà expliqué quelle était la base de leur capacité de se téléporter, la réponse est donnée ci-dessus.

Quant au jour du Jugement, il a lieu après la terminaison de chaque race. Son sens consistait en ce que la majorité des âmes qui n'ont pas réussi au développement cessaient toujours de s'incarner comme des personnes et étaient jetées de l'évolution par ce Cour afin de ne pas gaspiller des moyens.

Nous avons aussi parlé de la téléportation ci-dessus, on a mentionné qu'il ne s'agissait pas d'une qualité atteinte par l'âme au cours de son développement, mais de la capacité donnée à cette forme par les Célestes pour qu'elle exécutât certaines tâches. Cela explique donc la présence d'une structure particulièrement fine des centaures.

L'homme de neige, par exemple, possède aussi les capacités de la téléportation et de la télépathie que vous pouvez constater, en s'appuyant sur des informations fournies par les savants modernes. Mais les capacités inhabituelles ne représentent pas la réalisation de son âme, car du point de vue du développement spirituel, il est beaucoup plus bas que l'homme et, comme on le sait, les capacités paranormales ne commencent à s'ouvrir qu'après le 45-50 Niveau de la hiérarchie de l'Homme.

2. Passons aux deux types de la téléportation.

a) Le déplacement dans l'espace et le passage aux autres mondes.

La téléportation est une qualité inhérente à la matière physique. Cela est lié au fait que l'objet matériel disparaît à un endroit et apparaît à une autre place qui est prévue d'avance. La ponctualité du déplacement y est très importante, sinon la qualité perd sa signification.

Si un objet matériel se déplace d'un endroit à un autre dans son propre monde, dans ce cas il suffit d'utiliser la connaissance d'un code spécial. Et s'il se déplace dans un autre monde, un autre espace, la téléportation se passe autrement. Il y a toujours des variantes. Et il est possible que la variante utilisée pour un monde ne convienne pas pour un autre.

En se déplaçant dans son propre monde, on utilise souvent un certain code de transformation de la matière qui cause sa modification en forme nécessaire à l'existence dans un autre monde.

Les extraterrestres développés qui arrivent sur notre Terre utilisent, par exemple, un autre code qui est capable de leur donner la forme matérielle d'une personne et de disparaître en un point de la Terre et d'apparaître en un autre.

Cependant, les observateurs terrestres voient souvent le navire extraterrestre apparaître soudainement dans le ciel, puis le voient soudainement disparaître. De tels vaisseaux spatiaux sont utilisés afin de se téléporter d'un endroit à un autre. Elle contient de nombreux mondes matériels de Niveaux du développement bas et élevés.

En se basant sur cette connaissance, ils (les extraterrestres) découvrent l'espace afin de pouvoir se déplacer d'un point de sa structure en un autre. Le code est également utilisé pour le faire, mais on ne l'utilise qu'au moment de la divulgation. L'effet du code ne dépasse pas quelques secondes, puis l'espace s'effondre aux endroits de son ouverture. Ces mouvements «sous-espace» permettent de réduire au minimum le temps nécessaire au déplacement et au transport des objets, ainsi que de ne pas utiliser beaucoup de forces et de moyens techniques lors de la transportation des charges.

Pour qu'une personne ordinaire apprenne le code de la téléportation, il faut qu'elle accumule dans les cellules de sa matrice une quantité nécessaire des qualités vises à assurer le déplacement hors-spatial. Elles commencent à s'accumuler lors des voyages astraux car, en fonction de la puissance du potentiel personnel et du pouvoir de la pensée, il est possible de se déplacer à l'endroit souhaité et de transférer des objets d'un monde au un autre.

Lorsqu'une cellule sera complètement remplie (cela peut avoir lieu après qu'elle accomplisse une action particulière), cette qualité se transforme en une qualité absolue, ce qui permet de l'utiliser pleinement sous n'importe quelle forme au cours de la vie.

En conséquence, on ouvre des extra-connaissances à un individu possédant ce type de qualité. Ces extra-connaissances portent certains codes et indiquent les subtilités de leur utilisation pratique. Ainsi, cette qualité absolue peut affecter non seulement l'espace des plans subtils, mais aussi la matière du monde physique où l'espace a une structure plus compliquée et plus dense. C'est ainsi que se passe la maîtrise de la téléportation physique.

En utilisant la variante du passage d'un monde à l'autre, il est nécessaire de connaître de nombreuses nuances qui accompagnent le processus de la téléportation. Par exemple, il existe des mondes avec un environnement agressif, et, dans ce cas, il est nécessaire de se préparer d'avance pour protéger un corps ou un objet que l'on déplace.

L'ignorance des propriétés du monde dans lequel l'objet se déplace peut entraîner sa destruction. Donc, si vous déplacez un objet d'un monde à faible énergopotentiel à un monde à potentiel beaucoup plus élevé, alors l'objet peut y brûler à cause de hautes énergies, ou, s'il se retrouve dans un environnement agressif, il s'y dissout immédiatement comme une branche d'arbre en acide concentré. En d'autres termes, il est nécessaire de connaître les indicateurs de l'environnement de la zone vers laquelle on téléporte tel ou tel objet.

b) La téléportation dans le temps.

Si un individu a l'intention de se déplacer dans le temps en utilisant la propriété de la téléportation, et une personne trouve qu'elle peut passer du présent au futur ou au passé en utilisant la qualité de la téléportation, à condition que les mondes soient destinés à une existence des formes vivantes, alors, encore une fois, il est nécessaire de prendre en compte les potentiels des temps passés, présents et futurs. Par conséquent, la téléportation dans le passé, où le temps potentiel sera réduit, donnera un résultat, et la téléportation dans le futur, qui a un potentiel puissant, produira tout à fait autre résultat.

Tout déplacement des formes matérielles dans les univers physiques est limité par la différence entre le potentiel d'un objet matériel téléporté (l'homme y compris) et l'énergopotentiel du monde vers lequel on le déplace.

De plus, il peut y avoir des difficultés avec le retour. Par exemple, le corps a été déplacé dans le passé à l'aide d'un code qui fonctionnaient s'appuyant sur des indicateurs du monde réel. Mais après avoir passé à un autre monde possédant d'autres caractéristiques énergétiques, la téléportation nécessiterait déjà un autre code basé et calculé sur les indicateurs du monde dans lequel une composition chimique des éléments et les indicateurs énergétiques seraient complètement différents

Mais dans de tels cas, on peut, bien sûr, utiliser le code universel conçu pour assurer la téléportation vers un monde (dans le passé). On pourra l'utiliser, mais en l'inversant l'orientation de ses indicateurs du monde. Cependant, ce code ne convient pas si l'on a l'intention d'effectuer la téléportation dans le futur. Dans ce cas on aura besoin d'un code particulier, qui sera orienté sur les indicateurs des deux autres mondes.

Les énergomondes qui appartiennent à la hiérarchie de Dieu ou à un Système Médical, ont des indicateurs si élevés qu'aucun objet matériel ne peut s'y déplacer puisqu'il y brûlera comme un grain de poussière dans une flamme de feu.

Ainsi, la téléportation dans les mondes physiques est possible, mais dans certaines limites, et pour cela, il faut connaître non seulement les lois de l'influence sur l'espace, mais aussi être au courant des caractéristiques structurelles de la matière et de l'énergie* à travers lesquelles elle se réalise (connaître les particularités non seulement de cette matière, mais aussi de la matière du monde dans lequel l'objet se déplace.)

* * *

Chapitre 4
LUEUR DE L'AMULETTE "L'ÉTOILE DE L'UNION". PHOTOGRAPHIES KIRLIAN. APPRENTISSAGE DES FONCTIONS DE L'AMULETTE

Dans ce chapitre, nous présentons au lecteur l'article de notre expérimentateur Alexei Garass qui parle de son travail concernant le rechargement d'une amulette appelée "l'Étoile de l'Union" (avant sa mise en production). Nous lui avons transmis une méthode divine permettant de recharger une amulette à l'aide des énergies du spectre dont les fréquences devraient être acquises par l'homme de la cinquième race jusqu'à l'année 2000. Mais l'homme n'a pas pu le faire en raison du retard global du développement spirituel de l'humanité. L'amulette chargée remplirait non seulement des fonctions protectrices ou quelques vises à soigner son propriétaire, mais elle l'aiderait aussi à se développer spirituellement.

Beaucoup de nos lecteurs utilisent l'amulette connue sous le nom de «l'Étoile de l'Union». On vous propose de rappeler l'histoire de ce symbole et de préciser d'où il vient.

Les Systèmes hiérarchiques avec lesquels nous avons communiqué et à partir desquels nous avons reçu de nombreuses informations intéressantes nous ont déjà dit que leur symbole sur la Terre était une étoile à huit branches. En s'appuyant sur l'histoire de l'humanité, on peut trouver de nombreux faits concernant l'utilisation de ce symbole à des fins différentes.

Cette étoile est apparue pour la première fois sur un horizon afin d'informer le monde de la naissance de Jésus-Christ. Elle était baptisée l'Étoile de Bethléem du nom de l'endroit où elle a été née. Au fil du temps, une étoile pareille, en tant que symbole, a été découverte dans de nombreux pays. Cela confirme le fait que les Neuf Systèmes hiérarchiques protègent la Terre et l'humanité et tentent donc d'introduire leur symbole partout. Ils ont donné à l'humanité des chiffres arabes (1, 2, 3 ... 9), chaque chiffre indique le numéro du Système correspondant à son code numérique.

Donc on peut affirmer que leur symbole est ancien. Mais au début du XXIer siècle nous avons décidé de le renouveler, en le transformant en une amulette appelée "l'Étoile de l'Union" (du nom des Systèmes consistait à rappeler aux gens quelles qualités de l'âme ils devaient accumuler jusqu'à la fin de l'année 2000. C'est l'amour, l'espoir, le salut, la foi, le bien, la miséricorde, l'humilité, la spiritualité, la responsabilité.

Chaque rayon de l'étoile symbolise la pyramide de la Hiérarchie d'un Système composé des parties positives et négatives. Le neuvième Système est situé au centre et permet de passer d'un système à l'autre.

Denis Neprin a été le premier développeur de «l'Étoile de l'Union». Il a commencé, et puis A. Garass a continué ses recherches.

Ce symbole est construit afin d'interagir avec des énergies, il porte également une fonction. Notre expérimentateur Alexey Garass a donc suggéré de faire quelques expériences permettant de montrer ce qui arriverait à une amulette chargée et quelle serait la différence d'une amulette chargée avec celle non-chargée. Adressons-nous à ses recherches. Dans le rapport il fait des conclusions suivantes:

«J'écris cet article pour que le lecteur comprenne à quel point il est difficile de commencer telle ou telle affaire et pour qu'il comprenne que rien n'est facile. Cependant, j'écris brièvement parce qu'en décrivant toutes les nuances, je ne publierai pas le chapitre, mais le livre.

Les premières amulettes «l'Étoile de l'Union» qui sont apparues dans mon magasin représentaient des modèles en argent avec dorure, en or et diamant. Ces matériaux ont été utilisés pour de nombreuses raisons dont la plus importante est l'intensité énergétique des métaux. Le but initial que j'essayais de réaliser était de rendre ce symbole aussi précieux que possible, car c'était le symbole de la future sixième race. Par conséquent, le matériel a été sélectionné en s'appuyant sur les conseils de vos livres: l'argent et l'or. On n'a pas pris d'autres métaux.

Au cours du temps, la pression des lecteurs s'est accrue. Beaucoup de gens voulaient acheter des amulettes moins chères, et on pouvait l'expliquer, car les premières amulettes étaient fabriquées à la main ce qui exigeait le prix élevé. (Mais notre situation financière ne nous permettait pas d'atteindre un niveau de production de masse, ce qui pourrait en réduire le prix). On a immédiatement compris que la gamme devait être réapprovisionnée de manière urgente avec des modèles plus abordables. Après avoir participé à de nombreuses négociations avec un fabricant privé, on a créé un modèle en cuivre et dorure, mais avant son apparition, il était nécessaire d'investir une somme considérable (environ 3 500 euros) dans un outil coûteux afin de simplifier la fabrication des amulettes qui, en même temps, les rendraient moins chères.

Vous demanderez: «pourquoi avez-vous choisi le cuivre?». D'un côté, je voulais couvrir les amulettes uniquement d'or, et, comme on le savait, en utilisant le cuivre comme la base, il était plus facile de couvrir telle ou telle chose d'or (en comparant avec l'argent) pour le cuivre, un loto en or est encore meilleur que l'argent, (c'était le bijoutier Andreas Daub qui m'avait assuré).

D'autre côté, depuis l'Antiquité le cuivre était apprécié pour ses propriétés curatives. J'ai donc décidé d'ajouter de nouvelles propriétés à celles anciennes en réunissant le fonctionnement de l'étoile à huit branches avec les propriétés du matériau. J'ai donc décidé d'utiliser l'or, l'argent et le cuivre comme un matériau de base de l'étoile.

J'ai essayé de renforcer chaque modèle de l'amulette «l'Étoile de l'Union» à l'aide des diverses expériences.

L'aurophotographie et l'analyse de l'eau dans une laboratoire allemande y comprises.

J'ai réussi aussi à faire des photos Kirlian avec une amulette en cuivre. Un petit préhistoire.

Il était difficile de trouver en Allemagne une personne qui s'occupait de la photographie Kirlian et qui, en plus, avait le temps de s'y consacrer au cours de deux ou trois prochains mois. Il y avait 3 ou 4 spécialistes dans toute l'Allemagne, du moins c'étaient ceux que j'avais trouvés. Et voilà, j'étais déjà chez un spécialiste (on préfère de garder en secret son nom). À vrai dire, une photo Kirlian ne m'avait pas impressionné, mais ce n'était que mon opinion. Mais ce que je voudrai vraiment transmettre à vos lecteurs, ce sont les résultats obtenus lors de la prise des premières photos.

Au début, nous n'avons pas pu faire une photo car l'appareil permettait de fixer la lueur des doigts mais pas les objets matériels. C'est pourquoi, on a perdu plusieurs captures.

Ensuite, on a commencé à faire des photos d'une autre manière. L'amulette a envoyé le décharge de courant électrique vers mon pouce qui, à son tour, m'a permis d'appuyer l'amulette sur la lentille de l'appareil à partir duquel était envoyée la décharge. Il s'est avéré que la première photo (photo 1) reflétait une amulette dorée non chargée avec un diamant. On pouvait y voir que la décharge électrique du photographe a traversé l'amulette et qu'il n'y avait aucune lacune. L'amulette n'était pas encore chargée de la manière appropriée.

Observons maintenant la photo suivante (photo 2). Elle reflète l'amulette en cuivre. Comme l'image nous montre, à l'état non chargé

119

l'amulette en cuivre a presque la même aura que celle en or. Cela indique qu'étant non chargées, les deux amulettes (en or et en cuivre) représentent des objets matériels ordinaires, non spiritualisés.

Sauf la couleur bleue, des teintes orange-rougeâtre sont aussi présentes dans leur aura. Et la couleur bleue lui était donnée par la forme constructive, puisque sa construction a été à l'origine calculée par les Maîtres Célestes afin qu'elle travaillât, avant tout, avec les fréquences d'énergie les plus élevées.

La différence entre eux (photos 1 et 2) n'est observée que dans la zone de l'oreille des amulettes: celle en cuivre (photo 2) y a eu une rupture de l'aura. L'amulette non chargée possède de nombreuses teintes rougeâtres se trouvant au centre de l'amulette, sur ses bords et entre les rayons. Mais la forme de l'étoile a déjà attiré elle-même des énergies élevées, ce qui a créé un fond bleu non continu du point de vue de sa configuration.

La photo 3 (l'amulette en cuivre, non chargée) et la photo 4 (la même amulette, mais déjà chargée) sont présentées afin de les comparer.

Passons maintenant à la photo 3.

Ici, j'ai fait une expérience avec une amulette en cuivre chargée. J'ai expérimenté plusieurs fois et le résultat n'a pas changé où est devenu encore pire, c'est-à-dire qu'une petite lacune de l'aura d'une amulette a continué d'apparaître dans la zone des oreilles.

Cela a montré que la conductivité du cuivre est inférieure à celle de l'or, bien que dans la vie, sa conductivité soit supérieure à celle de l'or*. J'ai consulté un site. (Je pense que les informations y sont correctes.) La jonction de l'oreille avec l'anneau de l'amulette n'a pas permis de faire entrer la décharge du courant électrique dans un cercle, elle ne l'a pas rendue solide, comme je le voudrais. De toute évidence, le bijoutier a fait une erreur ou toute la décharge passait dans l'oreille,

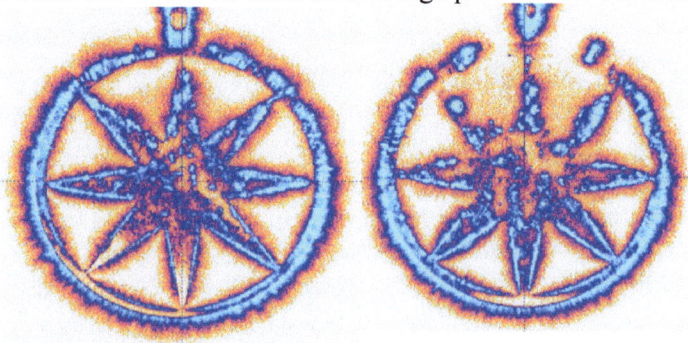

Photo 1. Amulette en or avec le diamant fabriquée pour la vente. Non chargée. On observe beaucoup de	Photo 2. Amulette en cuivre, avec défaut №1. Non chargée. On observe beaucoup de rouge.

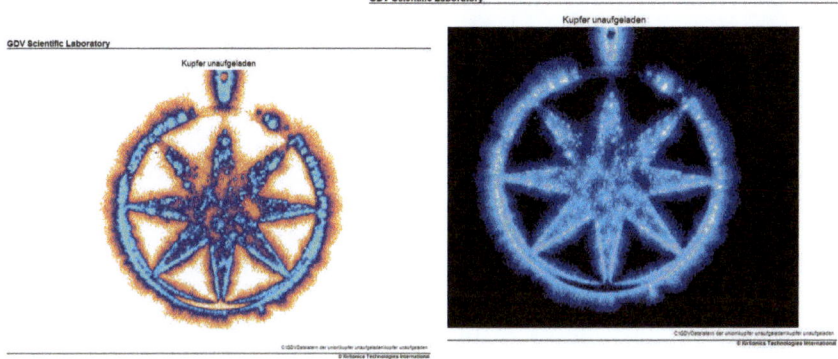

Photo 3. Amulette en cuivre № 2. Non chargée.	Photo 4. Amulette en cuivre № 2, après la recharge.

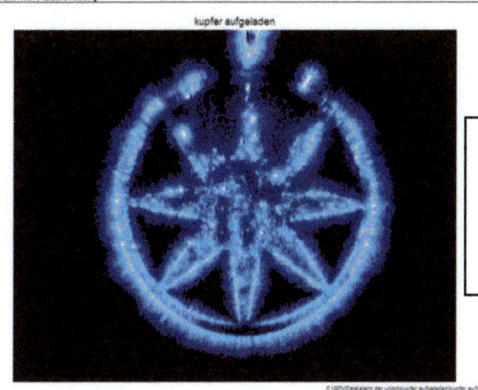

Photo 5. Amulette en cuivre №1, défectueuse. Chargée.

Photo 6 Amulette en or avec le diamant. Chargée par L. Seklitova.
Son aura originale est bleue.

Je pense qu'un jour, il y aura des physiciens capables d'expliquer cet effet, mais mon objectif est autre, il consiste à fournir des matériaux de réflexion qui seront renforcés par de nouveaux faits de la vie.

Mais à ce moment-là, je n'ai pas prêté beaucoup d'attention à cette expérience, mais je l'ai "mis sur l'étagère" jusqu'à des meilleurs temps.

Mais lorsque, après avoir chargée une amulette d'une manière divine, on a pris une photo de l'amulette en cuivre à l'aide d'une photographie Kirlian (photo 4), sa couleur a complètement changé en bleu, bien que la lacune à la place de la soudure d'oreille ait persisté. C'est-à-dire que cette lacune n'a pas empêché l'amulette de se charger avec une énergie si puissante qu'elle en a «assommé» toutes les autres fréquences d'énergies de couleur orange et rouge qui se situaient dans le spectre en dessous du bleu.

En comparant toutes les photos, on pourrait constater qu'elles sont toutes devenues bleu pur, c'est-à-dire que le chargement rendait la couleur de l'aura des amulettes identique et que les matériaux ne l'affectaient pas, car l'énergie divine s'est avérée si puissante qu'elle a pu leur transmettre le potentiel nécessaire. Bien qu'au fil du temps, toutes ces auras, réunies avec l'énergie de leur maître, changeront de couleur.

La première série de ces amulettes était donc prête. Et bien que la crédibilité **au magasin en ligne 6paca.de** et à sa filiale russe duscha.ru se gagnait durement et lentement, mais la première série d'une petite quantité y a dispersée au fil de 3-4 mois.

Et puis j'ai décidé d'examiner cette amulette avec soin (photo 2), car à mon avis elle avait l'air suspecte et, sous une loupe, j'ai découvert inopinément un défaut à la place où l'oreille et la bague ont été soudées. De même, le bijoutier était responsable de la rupture de l'aura en ne soudant pas suffisamment l'oreille. Et puis je me suis rendu compte que l'aura de l'amulette était ouverte au lieu de la soudure. Et la photographie Kirlian l'a révélé. Alors j'ai réussi à répondre à la question de "la rupture de l'aura" de l'amulette sana aucune aide des physiciens. Peut-être on avait eu une mauvaise soudure et le cuivre nécessitait une autre chose.

L'amulette en cuivre, défectueuse (photo 5), était aussi chargée normalement et le défaut ne gênait pas son rechargement général. Mais j'ai pu identifier immédiatement un point faible du produit et y appeler l'attention particulière du fabricant, ce qui nous permettait d'éviter les défauts des produits suivants.

On vous propose d'observer une photographie Kirlian d'une amulette de L.Seklitova pour faire certaines comparaisons. Elle a porté cette amulette pendant trois semaines. Ensuite, elle me l'a envoyé par courrier pour vérifier le degré d'une charge du point de vue énergétique. Cette vérification a aussi été faite à l'aide d'un appareil-Kirlian et elle a montré une couleur bleue, tout comme lors du chargement d'une amulette d'une manière divine. Mais il faudrait noter que c'était sa couleur originaire sans utilisation de la recharge artificielle d'une manière appropriée. C'était L.Seklitova qui lui avait donné une telle charge, en la portant pendant une courte période du temps. C'est-à-dire qu'elle l'a rechargé à l'aide de son énergie.

En même temps, cela confirme que tout propriétaire d'une amulette lui donne son énergie qui, à son tour, peut être basse et sale. (Une amulette ne possédant aucune méthode de charge peut avoir des couleurs rouge et orange qui sont inférieures au bleu). Et l'amulette chargée à l'aide d'une méthode divine traitera ces basses énergies en augmentant leur fréquence et commencera ainsi à aider son propriétaire à se battre pour la santé et la spiritualité.

1) kupfer unaufgeladen - amulette en cuivre non chargée (photo 1, 2, 3)

2) kupfer aufgeladen - amulette en cuivre chargée (photo 4)

3) gold aufgeladen - amulette en or de Larisa (photo 6)"

(L'article de Alexey Garass)

Mais si nous parlons de la méthode de chargement qui vient d'en Haut, chaque amulette est initialement chargée de trois types d'énergie: positive, négative et neutre, et après avoir été achetée par une personne, elle commence à fonctionner individuellement, en recevant la charge de l'énergie de son propriétaire. Ensuite, elle travaille avec ses énergies personnelles, en conservant les mêmes fonctions: la protection contre les entités basses, l'aide au cours du traitement des coquilles physiques et temporaires, la restauration des ruptures de l'aura et le renforcement du champ biologique de l'homme, etc. Il est interdit de porter les amulettes étrangères, puisqu'elles agiront d'une manière destructive. (Si, par exemple, un individu positif porte l'amulette d'une personne négative et au contraire, les fonctions de la protection sont alors perdues).

- - -

À cet article, nous ajoutons l'histoire de notre lecteur Adèle concernant les propriétés inhabituelles de son amulette personnelle. (Photos 7, 8, 9).

Photo 7. La lueur des bornes et des sommets des rayons pyramidaux.

Photo 8. La lueur se concentre et se renforce.

Photo 9. La lueur est devenue brillante comme celle du soleil.

Après avoir acheté une amulette de protection, Adèle, en se trouvant dans la pièce, a décidé de l'examiner en arrière-plan d'un mur ordinaire. L'amulette brillait, scintillait et soudain, Adèle a remarqué que ses rayons tombaient sur le mur. Elle l'a rapproché du mur et sa lueur a été projetée sur le mur. D'abord elle reflétait dans ses projections les bornes des rayons de la pyramide. La plus grande partie de l'énergie était concentrée dans les bornes et sur les sommets des pyramides (Fig. 7). Puis la luminosité du reflet sur le mur a commencé à augmenter, et les plans des pyramides elles-mêmes ont commencé à briller et à envoyer l'énergie lumineuse vers le mur (Fig. 8). Et enfin, un petit soleil créé par l'amulette «l'Étoile de l'Union» a commencé à briller sur le mur (Fig. 9).

C'est un petit miracle, mais il est probablement lié à l'âme du propriétaire. Quelques uns feront connaissance à ce miracle à l'aide des Célestes, mais les autres pourront n'en avoir aucune idée. Mais beaucoup de gens ressentent l'amulette à leur propre manière, on le décrira ci-dessous.

RÉPONSES AUX QUESTIONS DES LECTEURS CONCERNANT L'AMULETTE

Voici les réponses aux questions des lecteurs concernant le fonctionnement de l'amulette, ce qui aidera à faire connaissance avec ses autres fonctions.

Quelle est le rôle de la bague se trouvant sur l'amulette?

Question. Pourquoi l'amulette «l'Étoile de l'Union» est enfermée dans une bague? Dans ce cas, l'intensité du rayonnement diminue.

Réponse. Tout d'abord, l'anneau et le cercle expriment l'infini du développement, c'est un symbole de l'éternité.

Deuxièmement, l'anneau exprime le volume mondial de Dieu et indique que les Neuf Systèmes Cosmiques qui contrôlent la Terre obéissent à Dieu et se trouvent dans Son espace mondial, c'est-à-dire sous Son contrôle.

L'énergie humaine individuelle est concentrée dans l'anneau et est totalement orientée vers l'interaction avec lui, et elle n'est pas gaspillée pour le rayonnement inutile se passant dans l'environnement.

L'amulette est capable d'influencer positivement sur des situations de la vie humaine, en les améliorant. Les changements des situations à l'aide de l'Étoile de l'Union se produisent au moyen de la concentration de cette énergie sur le programme humain qui se trouve à l'intérieur de l'énergocorps du propriétaire de l'amulette (si on parle plus précisément, à l'intérieur de l'enveloppe causale). Son énergie aide une personne à faire face aux difficultés de la vie et à résoudre calmement les problèmes.

Si l'on offre l'amulette à un individu négatif.

Lecteur. Je me suis trompé et j'ai présenté l'amulette «l'Étoile de l'Union» aux gens se rapportant au système Négatif. Qu'est-ce qui se passe avec l'amulette maintenant? Est-il logique pour les membres de la famille de laisser une telle amulette dans une maison après le décès d'une personne du système Négatif? Qu'est-ce que l'on peut faire? Pouvez-vous donner des conseils?

Réponse. Dans ce cas, il vaut mieux ne pas laisser l'amulette aux descendants, mais l'enterrer avec son propriétaire. Auparavant, une personne était toujours enterrée avec sa propre croix. Et nous allons suivre cette tradition dans le cas si une personne est tout à fait négative.

Mais si les amulettes en or appartiennent aux personnes positives, on peut les laisser puisqu'elles seront des gardiennes de la famille. Ce sera une protection supplémentaire pour la famille. Si un membre de la famille veut continuer à porter l'amulette d'un membre de la famille qui est décédé, on peut la refondre et en faire une nouvelle.

Le fonctionnement de l'amulette après la mort du propriétaire.

Question. Quand l'âme quitte le corps et s'élève à la place appropriée, comment est-ce que l'on détermine les accumulations contenues dans son ancienne amulette? Qu'est-ce qu'y reste si la "charge" de l'amulette continue de servir ses proches à protéger la famille (si le stockage est bien respecté)?

Réponse. Tant que l'amulette serait préservée, toute l'énergie accumulée par son premier propriétaire qui, à son tour, avait formé sa structure délicate au cours de sa vie, existerait. C'est-à-dire que la base énergétique de l'ancien propriétaire reste.

S'il s'agissait d'une personne positive et développée, alors à l'aide de l'amulette son énergie pourrait aider les membres de la famille qui avaient un Niveau de l'âme inférieure et qui avaient besoin de cette aide. Une telle amulette a une partie constante qui ne change pas, et il y en a une qui peut être influencée par une autre personne de la famille, l'augmenter ou la réduire.

L'amulette s'assombrit.

Question. Si l'amulette s'assombrit, est-ce que c'est peut-être lié à l'accumulation de l'énergie négative par l'homme?

Réponse. Il y a beaucoup de choses négatives dans la vie actuelle. Le noircissement de l'amulette peut être associé à des actions incorrectes et à des étrangers qui vous envoient le négatif de leurs propres pensées.

Dans le premier cas, vous devez faire attention à vos actions, et dans ce dernier cas, on peut faire la conclusion que l'amulette remplit bien sa fonction de protection, en se prenant la noirceur qui vient de votre entourage.

Dans tous les cas, le noircissement sauve le propriétaire de ce symbole des dommages possibles, dans le cas contraire, toute la noirceur serait reflétée par des coups portés sur l'aura, en le relâchant et en le détruisant. Il est possible de restaurer périodiquement l'amulette en la nettoyant avec des moyens spéciaux, vendus dans les bijouteries. On peut aussi utiliser de la soude pour le nettoyage de l'amulette.

L'amulette doit être périodiquement nettoyée, comme est indiqué ci-dessus, ou il est plus facile de la laver à l'aide de l'eau courante et du savon une fois par semaine, ou vous pouvez aussi diluer une cuillère à café de sel dans un demi-verre d'eau et y rincer votre amulette. L'eau courante efface la saleté physique et l'eau salée enlève une énergie sale.

L'amulette élève.

Question. Est-ce que la personne peut porter l'amulette de «l'Étoile de l'Union» si elle se trouve au 30 Niveau du développement ou même plus bas? Donnez des conseils, s'il vous plaît.

Réponse. Plus bas est le Niveau d'une personne qui porte l'amulette, plus d'effet positif cela apporte à son âme, car ce symbole est capable de donner à une personne des signes sous la forme d'une brûlure ou d'un picotement lorsqu'elle fait quelque chose de mal dans sa vie. Tout le monde devrait le savoir et, lorsque de tels signaux apparaissent sous la forme de picotements ou de sensations de brûlure, une personne doit repenser les situations passées et les analyser. C'est-à-dire que l'amulette l'enverra dans une direction positive, ce qui l'aidera à corriger les erreurs à temps et à accumuler des énergies plus positives.

Cependant, il y a autre chose, quand, par exemple, une forte agression du côté des méchants frappe une personne ou quand des sorciers ayant le but de la détruire attaquent une personne. Dans ce cas l'amulette peut donner une sensation de brûlure si forte qu'une tache rouge apparaît sur le corps d'une personne. (Malheureusement, nous avons eu de tels cas). En pareil cas, il est nécessaire de renforcer votre défense chaque jour, en mettant plusieurs couches ou en utilisant des codes de sécurité proposés par N.Marakhovskaya. Si vous souffrez des fortes attaques, vous pouvez aussi utiliser la deuxième prière de notre nouveau recueil ("La deuxième prière sur l'aide au cours du développement et sur la protection"). Pendant les périodes de l'attaque, on vous conseille de la lire le matin ou le soir.

Quand l'amulette est portée par une personne qui ne sait rien de ses propriétés.

Question. Si une amulette est portée par une personne qui ne sait aucune nouvelle information et qui, par conséquent, n'est pas consciente de la nécessité de la nettoyer chaque semaine. Dans ce cas, quelles fonctions de l'amulette en seront perturbées ou diminuées? Celles de protection? Et l'interaction avec de nouveaux spectres de l'énergie se poursuivra-t-elle après cela?

Réponse. Dans ce cas, à condition que cette amulette ait été transférée d'un croyant, l'échange d'énergie serait préservé et, bien que les fonctions de protection s'affaiblissent, elles la protégeraient quand même dans une certaine mesure, car l'amulette était construite afin de le faire.

Mais si ce croyant veut renforcer sa protection, il devra lire la deuxième prière au moins une fois par mois et, avant le commencement, il est nécessaire de dire: «J'envoie l'énergie de cette prière au renforcement de la protection de l'amulette (et puis il faut préciser le nom, par exemple, de Yuriy)». Dans ce cas cette fonction se normalise et peut interagir progressivement avec l'énergie humaine. Au fil du temps, on peut même cesser de lire la prière, mais l'amulette fonctionnera. Cependant, dans certaines situations d'urgence, lorsque, par exemple, le mari est envoyé dans une mission dangereuse, on vous conseille de lire la deuxième prière pour vous assurer.

Les dômes de l'église de la Vierge.

Lecteur. Il y a des étoiles dorées à huit branches sur certains dômes bleus des églises. Affectent-ils en quelque sorte l'énergie qui se retrouve à l'intérieur?

Question. Pourquoi seulement certains entre ces dômes possèdent des étoiles à huit branches?

Réponse. Les dômes bleus avec l'étoile de l'Union s'appellent les dômes de la Vierge. Ils étaient nommés en honneur de la mère de Jésus-Christ qui a donné au monde le futur dirigeant du christianisme.

La couleur bleue des dômes suggérait que l'humanité devait acquérir des auras bleues jusqu'à l'année 2000. Mais en raison du retard du développement, la cinquième race n'a pas réussi à accumuler dans les auras humaines les fréquences d'énergie nécessaires qui, à leur tour, les coloraient d'une couleur souhaitée. C'est pourquoi le développement dans une bonne direction continue jusqu'aujourd'hui. Et la sixième race doit rattraper ce retard et changer les auras des personnes en bleu.

Les dômes des églises avec des étoiles représentent des symboles indiquant la direction dans laquelle l'humanité devrait aller.

La fonction principale de l'amulette.

Lecteur. On lit dans la description: "Le symbole de "l'Union" a une capacité interne énorme et est conçu au potentiel d'une personne se trouvant au centième Niveau."

De plus, dans le paragraphe "Les particularités du fonctionnement de «l'Étoile de l'Union»" il est écrit: "Elle aide une personne à économiser son énergie interne, car son excès ne se disperse pas, mais s'accumule dans cette construction; l'amulette protège le propriétaire".

J'aimerais savoir quelle est la fonction principale de l'amulette?

Réponse. La fonction principale de l'amulette "l'Étoile de l'Union" est la récupération d'une personne et sa protection. Lors de l'affaiblissement du corps, l'amulette fournit à son propriétaire l'énergie accumulée plus tôt. En cas de maladie ou de stress, une énergie supplémentaire aide la personne à se rétablir. Ainsi, si un organe tombe malade, l'amulette le nourrit de l'énergie nécessaire. L'accumulation des énergies nécessaires au corps humain se produit entre une période des maladies et les périodes de la perte d'énergie apparaissant au cours des situations difficiles de la vie.

L'amulette crée une protection à l'aide de l'énergie accumulée, en renforçant ainsi le champ biologique de l'homme. Cela reflète bien les frappes d'énergie envoyées au propriétaire de l'amulette par des gens méchants.

Une amulette en argent est préférable à la 5ème ou à la 6ème race.

Question. Vous avez écrit que "L'argent contenu dans l'amulette ne pourra pas garder l'énergie ...". Cela concerne la 5ème ou la 6ème race?

Réponse. Les gens de la 5ème race possèdent peu d'énergie, donc l'amulette en argent est capable de tenir le potentiel de cette race.

L'argent est surtout utilisé par la 5ème race, et dans la 6ème, ce n'est que l'or qui sera en demande. C'est une des raisons qui explique le nom de la race qui s'appelle "D'Or". Leur Niveau de vie s'améliorera de manière significative de sorte que tout le monde puisse se permettre d'acheter une amulette en or.

Est-ce que l'on peut fixer d'avance le but de l'amulette?

Question. D'habitude, toute chose dissipe son énergie dans l'environnement, c'est-à-dire l'amulette peut perdre une partie de l'énergie et la personne ne le ressentira pas. Pour éviter cela, est-il possible de fixer d'avance le but de l'amulette afin que cette énergie puisse être utilisée délibérément? (Je parle des buts fixés pour l'amulette.) Et s'il est possible, combien de fois doit-on répéter ces buts: tous les jours ou plus rarement?

Réponse. Il est assez de répéter le but des fonctions de l'amulette une fois par semaine.

Pourquoi l'amulette se réchauffe-t-elle?

Question. Plusieurs adeptes de votre enseignement font face au problème consistant en ce qu'en lisant des livres ou en priant, leurs amulettes deviennent très chaudes. (Je ne parle pas d'autres situations, car il y en a beaucoup). Pourquoi cela se passe-t-il? Est-ce que l'amulette chaufferait moins s'il s'agissait d'un matériau plus énergivore? (Peu de gens peuvent se permettre une amulette en or.) Et qu'est-ce que signifie le fait que pendant la lecture ou la prière l'amulette devient moins chaude en la comparant avec le plexus cœliaque qui, à son tour, se réchauffe considérablement?

Réponse. Lorsqu'une personne acquiert une amulette et la porte, en utilisant les informations de la cinquième race, elle ne ressentira pas l'échauffement d'une amulette en se trouvant dans des situations ordinaires de la vie, car le potentiel des connaissances anciennes et des situations ordinaires ne dépasse pas le potentiel de la personne elle-même. Et quand la personne lit nos livres ou nos prières qui, à leur tour, possèdent un grand potentiel de textes dépassant le potentiel donné à l'amulette par son propriétaire, dans ce cas cette différence est perçue par un propriétaire comme une sensation de brûlure. Toutes les énergies puissantes s'infiltrent dans le volume de l'amulette.

Bien sûr, plus le métal est énergétique, moins il est réchauffé.

Si au cours de la lecture c'est un plexus cœliaque qui devient plus chaud et pas une amulette, dans ce cas on peut affirmer que l'homme n'a pas encore développé son chakra du cœur.

Qu'est-ce qui est plus important?

Lecteur. D'après vos informations on sait que l'amulette «l'Étoile de l'Union», utilisée de manière constante, présente des avantages pour la construction et l'accumulation d'énergie individuelles d'une personne (par rapport à ceux qui ne la portent pas).

Mais qu'est-ce qui sera plus important et plus utile pour les Célestes - l'acquisition d'une amulette par une personne (d'abord pour elle-même et puis pour ses proches) ou l'aide financière de sa côté permettant de diffuser de nouvelles connaissances?

Réponse. Les Célestes laissent le choix à la personne, car à travers le choix, le raisonnement, la compréhension des variantes de situations, la personne peut se développer.

La croyance à l'amulette.

Lecteur. Après avoir lu presque toute la série de livres «Au-delà de l'inconnu», j'ai décidé de créer moi-même «l'Étoile de l'Union» en utilisant les bijoux en or familiaux. J'ai porté cette amulette presque trois mois et j'ai ressenti l'intensification et l'activation de nombreuses situations de ma vie. Mais ce qui m'a frappé le plus, c'était ce que j'ai commencé à partager les idées avec le groupe des adeptes du Nouvel enseignement.

À quel point est-il important de porter l'amulette «l'Étoile de l'Union» fabriqué par A. Garass du point de vue du développement ultérieur? Est-ce que la croyance à la puissance d'une amulette fabriquée par la personne elle-même peut aider et protéger ou, au moins, créer un lien avec le Déterminant du groupe? Et moi, j'ai exactement ces sensations. La pauvreté en Ukraine va à l'extrême et c'est maintenant une chose de luxe de commander une amulette chargée.

Réponse. La croyance à une amulette improvisée peut aider une personne à bien résoudre les problèmes et à faire face aux maladies, ainsi qu'à améliorer les liens avec son Déterminant et les personnes aux vues similaires. La puissance de votre croyance est l'essentiel.

L'amulette aide.

Question. J'ai une amulette en argent et sans pierre, c'est une variante ancienne, une des premières versions en argent, mais elle est de bonne qualité.

Quand j'ai appris les nouvelles prières par cœur, j'ai commencé à les lire plus souvent dans la rue, dans les transports et ailleurs, peu à peu, j'ai commencé à sentir que la charge de l'amulette était insuffisante. Je l'ai surtout senti en été de l'année 2017. Après m'être tourmenté pendant une certaine période du temps, j'ai mis l'amulette sur le pendentif en or. J'ai ressenti le soulagement. Mais le manque de la charge était encore ressenti.

Récemment, dans un rêve, j'ai vu un homme et j'ai senti une menace potentielle. Puis j'ai prononcé: "l'Étoile de l'Union – aide-moi!" (je l'ai prononcé 3 fois). L'amulette a immédiatement donné une impulsion - et je me suis réveillé. L'amulette a montré qu'elle marchait, même quand je dormais. Mais je veux avoir une seconde Amulette en dorure. Est-il possible de porter des Étoiles chargées par de différentes personnes?

Réponse. Les amulettes ne sont pas chargées par de différentes personnes, mais par les Célestes qui nous avions donné ce symbole. C'est pourquoi l'énergie initiale de deux amulettes est liée. Et l'énergie gagnée par le propriétaire de l'amulette s'y ajoute. Cela suggère que l'on puisse porter plusieurs amulettes en même temps. Mais lorsque nous rompons le lien avec le fabricant de l'amulette, les Célestes cessent de charger ses produits, et, dans ce cas, elle peut être vide.

Si l'on met l'amulette sur le front.

Question. Pendant les lectures conjointes de nouvelles prières, j'ai commencé à ressentir le besoin de placer l'Étoile sur mon front (en la fixant à l'aide d'un bandage). Et je le fais très souvent, presque tous les jours. Y a-t-il des limites?

Réponse. Cette méthode aide parfois à ouvrir le troisième oeil si la personne possède assez d'énergie. Mais il existe des limites suivantes: il est nécessaire de tenir une amulette sur le front aussi longtemps qu'il est nécessaire pour lire trois prières.

Cependant, il faut commencer par la lecture de chaque prière une fois par jour pendant un mois.

Ensuite, au cours du deuxième mois, il faut les lire deux fois par jour et au cours du troisième mois - trois fois par jour.

Puisque l'état de santé d'une personne peut modifier, alors, en cas de l'apparition sur le front de sensations désagréables provenant d'un excès de l'énergie, il faut s'arrêter, mettre l'amulette sur le cou et faire une pause de 7 jours. (Il est important d'écouter toujours le bien-être.) Si vous sentez que quelque chose ne va pas, vous pouvez augmenter la durée de la pause jusqu'à 14 jours ... certains gens peuvent même arrêter cette expérience s'il s'avère qu'ils ne sont pas prêts à le faire.

Ceux qui n'ont aucunes sensations désagréables peuvent

continuer à lire les prières avec une amulette sur le front.

C'est votre Déterminant qui vous a fait sentir le désir de mettre une amulette sur votre front afin de développer la future qualité de la clairvoyance.

Voir la construction de l'amulette.

Question. Est-il possible de "voir" la structure énergétique de l'amulette? J'ai réussi à voir une construction multicouche et complexe avec des rayons, j'y ai reconnu l'Étoile, cette construction a eu la forme pareille. C'était un complexe d'alternance de cellules contrastées, noires et blanches, rappelant les échecs. Je ne me souviens pas des détails. Est-ce que toute l'Étoile avait l'air des "échecs"?

Réponse. Bien sûr, «l'Étoile de l'Union» a une structure complexe et mince. Le Déterminant vous en a montré une partie sous la forme d'un complexe d'alternance de cellules noires et blanches à travers lesquelles Il a affiché les cellules du volume matriciel de la coquille mince d'une amulette. Cette structure est universelle, car elle sert à travailler avec des individus positifs et négatifs. Mais ce que l'on voit ne reflète qu'une petite partie de la véritable structure de l'amulette. En fait, c'est un ensemble complexe.

Est-ce que le Déterminant* utilise l'amulette dans son travail avec l'étudiant?

Question. Comment une Étoile aide-t-elle un étudiant à travailler avec son Maître Céleste?

Réponse. Pour un Déterminant, une amulette est une opportunité supplémentaire de fournir au corps de l'étudiant l'énergie curative nécessaire à l'un de ses organes. Dans ce cas, la descente des énergies se produit avec l'utilisation de la construction de l'amulette.

À l'aide de l'amulette, le Déterminant peut travailler avec l'étudiant plus facilement (par rapport à l'absence de «l'Étoile de l'Union»), puisque la construction de «l'Étoile»:

a) adoucit l'énergie entrante;

b) augmente sa puissance, puisque toutes les pertes sont exclues lorsqu'elle est envoyée sur la Terre;

c) augmente la ponctualité de frapper les organes du corps humain désirés;

d) la répartition ultérieure de l'énergie dans les coquilles et le corps physique se produit à une grande vitesse, puisque on exclut les pertes l'énergie entrante;

e) pour la même raison, les propriétés protectrices des

membranes humaines sont améliorées;

f) lors d'un échange d'énergie directe avec son propriétaire, l'amulette fournit le maximum de son énergie à l'organe malade qui en a besoin.

Chaque personne reçoit l'énergie individuellement, car elle dépend de sa structure (subtile et matérielle) et de ses buts du développement.

L'amulette en or pur.

Question. Il existe une opinion que plus l'échantillon de l'or est élevé, plus son intensité énergétique est élevée également. En plus, on trouve que plus le métal est dur, plus son intensité énergétique est grande.

Mais il est prouvé que l'or pur du 999ème échantillon est le plus doux. De quelle manière est-ce que cela exerce une influence sur l'amulette?

Réponse. Plus l'échantillon de l'or est élevé, moins il contient d'impuretés. L'or pur est l'or le plus net du point de vue du contenu des composants. À vrai dire il est assez doux. Pas étonnant qu'auparavant, on ait essayé les pièces d'or à l'aide de la dent. Et l'or possède vraiment la plus grande intensité énergétique, s'il a la forme d'une amulette "l'Étoile de l'Union".

Si vous ajoutez un tel ou tel métal à l'or fondu, la dureté de l'alliage augmentera, mais, en même temps, sa capacité énergétique diminuera à mesure que le pourcentage de l'or pur dans l'alliage diminue. C'est ce qui concerne le matériel lui-même.

Si vous ajoutez un tel ou tel métal à l'or fondu, la dureté de l'alliage augmentera, mais, en même temps, sa capacité énergétique diminuera à mesure que le pourcentage de l'or pur dans l'alliage diminue. C'est ce qui concerne le matériel lui-même.

Mais, comme on a déjà mentionné, l'intensité énergétique du produit est influencée par sa forme. "L'étoile de l'Union" à huit branches, faite même d'un métal simple, transporte l'énergie cosmique de "l'Union", c'est-à-dire elle contient l'énergie cosmique des Systèmes hiérarchiques travaillant avec l'humanité. C'est donc la structure de l'amulette qui intensifie tout échantillon de l'or.

La forme constructive de l'amulette, exprimant l'ensemble de plusieurs pyramides, augmente considérablement l'énergie et dépasse du point de vue de son potentiel toute chose faite de l'or pur. Nous n'y parlons que de l'amulette et pas de l'or en général.

L'amulette traite.

Lecteur. Aujourd'hui, mon amulette a donné un signe bizarre, il m'a semblé que l'on m'avait envoyé un flux d'énergie d'un spectre chaud qui est entré directement dans le chakra de mon cœur et m'empêchait d'enlever mon amulette. Je pensais au coup d'énergie, mais j'ai compris que d'habitude j'éprouvais quelque chose d'autre après le coup d'énergie. Il ne transmet maintenant l'énergie. Pourquoi je brûle?

Réponse. À travers l'amulette, le Déterminant peut donner des signes à son étudiant. Par exemple, s'il commence à le brûler de telle sorte que l'étoile devienne impossible à porter, c'est un signe que l'étudiant fait quelque chose de mal dans sa vie. Il doit donc analyser ses actions et corriger quelque chose afin de ne pas gagner de karma.

La taille du corps affecte-t-elle le fonctionnement de l'amulette?

Lecteur. Je veux emmener l'amulette à l'atelier de bijouterie pour que l'on me la recouvre d'or, mais je veux préciser une chose. L'amulette, perdra-t-elle ses anciennes propriétés? J'ai acheté une nouvelle amulette, mais je me suis habituée à l'ancienne. Puis-je porter deux amulettes? Et la taille du corps affecte-t-elle son fonctionnement? Est-il possible qu'un grand corps soit plus difficile à entretenir?

Réponse. Si l'on la recouvre d'or, sa qualité s'améliorera.

Vous pouvez porter deux et trois amulettes en même temps.

La taille du corps n'a pas d'importance pour l'amulette, car elle interagit avec l'âme humaine. Plus longtemps une personne la portera, plus elle deviendra puissante et plus elle affectera un grand corps.

Les amulettes des ancêtres et leur relation aux futures générations.

Lecteur. Les gens meurent et laissent leurs amulettes à leurs héritiers. On peut déjà imaginer que les familles du futur possèdent des boîtes remplies d'amulettes de leurs ancêtres. Mais l'avenir est en train de changer, l'énergopotentiel des âmes des descendants augmente et les amulettes accumulées se transforment en relique, ne conservant que les énergopotentiels obsolètes. Il me semble qu'elles ne seront pas en mesure d'aider les générations suivantes, car elles auront un potentiel plus faible que celui de leur âme. Alors je doute. Pourront-elles aider leurs descendants ou non?

Réponse. L'aide des ancêtres a toujours existé et continuerait d'exister. Grâce aux amulettes, leurs liens avec les descendants augmenteront. Et puisque les âmes des ancêtres continuent à se développer sur le plan subtil, dans ce cas leur énergie, aussi bien que la vôtre, augmentera de façon permanent.

Les amulettes sont apparues récemment et elles aideraient presque trois générations des descendants (il s'agissait de la cinquième race). Et il est très important de passer ces incarnations correctement, car au cours de ces incarnations on élabore le karma de la cinquième race ou on fait des épreuves pour l'âme. Dans tous les cas, une telle âme aura besoin de l'aide des ancêtres.

Quand les âmes passeront à la 6ème race, tout y sera différent.

L'amulette est-elle capable de se développer?

Lecteur. Après que l'on charge l'amulette d'une nouvelle manière, elle devient «spiritualisée». Est-elle capable de se développer énergétiquement sans aucune aide?

Réponse. Vous confondez le développement de l'amulette avec l'augmentation de son énergie. Mais il est incapable de se développer indépendamment, car elle fait néanmoins référence à des objets inanimés. L'amulette ne peut "se développer" qu'en symbiose avec son propriétaire.

La parenté de sang est-elle importante pour une amulette?

Question. Est-il nécessaire d'avoir la parenté de sang pour transférer l'amulette? Après tout, il existe des cas quand dans une famille il y a des enfants qui ne sont pas consanguins. Mais si l'on apprécie et garde ces reliques avec diligence, les enfants qui ne sont pas consanguins peuvent-ils le faire ou non?

Réponse. La parenté n'est préservée que par le sang, c'est pourquoi, l'amulette ne peut interagir qu'avec des parents de sang. Pour le reste, elle devient une simple relique.

Si l'on ne porte pas l'amulette...

Question. Si les gens n'osent pas porter les amulettes, peut-on les gardez chez eux? L'amulette est neuve, chargée, mais personne ne la porte. Est-ce qu'elle exercera une influence sur le propriétaire de l'appartement et sur son espace?

Réponse. Si l'amulette se trouve dans la maison de son propriétaire, il y aura le lien énergétique entre elle et son propriétaire. Mais ce lien sera plus faible. Cependant, dans ce cas l'amulette augmente ses propriétés protectrices par rapport à l'espace dans laquelle elle se trouve.

La puissance de l'amulette améliore-t-elle un autre bijou en

or?

Lecteur. Certains gens trouvent que l'amulette possédant plus d'énergie, c'est-à-dire l'amulette dorée, sera plus convenable à eux. Mais ils ne peuvent pas se permettre de l'acheter en raison de difficultés matérielles. Mais il est possible de compléter l'amulette avec un produit en or qui se trouve à la maison.

Par exemple, une chaîne en or ou une croix en or renforceront-elles les propriétés d'une amulette, est-ce qu'elles pourront interagir?

Réponse. La structure mince des autres produits en or n'est pas conçue pour la puissance de l'amulette. Par conséquent, l'or n'est capable que d'accumuler l'énergie jusqu'à un certain niveau. Chaque produit en or a accumulé un certain potentiel, et ce potentiel resterait donc en permanence. La structure très fine de l'amulette est conçue de manière prospective pour le potentiel énorme de la 6ème race. Donc, des produits supplémentaires ne pourront pas la renforcer puisqu'ils ont beaucoup moins de potentiel. Ce ne sont que le fonctionnement de l'âme du propriétaire, la lecture de nos informations et de nouvelles prières qui peuvent renforcer les propriétés de l'amulette et augmenter sa puissance énergétique.

Un diamant supplémentaire (séparé de l'amulette) est capable d'améliorer la protection d'une personne contre les dommages et le mauvais œil. Mais en symbiose avec «l'Étoile de l'Union», un diamant serait capable d'exécuter plusieurs fonctions supplémentaires, dont nous avons parlé précédemment.

Est-il obligatoire de charger l'amulette?

Question. Beaucoup de gens veulent avoir une amulette en or. Ils collectent tout ce qu'ils ont en or et l'apportent au bijoutier pour qu'il fasse une amulette.

Mais après tout, il peut se tromper de taille, de proportion, et en plus, l'amulette ne sera pas chargée, ce qui est le plus important! Vous avez déjà expliqué plus tôt: "ce sera une simple décoration sans charge divine. La recharge est obligatoire! Sinon, elle ne possédera que votre propre énergie ..."

C'est presque la même chose que faire une croix soi-même ou acheter celle bénie à l'église. Mais quelle différence existera-t-elle entre elles? Pourquoi une personne spéciale est-elle requise pour exécuter la recharge?

Réponse. Toute croix vendue à l'église est bénie non seulement par un prêtre, mais aussi par les Substances Célestes attachés à des églises spécifiques et participant constamment à tous leurs rites, en donnant le type d'énergie nécessaire pour tel ou tel rite ou telle ou telle fête. En outre, il existe des religieux particuliers qui subissent des rites spéciaux qui leur permettent de bénir des croix et d'autres objets.

C'est-à-dire que dans les églises, tout est fait uniquement à son propre endroit et par une personne particulière qui a le droit de bénir. À l'aide d'un rite spécial, un tel prêtre est connecté à l'égrégore de laquelle il reçoit ensuite de l'énergie pour exécuter la sanctification. Si une personne ordinaire ou un prêtre qui ne dispose pas d'un tel droit tente de le faire, il échouera.

Dans notre cas, le droit de la consécration est aussi donné à une personne concrète à l'aide de son lien avec l'égrégore et à l'aide de l'énergie sacrée de la 6ème race. Elle travaille ensemble avec les Substances Célestes lorsqu'elle leur demande de bénir des amulettes. Par conséquent, d'autres personnes qui n'étaient pas connectées à cet égrégore et qui ont fabriqué une amulette elles-mêmes, ne pourraient pas le sanctifier avec les énergies d'une future race, et l'énergie de leur amulette ne dépasserait pas la leur. C'est la différence entre l'amulette bénie et celle faite par le sanctifié lui-même. La puissance protectrice des produits improvisés serait beaucoup plus moins.

Bien que l'amulette aide une personne à condition de sa sainte foi aux propriétés de «l'Étoile de l'Union». La sainte foi est toujours récompensée d'en Haut sous la forme de l'aide dans des situations difficiles.

La consécration des amulettes dans la 6ème race.

Question. Qui bénira les amulettes au cours de la prochaine race?

Réponse. Au cours de la 6ème race les gens n'auront plus besoin d'églises, et la consécration aura lieu dans de belles salles où on fabriquera les amulettes. Ce sont nous qui les bénirons (LA et L.L) à l'aide de l'énergie d'une égrégore contenant de l'énergie sacrée destinée à la 6ème race. Cela se fera de la même manière que la descente du feu sacré à Jérusalem. Un tel mécanisme de la consécration est personnifié dans une belle cérémonie solennelle, mais les gens de la sixième race ne l'appelleront pas «le rite», mais «un Jour de Sanctification». On le célébrera deux fois par an.

La vision de l'amulette dans le futur.

Question. Lorsque l'on portera des amulettes dans le futur, même si beaucoup de gens ne l'achèteront qu'en imitant les autres, comment on pourra leur expliquer le besoin d'une utilisation individuelle des étoiles? Est-ce que l'on ajoutera l'annotation qui expliquera toutes les particularités, ou on nous proposera quelque chose d'autre?

Réponse. Au lieu de l'annotation, on ajoutera des capacités paranormales des personnes elles-mêmes. Les gens commenceront à voir comment la lueur de l'amulette change avant et après sa consécration. Les gens verront comment la matière physique de l'amulette brillera après la consécration et pourront observer comment la couleur de l'énergie de l'amulette change lorsqu'elle est portée par une seule personne.

Qu'est-ce qu'il vaut mieux choisir - la croix ou les lois de l'Univers.

Lecteur. J'ai remarqué que parfois, lors de services religieux, les prêtres baptisaient des croyants à l'aide de la Bible. La question est suivante: quel type de signe de la croix aura plus d'énergie - celui qu'une personne fait en utilisant ses trois doigts, ou celui quand une personne se baptise à l'aide des "Lois de l'Univers"?

Réponse. L'homme moderne possède un très petit énergopotentiel. C'est pourquoi, son énergie personnelle n'est pas comparable à l'énergie de la Bible et, en particulier, aux "Lois de l'Univers". Les voyants trouvent ce livre lumineux et la personne qui est située à proximité est perçue comme une silhouette sombre.

* * *

Chapitre 5
SIXIÈME RACE. LES DOUBLES DE LA TERRE.
"Les super-pouvoirs sont inclus dans
le programme du développement
obligatoire des gens du futur "
(Le livre "La vie dans le corps d'autrui", ch. 27)

TERMES DES TRANSFORMATIONS DE LA TERRE

Question. J'ai une telle question à poser. Vous écrivez qu'à l'avenir, certains continents de la Terre se retrouveront sous l'eau, d'autres émergeront de l'eau et formeront de nouveaux continents. En plus vous indiquez que les gens vivront sur de nouveaux territoires. Je suis en train de lire un livre d'un auteur américain qui est capable de recevoir des informations de Maîtres spirituels.

Il écrit que "les prévisions selon lesquelles d'énormes masses continentales ne se retrouveront plus sous l'eau ou même émergeront de l'eau sont ou fausses, ou se basent sur une très longue période du temps. Pour qu'une montagne d'une hauteur de 4 km s'enfonce dans la mer ou pour que les montagnes s'élèvent de la mer, on a besoin d'assister 30 ans aux tremblements de terre d'une magnitude de 9,0. L'augmentation progressive du niveau de l'eau de l'océan mondial n'entraînera pas la destruction instantanée à grande échelle. On doit, bien sûr, comprendre que la plupart des changements aura lieu mais il faut attendre 10, 20 ou 30 ans pour que les masses de l'eau s'élèvent. "

C'est un auteur américain qui l'écrit. Quelle est votre opinion? Est-ce qu'il est vraiment nécessaire d'assister chaque jour au cours de 30 ans aux tremblements de terre d'une magnitude de 9 points afin que les mouvements de la Terre aient lieu? Est-ce que c'est possible?

Réponse. Nous n'avons pas indiqué le temps quand un seul continent resterait sur la Terre. Nos différents livres expliquent que le développement de la sixième race durera 2000 ans. Ce sera déjà une nouvelle race entièrement formée, sans aucun exemplaire vérifiable de l'homme que l'on peut observer dans la période actuelle. Et dans ce cas, nous ne précisons pas l'année à laquelle on n'assistera qu'au développement pur d'une nouvelle race. Mais dans l'un de nos livres, nous avons indiqué qu'une période de transition de 400 à 500 ans serait nécessaire pour travailler en remboursement de karma et compléter les programmes des représentants de la cinquième race.

Nos livres disent que la sixième race se développera sur un nouveau continent entouré de l'océan, et le reste des continents se retrouvera progressivement sous l'eau. Tout cela est prévu par les Célestes. Mais comment est-ce que cela pourra évoluer dans le temps? Ils ne nous informent pas (Pour avoir plus de détails, voir le livre «La vie dans le corps d'autrui», ch. 19, l'article «Prédictions», ch. 24).

On ne peut pas rejeter la variante qu'après la 5ème race notre Terre sera le victime d'un grand cataclysme qui, à son tour, aura pour but de la débarrasser de ses énergies sales à l'aide de l'eau. Et pendant une certaine période du temps, il n'y aura aucune civilisation sur la Terre, ce ne seront que quelques personnes de la 5ème race qui y survivront. On devra attendre quelque temps après la 5ème race pour que la nouvelle 6ème race commence. Ce n'est qu'à ce moment qu'on commencera à faire un décompte d'une nouvelle étape de son existence.

Toute restructuration de la Terre est liée à une longue période du temps. Mais la restructuration de la Terre a déjà commencé (à la fin du XXème siècle) et était en bonne voie. Il est nécessaire de regarder les programmes éducatifs télévisés d'Igor Prokopenko, Anna Chapman et Oleg Shishkin. On y présente l'information sur des cataclysmes provoqués par cette transformation de la planète et raconte de nombreux faits intéressants.

Mais tout cataclysme, catastrophe naturelle - est une conséquence de la restructuration des continents, des coquilles minces de la planète, du changement de son climat, ainsi que de la flore et de la faune. Il y a déjà plusieurs années qu'une fissure s'est formée dans les profondeurs de notre continent eurasien. Ce n'est qu'un signe du commencement d'une faille. (Nous avons été informés de son apparition dans les années 1992-1993). Il s'étend de Vladivostok à la Baltique. Naturellement, il y en a quelques ramifications. Une telle fissure est accompagnée de petits tremblements de terre. Et le fait de la formation des cratères, des creux, des fissures énormes (des ramifications de celle principale) dans le sol - cela fait preuve du commencement de la destruction du continent. Si l'on compte les années écoulées, on peut affirmer que cette fissure existe déjà plus de 26-27 ans.

C'est-à-dire ce sont des signes des changements globaux dans la structure de la planète. On peut énumérer de tels symptômes de restructuration par des douzaines, et chaque catastrophe confirme le début de la transformation de la planète.

Pour plonger les continents dans l'eau, aussi bien que les faire émerger de l'eau, on n'a pas besoin des dizaines d'années. Il en suffit une journée. Par exemple, le continent Atlantide et sa population se sont retrouvés sous l'eau très vite. Le processus de la plongée n'a pas dépassé une seule journée. Ces plongées nécessitent le pouvoir de l'esprit de Ceux qui contrôlent notre Terre, tandis que la durée du développement des processus physiques n'a aucune importance.

Si les cataclysmes mondiaux se produisent à un rythme ralenti, cela veut dire que les Célestes tentent de ne pas traumatiser la psyché de la majorité de la population mondiale par des catastrophes naturelles. **Ils ont déjà choisi un mode de restructuration approprié de la planète.**

Généralement, une personne expliquant ce qui se passe ou présentant certains événements supposés s'appuie sur les connaissances de nos savants qui, à leur tour, sont loin de comprendre ce qui se passe sur la Terre à l'heure actuelle. Par conséquent, ils ne comprennent pas pourquoi et pour quel but le climat change, pourquoi les baleines et les dauphins meurent en masse; pourquoi des oiseaux tombent du ciel, etc. Ils n'avaient aucune idée concernant les événements qui ne se sont jamais produits auparavant. Tout est lié à la restructuration de notre planète, ce qui est écrit dans nos livres.

En ce qui concerne l'opinion de cet écrivain, habituellement, en contactant avec son étudiant, le Maître Céleste utilise la réserve de connaissances accumulée par son atout. On dit toujours que les Contactés sont de différents Niveau du développement et possèdent de différents bagages des connaissances. C'est-à-dire les informations transmises seront formées à la base des connaissances accumulées. Dans cette incarnation, le contacté percevrait et utiliserait les notions incorrectes fournies par des savants. Personne n'est capable de dire correctement qu'elle ne comprend pas. C'est déjà un modèle utilisé par le plan Supérieur afin de transmettre de nouvelles connaissances aux gens. Par conséquent, pour la transmission correcte des informations, Ils ne choisiraient pas un écrivain, mais une personne qui a déjà réussi à accumuler les connaissances nécessaires lors des réincarnations précédentes.

De même, dans une école ordinaire, si vous posez la même question à un élève de la première, de la cinquième et de la dixième année d'études, les réponses seront différentes: l'élève de la première année d'études répondra d'une manière minimale et incorrecte, tandis que l'étudiant de la dixième année d'études donnera la réponse précise et complète. De la même manière, des contactés de différents Niveaux fournissent les informations: celui qui a le Niveau élevé décodera mieux les informations données.

Et donc, lorsque les Maîtres Célestes envoient à l'humanité de nouvelles découvertes afin d'accélérer sa progression, elles sont donc données à des personnes particulières, non selon leur bon comportement, mais à condition de la possession d'une matrice remplie de Notions. Parmi les millions d'âmes, on choisirait une personne qui, en fonction des connaissances transmises, serait la plus disposée à accepter de nouvelles connaissances en raison du fait qu'elle avait, dans les incarnations passées, acquis le maximum possible des notions correctes.

Dans ce cas, la personne sera en mesure de transmettre plus précisément les connaissances données par son Maître et concernant tel ou tel sujet. Pour cette raison, le tableau périodique des éléments chimiques a été donné à D. Mendeleev (dans ce cas par le biais d'un rêve) et Lomonosov, à son tour, avait reçu le libellé de la «Loi de conservation de la matière» dans l'univers.

Ou prenons Newton. Les pommes sont tombées sur les têtes de plusieurs gens, mais personne ne pouvait en faire une découverte, tandis que Newton, en raison du remplissage de sa matrice des Notions correctes, a réussi de formuler la «Loi universelle de la gravitation» après qu'une pomme était tombée sur sa tête.

Les impulsions de découverte prennent différentes formes, mais celui qui est prêt à en extraire de nouvelles choses fait toujours de grandes découvertes.

Si le Niveau du développement humain est bas, dans ce cas, au cours de l'utilisation des connaissances transférées, l'homme commettra de nombreuses erreurs. Par conséquent, pour lui, la vitesse de la lumière sera la plus grande qu'il est possible, et quand il l'utilisera comme la valeur mesurée afin de calculer les distances jusqu'à Sirius ou jusqu'à une autre planète d'Orion, il comptera des milliards d'années de vol. Mais les extraterrestres qui ne savent pas que la vitesse de la lumière est «la plus grande qu'il est possible» atteignent la Terre en quelques mois. Donc, on ne recommande pas de compter sur les connaissances de nos savants. Il est nécessaire d'attirer votre esprit afin de réfléchir et faire des conclusions sur ce qui se passe.

Pour que l'étudiant soit capable de recevoir de manière fiable les connaissances de son Maître, il est nécessaire d'ajouter l'attitude des Célestes à l'humanité. Ils peuvent l'enlever du continent en une heure, mais maintenant Ils le plaignent, ils essaient de réaliser tous les changements avec le moins de perturbations possibles, ils essaient d'influencer la psyché avec humanité. Cependant, la personne elle-même se comporte d'une manière déraisonnable, en dépassant la limite de ce qui est permis et en régressant intensément.

Et si l'humanité continue à se dégrader rapidement, les Célestes ne penseront plus à ses sentiments et à sa finesse. La punition sera sévère. Nous ne devons pas oublier qu'Ils sont capables de la détruire même en une heure. Ils ont une variété de moyens leur permettant de le faire. (Vous pouvez trouver certains d'entre eux dans le livre " La vie dans le corps d'autrui ", ch. 19.)

En parlant des changements de la Terre, les lecteurs utilisent souvent les jugements des savants et des écrivains concernant les processus naturels s'étendant sur des milliers et des millions d'années. Mais ils ne tiennent pas compte de l'existence des interventions artificielles des Célestes dans la vie de notre civilisation, aussi bien que des ajustements des processus historiques et physiques apportés à l'existence de la Terre.

Bien sûr, les savants et les sceptiques matérialistes n'en sont pas conscients. Mais de telles interventions ont déjà trouvé leur début.

Les Célestes subordonnent toujours tout à leurs buts, il n'y a rien d'impossible pour eux. Ils ne seraient pas cérémonieux avec ceux qui ne seraient pas capables de les comprendre, et par conséquent, avec ceux qui ne seraient pas en mesure de développer leur âme, malgré ce que l'on les avait envoyé plusieurs fois des avertissements.

Cependant, nous voulons encore ajouter qu'après la cinquième race, on assistera obligatoirement à la purification de la planète des énergies sales. Et à ces fins, lorsque la population de la Terre diminuera de moitié, la planète subira un choc et assistera au flux d'une vague balayant l'énergie sale.

Mais des inondations et des incendies ont déjà commencé à nettoyer partiellement la surface. Jusqu'à l'année 2100, la population diminuera de plus des deux tiers. Il y aura une période de chute de la civilisation comme celle hautement développée. Elle commencera à maîtriser les processus spirituels.

En d'autres termes, au-dessus de l'humanité, il existe toujours des forces qui conduisent le transfert du développement vers de nouvelles voies et auxquelles les gens doivent obéir. Dans un cas contraire, à cause de la réticence à respecter les Lois cosmiques universelles, toute l'humanité sera rayée de la surface de la Terre.

Nous devons respecter nos Créateurs et essayer de Les aider à réaliser leurs grands buts (tout d'abord il suffit d'être obéissant et de suivre les ordres Divins). Alors les Célestes seront magnanime à l'humanité et l'élèveront au fil du temps à leur Niveau.

LA SIXIÈME RACE ET LES MONDES PARALLÈLES

Question. Si dans notre monde physique, on assiste à la naissance d'une nouvelle sixième race, que se passe-t-il dans la période actuelle avec les civilisations qui se trouvent dans les mondes parallèles de la Terre?

Réponse. La civilisation de notre monde physique représente une fondation pour des mondes parallèles. Par conséquent, ses modifications sont transmises énergétiquement à tous les mondes parallèles, car ils sont interconnectés par certains énergoprocessus.

Après n'importe quel changement se passant dans notre monde, on assiste aux transformations progressives, et les formes de vie existant en eux augmentent également leur énergie d'une manière constante. En plus, toute la sphère de leur existence actuelle change aussi. La Terre avec ses mondes parallèles est un organisme unique. C'est pourquoi tous les changements dans le plan matériel sont reflétés dans tous ses autres plans.

MÉDECINE DE LA SIXIÈME RACE

Question. La médecine moderne ne fait absolument pas attention à l'existence de coquilles humaines minces. La médecine de la 6ème race pourra-t-elle basculer vers l'étude de la structure et du fonctionnement des coquilles minces de l'homme?

Réponse. Dans un premier temps, la 6ème race utilisera le traitement médical propre à ses anciennes méthodes qui, à leur tour, sont basées sur l'utilisation des produits chimiques. On l'utilisera jusqu'à ce que **l'intelligence du personnel médical atteigne 50% de sa perfection du point de vue de la hiérarchie générale de l'homme**, malgré ce qu'il devrait l'atteindre jusqu'à l'année 2000. Par conséquent, les travailleurs du domaine médical devraient tout d'abord éliminer le retard intellectuel dans leur développement.

À l'heure actuelle, les médecins ont peur des Nouvelles Connaissances car le Niveau du développement de leur cerveau physique ne dépasse pas 6%, ce qui ne leur permet pas d'accepter le potentiel puissant des nouvelles vérités. **L'intellect humain doit être préparé à comprendre toute vérité du point de vue des indicateurs de puissance.**

C'est pourquoi chaque représentant du domaine médical devra d'abord augmenter son propre potentiel énergétique de l'âme au moyen de méthodes et de programmes spéciaux, ce qui, à son tour, les aidera à découvrir certaines capacités paranormales individuelles. Par exemple, ils commenceront à ressentir à l'aide des paumes de leurs mains les énergies saines et malades des organes humains, ils pourront voir les diverses luminosités des auras des organes et pourront également voir l'essence* de certaines maladies, ce qui leur permettra d'examiner les maladies sous un nouvel angle.

Après avoir obtenu l'énergopotentiel de l'âme élevée, ils ouvriraient d'autres capacités, ce qui, à son tour, leur permettra de transformer la médecine en une organisation pratiquant des méthodes de traitement avancées et non conventionnelles et de rejeter des interventions chirurgicales.

La récupération du corps sera principalement axée sur l'utilisation de l'énergie et la prévention des maladies. Les produits chimiques seront remplacés par des médicaments à base de plantes et à la fin de la 6ème race on n'utilisera qu'une énergie.

Mais il ne faut pas oublier que l'homme de futur ne possédera plus 7 coquilles, mais 9, c'est pourquoi, dès le milieu du développement de la 6ème race, la médecine commencera à maîtriser théoriquement la 8ème et la 9ème coquilles minces. Cela permettra de contrôler et d'orienter correctement le développement d'une personne, car tout écart par rapport à l'assimilation correcte de l'énergie subtile sera détecté à un stade précoce par des dispositifs médicaux spéciaux.

C'est pourquoi, pendant une certaine période du temps, on continuera à utiliser de différents dispositifs destinés à travailler avec les énergies d'une haute fréquence du plan fin afin de faire des examens médicaux. Et ce n'est qu'à la fin de la 6ème race que le besoin de ces dispositifs techniques disparaîtra, puisqu'à ce moment-là, beaucoup de personnes seront en mesure d'accumuler des grandes qualités grâce à leurs propres capacités paranormales, en se basant sur la maîtrise de l'utilisation de leurs énergies pour restaurer leur propre organisme.

Dans les perspectives du développement de la médecine, beaucoup de choses dépendent du zèle des agents de santé afin d'apprendre de nouvelles propriétés de la matière et son utilisation pratique.

L'UTILISATION DES PRATIQUES D'AUTRES NATIONS AU COURS DE LA PÉRIODE DE TRANSITION

Lecteur. Vos livres remplissent ma vie de sens. J'ai commencé à comprendre comment passait le processus de traitement lorsque je travaillais comme médium. Avant que j'aie obtenu Votre Connaissance, j'ai étudié toutes les religions et j'ai trouvé quelque chose d'utile dans chacune d'elles: yoga, végétarisme, refus de boire de l'alcool, mantra, méditation, etc. D'après vos réponses, j'ai trouvé que les autres pratiques ne permettaient pas d'accumuler l'énergie de "leur nation". Et qu'est-ce que je dois faire si j'aime les musulmans, les hindous et toutes les autres nations, religions? Je les considère comme des proches et participe avec eux aux fêtes?

Réponse. L'amitié entre les nations a toujours été soutenue par les Maîtres Célestes. En réunissant de nombreuses nations dans un seul État, comme l'URSS, Ils espéraient que la population comprendrait comment augmenterait la prospérité générale de la population des pays à condition qu'ils fussent unis. Mais cet ordre a réussi à introduire dans les âmes de plusieurs personnalités positives la base de l'Unité avec toutes les autres nations. C'est ainsi que les âmes ont été préparées à l'adoption de la future foi unique.

Lors de la 5ème race, chaque nation devait produire ses propres types d'énergie pour les Célestes et elles (ces nations) ont rempli leurs tâches. Maintenant, la race achève son développement et on assiste au moment de son passage à la prochaine race qui respectera les autres lois.

Pour la prochaine race, l'unité est la chose essentielle. C'est pourquoi elle inclura des âmes capables d'aimer d'une manière universelle. C'est le prochain but du développement des âmes de l'humanité.

Votre âme a jeté les bases nécessaires à l'Union avec des peuples de différentes nations. C'est une qualité très haute. Mais maintenant, au moment de transition entre deux races, on assiste aux changements des règles. Le temps apporte des ajustements à l'existence de l'humanité. Nous avons déjà écrit à ce sujet-là.

De nombreuses lois passent à l'étape suivante du développement qui, à son tour, est plus avancée. Une nouvelle race sera constituée d'un peuple uni. Il y aura une seule nation. Et cela nécessitera de nouvelles pratiques fonctionnant avec tous les types d'énergies de toutes nations, car les meilleures âmes des nations les plus diverses participeront à la 6ème race. C'est pourquoi les pratiques seront généralisant.

Votre âme cherche à obtenir cette généralisation maintenant. C'est-à-dire que vous avez déjà commencé à vous préparer pour la prochaine étape de votre développement. Ce seraient les âmes qui n'ont pas terminé leur développement à la cinquième race qui affineraient leurs qualités en utilisant les pratiques obsolètes.

Pendant la période de transition, certaines âmes reçoivent l'énergie manquante aux cellules de leurs matrices, en utilisant des pratiques obsolètes, tandis que les autres, mûries, doivent passer à de nouvelles pratiques. Mais comme ces derniers ne sont pas encore donnés, l'âme tâche de les trouver, en participant aux pratiques de différentes nations. Pour le moment présent, c'est normal.

L'ÉLÉVATION DE L'HOMME DE LA SIXIÈME RACE

Lecteur. Est-ce qu'à la fin des sixième et de la septième races, les gens habiteront dans des logements aux énergies subtiles, développeront les chakras supérieurs, mangeront du prana? Et les femmes et les hommes continueront-ils à fonder leurs familles et à se reproduire ou les enfants seront-ils faits d'une manière artificielle?

Réponse. Dans la 6ème race, la famille reste jusqu'à la fin de son existence et toutes les relations familiales modernes continueront à se développer qualitativement, en les amenant à la perfection. Maintenant, elles sont perturbées et nécessitent non seulement une récupération, mais aussi une progression.

C'est pourquoi, si l'on parle de l'apparition des enfants, tout évoluera d'une manière existant à l'heure actuelle: certains enfants apparaîtront de la manière habituelle, d'autres apparaîtront avec l'introduction partielle des embryons d'une nouvelle race par des extraterrestres. Cela aura lieu jusqu'au milieu de la 6ème race, jusqu'à ce que toutes les âmes humaines reçoivent des corps possédant un nouveau code génétique.

Ce n'est qu'à la fin de la sixième race que l'humanité remplacera complètement l'éducation ordinaire des enfants à celle artificielle. Avant l'utilisation de cette méthode, on effectuera plusieurs recherches sur le développement d'une nouvelle forme humaine et sur sa formation en dehors du corps de la mère.

On étudiera les lacunes et apportera des ajustements, car le but principal de cette élévation de formes est d'établir une correspondance entre l'énergopotentiel puissant de l'âme et le potentiel du corps de la matière physique se trouvant en retard.

Ces recherches seront effectuées par le personnel médical bien qualifié. La médecine sur la Terre existera tant que l'humanité y vivra, mais elle (la médecine) prendra une forme plus progressive, en utilisant les capacités paranormales de l'homme.

LES DIFFICULTÉS DE LA NOUVELLE RACE

Question. Quelles difficultés attrapent une personne dans la sixième race ou, peut-être, elles disparaîtront complètement?

Réponse. La Terre sera complètement reconstruite dans la 6ème race pure. Quand on parle de "la race pure", il s'agit de la race qui possédera des âmes ayant passé le Jour du jugement et ayant obtenu le droit de l'existence éternelle. Il n'y aura plus de représentants de la 5ème race dans celle-ci pure. Jusqu'à ce moment, tout changera. La transition des relations industrielles et sociales modernes vers des nouveaux styles de vie humaine se fera progressivement (cela aura lieu après le passage du milieu de l'existence d'une nouvelle race).

De telles transformations se heurteront à de nombreuses difficultés du plan de vue matériel et spirituel. On devra chercher quelque chose de nouveau, et sa recherche et son introduction dans la vie sont toujours associées à de grandes difficultés. C'est pourquoi on peut affirmer qu'une personne existant sur la Terre aura toujours des situations difficiles, et comme elle n'a pas assez d'expérience pour les résoudre (à cause des nouvelles conditions), elle devra demander notre aide et l'aide du Déterminant.

QUAND COMMENCERA L'ÈRE DE LA SIXIÈME RACE

Question. Quand commencera l'ère de la sixième race?

Réponse. Ce n'est que dans 500-600 ans que l'ère de la sixième race pourra commencer, car ce seront des personnes tout à fait différentes du point de vue qualitative, ce seront les gens possédant une autre coquille physique conçue pour fonctionner avec une nouvelle plage d'énergies qui, à leur tour, seront plus élevées. Et l'interaction avec d'autres types d'énergies, avec des énergies plus hautes du point de vue des fréquences et possédant des caractéristiques énergétiques plus puissantes, nécessite de nouvelles fonctions de la part d'une personne. Par conséquent, la base de ces fonctions* contiendra des capacités paranormales, des connaissances globales sur toutes les branches de la science correspondant à la puissance et à l'énergopotentiel du Niveau du développement de la sixième race.

Et pour introduire massivement ces connaissances et ces capacités, il est nécessaire que quelqu'un vérifie sa manifestation dans le monde terrestre, identifie les défauts, corrige quelque chose dans la direction de l'interaction humaine avec des énergies plus puissantes.

Ce n'est pas si facile comme il vous semble. Il faut préparer un environnement confortable, surtout les continents pour la sixième et la septième races.

On apportera des modifications considérables à la structure mince de la Terre, car le nombre de ses coquilles fines augmente d'une manière constante. Il est également nécessaire de purifier la planète des énergies sales qui imprègnent sa surface après la cinquième race. De plus, les âmes qui entrent dans la sixième race à partir de la cinquième doivent travailler en remboursement de leur karma, ce qui exigera aussi un certain temps (car certaines âmes devront s'incarner quelques fois afin de le faire). Donc pour exécuter toutes ces transformations, il faudra au moins consacrer cinq cents ou six cents ans. (400 ans pour travailler en remboursement du karma et presque 600 ans pour les transformations de la Terre (ces 400 ans y compris)).

LES CHANGEMENTS DU TEMPS ET DE L'ESPACE DANS LA SIXIÈME RACE

Question. Est-ce qu'il y aura une troisième dimension dans la sixième race plus une transition temporaire ou une transition vers celle quatrième?

Réponse. Tout ce qui concerne le temps et l'espace restera le même dans la 6ème race, mais après le troisième millénaire, ce seraient l'homme lui-même, ses capacités et son habitat spatial qui changeront. Le monde atteindra les moyennes fréquences du nouvel éventail, les nouvelles énergies du prochain Niveau de développement. En même temps, le monde restera le même du point de vue matériel, mais l'homme de la septième race (si l'on parle plus précisément l'homme de la fin de la sixième et du début de la septième race) pourra pénétrer dans une autre dimension et exister dans deux minces coquilles de la Terre et astral sans aucune aide. Cependant, leurs mesures se rapportent au volume mondial de la Terre. Et il y a encore d'autres dimensions faisant partie d'autres volumes mondiaux.

Les gens déménageront dans une dimension différente de leur volume mondial pour une courte période du temps, mais ils ne pourront pas y vivre, car les Célestes ne donnent pas de telles tâches. Cela lui sera nécessaire uniquement à des fins éducatives. Sa tâche principale est de se développer pour entrer dans la hiérarchie de Dieu. C'est la prochaine dimension correspondant à un autre volume mondial.

Ainsi, cette question nous a permis d'élargir notre connaissance sur la différence des dimensions, c'est-à-dire qu'il faut souligner qu'il existe des dimensions appartenant à des volumes mondiaux différents. Toute planète spiritualisée a ses propres coquilles correspondant à son Niveau du développement, et chaque coquille se trouve dans sa dimension. C'est pourquoi une personne peut pénétrer dans une autre dimension de sa planète, appelée aussi le monde parallèle (qui est, en même temps, une coquille mince de la planète), et elle peut également se retrouver dans d'autres dimensions d'autres volumes mondiaux.

Et si nous parlons de la présence des planètes-doubles de la Terre (la Terre du passé et la Terre du futur)* qui, à leur tour, ont aussi leurs propres coquilles minces, et, donc, les autres dimensions, dans ce cas on peut dire que, par exemple, lors de déplacements vers ces doubles, on peut se retrouver dans leurs mondes parallèles, dans leurs propres dimensions.

Et en même temps, toutes ces planètes, aussi bien que leurs dimensions, sont situées à l'intérieur du volume mondial de l'Univers qui, à son tour, possède aussi ses propres dimensions correspondant à son Niveau du développement. Il comporte de nombreuses dimensions, chacune d'entre elles a son propre Niveau et sa propre base qualitative, ce qui la rend individuelle.

La variété des dimensions peut faire le lecteur tromper lorsque, par exemple, l'auteur parlera de la dimension d'une planète, mais le lecteur la percevra comme celle appartenant à un autre volume qui est plus global. Dans ce cas, le lecteur devra acquérir des connaissances afin de comprendre correctement de quoi il s'agit.

LA NOMINATION DES DIRIGEANTS DANS LA SIXIÈME RACE

Question. Dans la sixième race, il y aura des productions et des dirigeants. Mais sera-t-il possible de déterminer lequel de ces dirigeants se trouvera au Niveau du développement supérieur et lequel d'entre eux sera au Niveau du développement inférieur? Comment les individus vont-ils reconnaître une personnalité qui est plus spirituelle? Peut-être ce sera lié à l'ajout de nouvelles coquilles minces?

Réponse. Bien sûr, une personne elle-même n'a pas besoin de déterminer qui est inférieur et qui est supérieur afin d'entretenir ses ambitions. Dans la nouvelle race, il n'y aura que des personnalités méritantes et chaque personnalité positive sera obligée de traiter les individus se trouvant au Niveau du développement inférieur d'une manière amicale et attentive, et de respecter et d'obéir aux dirigeants. Elle devra être prête à exécuter tous les ordres des dirigeants afin d'assurer la prospérité de son organisation et au profit de tout ce qui l'entoure.

Tout cela doit être naturel et provenir des pensées pures et de la générosité de l'âme. Cela ne doit pas être fait dans le but de déprécier ceux qui sont inférieurs du point de vue du Niveau de leur développement, ou de traiter les personnalités supérieures d'une manière obséquieuse avec des motifs mercenaires. L'individu ne doit pas négliger les ordres et les demandes des dirigeants des Niveaux et des rangs inférieurs. Celui qui a l'intention de le faire ne se retrouvera jamais dans la sixième race. De telles vérités doivent être comprises maintenant. Mais ceux qui ont passé le Jour du Jugement et ont poursuivi leur développement seraient qualitativement différents.

Premièrement, les personnes de la 6ème race auront une vision claire à travers laquelle elles commenceront à voir les couleurs des auras étrangères. Deuxièmement, afin d'accélérer le développement, les Célestes intégreront dans les programmes de la vie ceux qui seront les exécutants et ceux qui dirigeront la production. Les postes importants ne seront fournis qu'aux personnes qui correspondent à des Niveaux élevés et qui sont en mesure d'accélérer le développement de leurs subordonnés. Tout sera inclus dans les programmes des personnes. C'est pourquoi les gens du futur sauront aussi qui sera leur chef et quelles seront ses compétences, comme nous le savons.

LA SIXIÈME RACE AURA-T-ELLE DES VOIES DU DÉVELOPPEMENT NEGATIVES?

1. La voie négative.

Lecteur. La civilisation humaine de la cinquième race avait à la fois des voies du développement positives et celles négatives prévues par son programme. Ces derniers incluent le progrès technique, les guerres mondiales, etc.

Question. Et quelles seront les voies du développement négatives dans la nouvelle race? Après tout, c'est la race d'Or. La guerre ne devrait pas en faire partie.

Réponse. Après le Jour du Jugement qui aura lieu à la fin de la 5ème race et la sélection des personnes, les âmes se sépareront selon les Systèmes de l'opposition. Le Système négatif choisira toutes ses âmes dans ses propres mondes, et la race d'Or sera complètement créée à partir d'âmes positives. **Les actions négatives y seront absentes**, et les guerres, les révolutions, les combats, les intrigues, aussi bien que des gens bas et indignes, disparaîtront de la Terre. En changeant la conscience des gens vers le haut et en modifiant leur mode de vie, on pourra augmenter le niveau de pensées, d'actions et de sentiments d'une personne. La conscience élevée joue un rôle primordial dans la formation des aspects sociaux et domestiques de la vie.

Ce sera une race élevant l'âme. Et, par conséquent, la nature des actions y sera Sublime. L'Esprit Sublime suscite une hauteur et une profondeur des sentiments, des pensées et des actions.

La race d'or est la première de toutes les civilisations existantes sur la Terre qui deviendra complètement positive et ne sera composée que des gens de Dieu. Cependant, nous ne devons pas oublier qu'elle se compose de personnalités positives, négatives et neutres qui, à leur tour, sont élevées du point de vue de leur esprit et de leur moralité. Les deux derniers types (négatif et neutre)* sont inclus dans le Système neutre (schéma 2), le Système médical y est aussi inclus. En outre, il existe le Système d'aide dans le Système médical. Et la partie négative de la hiérarchie de Dieu contient le Système calculé du Créateur et entre dans Sa branche négative du développement. (Tous les physiciens, les chimistes, les informaticiens, les programmeurs, etc ont besoin de s'y perfectionner).

Nous rappelons aussi que les individus négatifs de Dieu et d'Hiérarque négatif se diffèrent par leurs traits de caractère (bon - mauvais, juste - injuste, pardonnable - vengeur, etc.). **C'est-à-dire qu'ils se distinguent par leurs qualités morales, par le respect des normes élevées et des règles de la morale, ce qui permet de les diviser en deux oppositions.**

Dans la hiérarchie générale de Dieu-Absolu, la disposition de ces Systèmes peut être représenté par trois branches du développement: positive, neutre ("0") et négative (schéma 2, schéma de Dieu-Absolu).

Le Système neutre comprend: les Systèmes Médical et expérimental, le Système d'Aide, le Système de Protection et de Contrôle. Le Système positif inclut: les Systèmes de Spiritualisation et de Création, toutes sortes de Systèmes Créatifs, les Systèmes d'Unité et d'Amour. Celui négatif comprend: les Systèmes de Calcul, de Conception, de Démantèlement, d'Utilisation, de Reconstruction, d'Invention et autres Systèmes concernant la formation des mondes, des univers, des galaxies, des formes de vie, etc. (Toute forme de vie est une structure complexe existant dans plusieurs dimensions.)

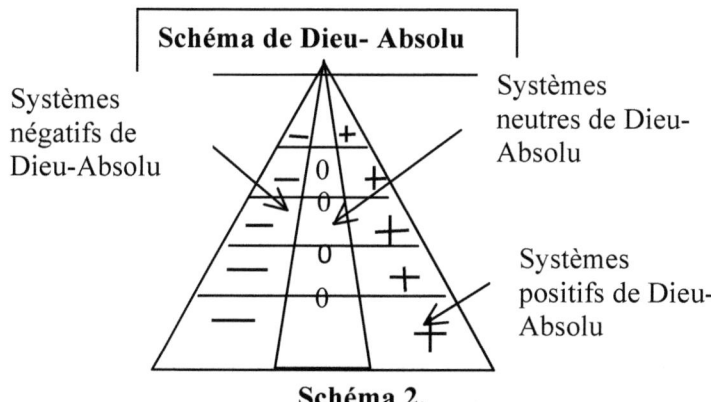

Schéma 2.
Les trois branches du développement
dans la hiérarchie de Dieu selon le
signe

Certains membres des gens de Dieu établissent des qualités défensives, sportives, luttent contre les phénomènes négatifs de la nature, défendent leurs droits dans une société mixte et acquièrent des professions intellectuelles liées à la transformation des énergies négatives au cours de tel ou tel processus ou opération (par exemple, économique, juridique, d'ingénierie, de calcul, etc.). Tout cela a contribué à l'assimilation des hautes énergies négatives par le peuple de Dieu. Mais c'étaient des gens de Dieu qui agiraient toujours équitablement, sublimement, noblement, car se trouvant aux étapes du développement particulières, ils n'ont pas trahi leur propre conscience et n'ont pas vécu pour eux-mêmes, mais pour le bien d'autrui, pour le bien de ceux qu'ils aimaient et de ceux qui avaient besoin de leur aide.

Rien n'élève l'âme si haut du point de vue de ses qualités positives que la vie et les actions au nom des autres. L'individu positif vit pour le bien des autres et celui négatif - pour lui-même. C'est la différence principale de leur comportement.

C'est la raison pour laquelle Dieu a commencé à former son peuple sur la Terre, en commençant par la maîtrise de la haute moralité qui, cependant, avait été accumulée très lentement par une personne. Il a fallu des milliers d'années pour, par le biais de punitions et de tourments, de privations et de compassion, obliger une personne à se conformer aux lois de Dieu, afin de rendre un tiers de l'humanité vraiment morale. Ce tiers devrait entrer dans la sixième race, puisqu'il a été le premier qui avait créé une société positive sur la Terre.

Et comme la race devait être positive, on n'a pas programmé les voies du développement négatives pour la 6ème race. Les programmes sont déjà élaborés et attendent leur heure. Cependant, ils feront toujours l'objet de corrections, puisque maintenant on assiste à une période préparatoire. La séparation finale des âmes en celles positives et négatives n'est pas encore terminée. Et le Jour du Jugement commence seulement à fonctionner, en se trouvant également dans la période préparatoire. Il n'est pas si facile de diviser l'humanité en branches d'opposition.

L'humanité a pris beaucoup de retard du point de vue de son développement et elle est toute mélangée dans ses bonnes et ses mauvaises qualités. Et la Cour doit évaluer les âmes afin qu'elles puissent participer à des processus qualitativement différents qui, à leur tour, forment des voies évolutives d'opposition sans création des obstacles. **Cela représente une mission responsable pour les Juges, et pour les gens c'est le moment le plus effrayant de toute leur évolution sur la Terre.**

2. Qui tentera les gens dans la 6ème race.

Lecteur. Dans notre 5ème race, les individus se développant selon les programmes de Dieu ont des variantes de choix dans de différentes situations. Par exemple, on leur donne une voie positive, une voie neutre et celle négative et ils doivent choisir laquelle d'entre elles il suivra. Ce sont les individus négatifs qui les poussent à choisir la voie du développement négative, en les provoquant de toutes les manières possibles. Par exemple, ils peuvent les forcer à commettre des crimes, ils peuvent les pousser d'être en état d'ivresse, etc. Mais si je ne me trompe pas ils seront absents dans la 6ème race. C'est pourquoi je veux poser une question suivante:

- Qui tentera des individus positifs, qui les mènera au péché si le diable emmène son peuple dans ses mondes?

Réponse. Les tentations disparaîtront dans la 6ème race, et ce ne sera que le Choix entre l'exécution du programme correcte et incorrecte qui y aura lieu. Tout comme un élève à l'école qui résout un problème. Il peut le résoudre d'une manière correcte, mais il peut aussi faire une faute. Au moyen des fautes, le maître voit quelles informations sont bien apprises par l'élève et quelles connaissances sont insuffisantes. Et puis il le force à retravailler le matériel mal appris.

La même chose aura lieu dans la 6ème race - l'identification des erreurs et le travail avec eux. Ce serait un système d'éducation plus progressif, mais il exigerait déjà la présence d'un certain bagage de connaissance que l'âme aurait dû obtenir au cours de la cinquième race.

3. Quelle sera la différence entre les voies du développement positives et négatives dans la 6ème race?

Question. Est-ce que les voies du développement négatives des personnes positives de la cinquième et de la sixième races seront radicalement différentes du point de vue de leur essence?

Réponse. La différence entre les voies du développement sera significative. La voie négative du développement de la 6ème race s'appuiera sur la science, sur des calculs exacts, sur des inventions, etc., où on impliquera l'énergie négative claire qui possède de nombreux gisements dans l'univers. Tandis que la perfection du point de vue des capacités paranormales, des différents genres de créativité, du souci de sauver les autres et d'élever leurs esprits ouvrira aux âmes de nombreuses possibilités de développer des qualités positives en elles-mêmes.

LA MACHINE À REMONTER LE TEMPS DANS LA SIXIÈME RACE

1. Quand on inventera la machine à remonter le temps?

Lecteur. Vous avez dit que la machine à remonter le temps serait inventée lors de la sixième race, mais vous n'avez pas précisé l'année de son invention. C'est pourquoi on a la question à poser: quelle est l'année de l'invention de cette machine? Et est-ce qu'elle sera unique?

Réponse. Tout dépendra de la personne elle-même, car la liberté de choix permet à une personne de ralentir ou d'accélérer son développement. Par conséquent, on réservera un certain intervalle de temps afin d'inventer la machine à remonter le temps, on ne peut pas y parler d'une année précise.

En ce qui concerne les types de machines à remonter le temps, il y en aura quelques-unes, puisque ces machines, envoyant une personne au futur ou au passé, auront une structure différente car elles traiteront des puissances différentes.

Rappelons que la puissance du temps futur est toujours supérieure à la puissance du temps passé, et que le temps présent possède un énergopotentiel moyen par rapport à ceux indiqués au-dessus. Et puisque les indices d'énergie de l'environnement sont différents, aussi bien que la densité de l'atmosphère qui, à son tour, changera aussi, la structure de ces machines, envoyant les gens d'un côté à l'autre, sera différente.

De plus, la composition des machines à remonter le temps sera affecté par l'éloignement des événements examinés qui seront en retard par rapport au moment actuel. Plus loin dans le passé ou le présent l'individu sera envoyé, plus considérables seront les différences dans la composition de ces machines.

Mais dans ce cas, nous ne parlons que des déplacements dans notre monde physique et ne touchons pas les autres mondes de l'Espace, ni les mondes parallèles de la Terre. Après tout, vous pouvez, si vous le voulez, inventer de telles machines à remonter le temps, à l'aide desquelles il sera possible d'observer le passé ou l'avenir de notre Univers ou d'une telle ou telle galaxie. Une telle machine exige une construction spéciale afin de pouvoir envoyer une personne dans des espaces inconnus et pouvoir la renvoyer. Tout cela peut être calculé et programmé immédiatement.

1. Qui acceptera l'idée de créer une machine à

remonter le temps?

Question. Je suis intéressé à la machine à remonter le temps qui est la plus proche de nous. Si je comprends bien, le développeur principal de cette invention est l'Hiérarque négatif. Mais après tout, il n'y aura pas de scientifiques, techniciens, inventeurs négatifs dans la 6ème race. Qui, dans ce cas, acceptera l'idée de cette invention si toutes les personnes négatives seront exclues de la Terre? (Je pose la question concernant la machine à remonter le temps).

Réponse. Dieu a ses propres calculs, inventeurs, constructeurs (schéma 3) dans le Système neutre, qui, à leur tour, seront engagés à accepter l'idée de cette invention et à l'introduire dans la réalité.

Les calculateurs du Système neutre de Dieu se différencient des calculateurs du Système négatif par les qualités de leurs âmes et par leur grande moralité. On l'a indiqué ci-dessus et nous avons écrit sur ce sujet-là dans de nombreux autres livres. En plus on a bien expliqué cette question dans le livre qui a été récemment publié ("Les dernières informations sur le développement de l'âme"). Et leurs qualités professionnelles correspondent en grande partie à des personnes issues d'une hiérarchie négative. Il y aura donc quelqu'un qui pourra accepter et réaliser une nouvelle idée.

DE QUELLE COULEUR EST LE PEUPLE DE LA SIXIÈME RACE

Lecteur. Vous avez écrit que la Terre est habitée par des races noires, jaunes et blanches. Les âmes de chaque race est particulière. Si la sixième race aura une couleur de peau blanche, toutes les âmes des races noire et jaune quitteront-elles la Terre ou la sixième race aura-t-elle une couleur de peau spéciale?

Réponse. Les gens de la 6ème race auront un teint de peau un peu basané. Ils n'auront pas la peau blanche. La couleur des cheveux qui prédomine est le blond foncé avec de différentes nuances. Les couleurs claires des yeux et celles des cheveux disparaîtront.

Mais la chose la plus importante n'est pas la couleur de leur peau, mais leur structure interne. Rappelons que la quantité de corps minces d'une personne de la sixième race atteindra neuf. Ils lui sont donnés afin d'accumuler les énergies du prochain Niveau du développement. Une personne accumulera les énergies par l'utilisation de nouvelles propriétés paranormales et de nouvelles super-pouvoirs, d'une super-connaissance.

Des enfants pareils sont déjà apparus (leur couleur de peau ne se distingue pas encore d'autres, sinon la société les rejettera, en les transformant en exilés). Et nous avons la possibilité d'observer la manifestation des propriétés inhabituelles des enfants à un âge précoce.

On peut dire que ces enfants possèdent le super-savoir, en comparaison avec ceux de la cinquième race dont certains ne peuvent pas parler jusqu'à trois ou quatre ans, et les enfants de la sixième race connaissent le nom des minéraux, de l'équipement moderne, des espèces animales, ils savent la poésie de leur poète préféré, ils sont capables de lire artistiquement même les longues œuvres. Dès l'âge de trois ou quatre ans, certains enfants pourraient présenter des connaissances professionnelles en physique, en astronomie, en zoologie et dans de nombreuses autres branches de la science, en prouvant ainsi ce que nous avions annoncé dans nos premiers livres (il y a déjà 18 ans).

Mais ces enfants ne représentent pas encore la sixième race, ils sont des preuves de l'exactitude de nos informations. Les Célestes introduisent ces enfants non pour le progrès de la société, mais pour l'accélération du développement des membres de la cinquième race, pour l'affinement de leurs qualités. Ils le font afin de permettre de voir les perspectives de leur propre développement dans un avenir proche.

Les gens de la sixième race devraient être prêts à devenir, à l'âge de trois ans, des enfants si miraculeux avec des âmes pures qui se retrouvent maintenant dans le monde en un seul exemplaire en tant que représentants de la sixième race et montrent leur détermination, leur volonté d'approfondir leur connaissance et les vérités. Ces enfants ne s'intéresseront pas au sexe opposé (qui fait référence à de très faibles aspirations de l'âme), mais à tout nouveau savoir perfectionnant leur intelligence.

Il y aura un brusque changement d'intérêts. Il sera de nouveau embarrassant de parler du sexe, les relations libres entre les hommes et les femmes disparaîtra pour toujours. L'amour sera érigé sur le lit royal, en obtenant un Esprit sublime qui honorera la beauté des relations. La haute moralité montera de nouveau sur le piédestal des relations humaines et contribuera à l'élévation des sentiments, des pensées et des qualités de l'âme, et ne servira pas à leur décomposition. Tout sera dirigé vers l'élévation de l'âme et l'atteinte de la dignité humaine.

COMMENT ON APPELLERA LA LUNE ET LE SOLEIL DANS LA NOUVELLE RACE

Question. Pouvez-vous dire comment on appellera le Soleil ou la Lune en une seule langue de la sixième race, car vous écrivez que pendant une certaine période du temps, ses représentants communiqueront verbalement en une seule langue jusqu'à ce que la télépathie se développe. Il est vraiment intéressant pour moi de connaître quelque chose sur leur vie future. Je comprends que je ne pourrai pas se retrouver dans la sixième race, mais il est curieux d'examiner leur vie quotidienne au moins à distance.

Réponse. Les noms de ces corps célestes dépendront du choix de l'homme. Premièrement, les gens choisiront les langues prédominantes qui formeront plus tard une seule langue de communication. Cette langue déterminera, à son tour, les noms du Soleil et de la Lune correspondant au stade du développement humain. Après cela, les gens passeront à une autre langue de communication, la télépathie, où n'existeront pas les notions verbales, mais l'essence de l'objet dans sa perception figurative.

LA COMMUNICATION DE LA SIXIÈME RACE AVEC LES AUTRES

1. Les Substances continueront-elles à pénétrer dans le monde terrestre à partir de mondes parallèles?

Question. Ces derniers temps, de nombreuses Substances négatives issues des mondes parallèles ont pénétré dans notre monde. Par exemple, lors de l'Halloween, des créatures ténébreuses s'intensifient, les gens mentionnent avoir rencontré des loups-garous et des vampires. Est-ce que cela existera dans la sixième race?

Réponse. Le diable emportera avec lui toutes les Substances négatives se trouvant non seulement dans notre monde, mais aussi à celui parallèle. En outre, la restructuration des coquilles minces de la Terre se terminera et tous les portails menant à des mondes parallèles seront fermés. Par conséquent, la pénétration des créatures basses dans la 6ème race prendra fin.

2. Affecteront-elles les personnes se trouvant au plan subtil?

Question. De nombreuses Substances négatives interagissant avec l'homme se trouvent au plan subtil de la Terre. Continueront-ils à lui inculquer des pensées noires ou non?

Réponse. Puisque le Diable quittera la Terre, il emportera avec lui non seulement tout son matériel, mais aussi tous ses serviteurs énergétiques. C'est pourquoi toutes les suggestions négatives venant du plan subtil prendront fin.

3. La pénétration des créatures claires dans la 6ème race.

Question. Et qu'est-ce que l'on peut dire à propos des créatures claires, par exemple à propos des licornes? Si la sixième race sera plus pure du point de vue énergétique, ces créatures nous visiteront plus souvent ou non?

Réponse. Les rencontres avec les créatures claires des mondes supérieurs continueront et même se développeront considérablement en raison des nouvelles capacités paranormales des gens. Pour une personne de la 6ème race, un tel apprentissage pratique des nouvelles dimensions sera le but d'étude et d'élévation de son propre esprit, car la communication avec toute créature supérieure contribue au développement par le biais d'une interaction avec de nouvelles énergies permettant, à leur tour, à l'individu d'enrichir son âme.

EST-CE QUE LES FRISSONS EXISTERONT DANS NOTRE FUTUR

Lecteur. La vie dans la sixième race, où il n'y aura que des âmes positives de Dieu, ne possédera évidemment aucun frisson. Maintenant, par exemple, on peut modéliser de diverses situations dangereuses à l'aide de Diable: des hooligans attaquent quelqu'un dans la rue, quelqu'un se trouve au milieu d'un incendie ou d'une inondation, etc. C'est-à-dire que les gens de notre époque sont parfois secoués par la peur, en se retrouvant dans des conditions critiques. Mais ils ont une excellente chance de vaincre leur peur et d'accumuler l'énergie de courage. Et existera-t-il des situations extrêmes dans la vie des représentants de la 6ème race, lorsque le diable ne pourra pas incarner son âme sur la Terre? Ce sont eux qui organisent le plus souvent toutes sortes de provocations.

Réponse. Dans le futur, il y aura beaucoup de moments pour passer des épreuves et éprouver des «frissons» qui compenseront certaines situations difficiles de la vie que le Système négatif envoie jusqu'au maintenant aux gens.

Les forces de la nature, l'exploration de nouveaux espaces de la

Terre, ainsi que des vols spatiaux avec l'exploitation de nouvelles planètes existera aussi dans la 6ème race. Et tout cela est lié à des situations extrêmes, à la lutte d'une personne pour la vie dans des conditions inconnues. Même pour monter au sommet d'une haute montagne ou monter sur une pente enneigée, il faut avoir du courage, une vraie force morale, et ces situations simples resteront toujours extrêmes.

C'est pourquoi, lors de la 6ème race, il y aura beaucoup de choses exigeant de s'efforcer et d'avoir peur pour la vie d'une autre personne. Même si l'on parle de l'étude des mondes parallèles ou subtils, on peut dire que le courage y est aussi nécessaire. Donc dans le futur on aura beaucoup de situations tapant sur les nerfs et on n'aura pas besoin d'inventions diaboliques.

EST-CE QUE LES GENS DE LA SIXIÈME RACE RECONNAÎTRAIENT CELUI QUI A ÉTÉ UN ANTÉCHRIST DANS LA CINQUIÈME RACE

Lecteur. Vous avez dit un jour que le diable gardait secrète l'identité de l'antéchrist de la cinquième race, car si les gens découvraient qui il était, sa vie deviendrait insupportable. Et les gens de la sixième race pourront le reconnaître après avoir terminé sa mission sur la Terre? C'est très intéressant d'apprendre qui est-ce: le chef de la secte totalitaire ou le gouverneur-agresseur de tel ou tel pays?

Réponse. Non, personne ne le reconnaîtra, car les représentants de la 6ème race n'en auront pas besoin. Ils cesseront de communiquer avec les personnes négatives et ne seront donc pas intéressés à connaître leurs caractéristiques et leur style de comportement. Ce sont, les gens de la 5ème race qui doivent en être au courant, en ayant la possibilité de comparer les actions positives aux actions négatives.

Les gens de la 5ème race doivent apprendre à voir qui porte le bien et qui porte le mal. Cette tâche fait partie du but du développement des individus positifs de la 5ème race, c'est pourquoi vous êtes intéressé à cette question. Et chaque individu positif doit distinguer les politiciens et les leaders positifs de ceux négatifs, ainsi que les chefs de sectes de ceux de cercles, d'écoles et d'autres organisations utiles. De plus, nous avons dit que l'antéchrist ne serait pas représenté tout seul. Son image sera formée à l'aide de plusieurs personnalités dispersées dans de différents pays et nations.

LES DOUBLES DE LA TERRE.
LA TERRE DU PASSÉ, LA TERRE DU PRÉSENT
ET NIBIRU

Lecteur. Après avoir lu votre livre "Les Doubles de la Terre", j'ai la question à poser. Maintenant, deux planètes tournent autour du Soleil: notre Terre et la Terre du passé. La planète Nibiru se dirige vers la Terre. Elle est contrôlée et n'a pas des doubles. Nous sommes maintenant en 2018 (si l'on s'appuie sur notre calendrier). Et la Terre du Passé est maintenant en 2000 (selon leur calendrier).

Supposons que Nibiru nous atteindra en 2020 (selon notre calendrier).

Question. En quelle année Nibiru attendra-t-il la Terre du Passé? (selon leur calendrier). Merci d'avance pour votre réponse.

Réponse. Vous vous trompez en ce qui concerne la notion du temps sur la Terre du Passé qui, selon vous, a 18 ans de retard. Cette Terre existe dans une autre dimension et ne tourne donc pas autour de notre Soleil. La planète du Passé se trouve dans un autre système de coordonnées et réside dans son Système Solaire, c'est-à-dire qu'elle possède son propre Soleil.

Mais, en raison de son Niveau du développement élevé, la planète Nibiru exerce une influence sur deux dimensions spatiales, c'est-à-dire sur l'espace de la Terre du Passé et sur l'espace de la Terre du Futur détruite relativement récemment (il y a 200 ans). C'est pourquoi Nibiru aurait dû influencer les trois planètes, mais comme l'une d'entre elles (la Terre du Futur)* était déjà morte, les programmes de l'influence sur cette planète et son approche de notre Terre ont été corrigées.

Ce sont des événements particuliers qui exerceront une influence sur l'apparition de Nibiru et sur sa perception par les astrologues terrestres. La planète Nibiru se manifestera après que l'humanité fera son choix final et après que les Célestes feront la décision concernant l'avenir de la cinquième race. Tout cela sera finalement décidé jusqu'à l'année 2070 de ce siècle. Il n'y a pas de date exacte, car cela dépend en grande partie de notre travail.

Bien que du point de vue du développement, la Terre du Passé se distingue de notre planète du Présent par 18 ans, mais jusqu'au moment où Nibiru apparaîtra, ce fait n'aura plus aucune signification, puisque le développement des terriens du passé s'appuie sur des programmes stricts, et ils rattraperont rapidement les terriens du présent si les Célestes en ont besoin. Ils feront tout à leur guise. Ce sera une pression artificielle des événements afin d'obtenir le résultat souhaité.

La planète Nibiru ne se manifestera que pour la Terre du Présent et affectera également notre planète et la planète du Passé, car ce sont des mondes connexes. (C'est-à-dire que si vous aviez indiqué votre date de l'influence sur notre Terre en 2020, dans ce cas sur la Terre du Passé cela se produira en 2002, bien qu'en réalité cela se produise plus tard). À ce moment-là, la différence entre leurs niveaux du développement du point de vue temporel disparaîtra complètement (puisque la Terre du Passé doit nous donner son pourcentage d'âmes de qualité jusqu'au Jour du Jugement). Et jusqu'à cette période-là, la Terre du Passé dépassera l'humanité présente du point de vue de sa perfection.

Tout sera décidé et réglé par les Célestes au cours du déroulement des processus. C'est une période de grands événements.

EST-IL POSSIBLE DE VISITER MAINTENANT LA TERRE AU PASSÉ?

Question. Serait-il possible de visiter maintenant notre Terre au passé, en supposant que la machine à remonter le temps a déjà été créée? En général, est-il possible pour une personne d'y aller afin de retirer un objet du passé?

Réponse. Toute visite de la Terre du Présent au passé (il ne faut pas la confondre avec la Terre du Passé, c'est son double) a des objectifs strictement définis. Aucune personne n'a pas réussi d'y aller, surtout s'il n'avait aucune nécessité de le faire. De plus, de grandes quantités d'énergie sont consommées afin d'exécuter de tels transferts. Maintenant, on ne donne pas des tâches similaires.

Mais pour avoir plus de clarté, on peut comparer le temps passé de notre Terre, de la Terre du Présent, avec son double, la Terre du Passé, qui, à son tour, a son propre passé.

Si nous parlons du double de la Terre, qui se trouve dans le passé, il se situe dans une autre dimension où la matière a des propriétés différentes de celles de notre monde. Par conséquent, tout objet retiré du double, c'est-à-dire de la Terre du Passé qui a 18 ans de retard, sera immédiatement dématérialisé.

165

Une personne ne peut se déplacer sur la Terre du Passé (sur notre double) que dans des capsules de protection spéciales, comme tout astronaute lors de vols sur d'autres planètes. Ces capsules sont créées par des spécialistes des mondes de Dieu et contrôlent tout le processus de déplacement. Tout est aussi difficile que d'envoyer un astronaute dans l'espace.

Mais du passé de notre Terre (de la Terre du Présent), vous pouvez retirer n'importe quel objet et le déplacer vers le présent. Par conséquent, il y existera pour longtemps. Sa matière est pareille à la matière actuelle qui progresse dans la même direction d'une manière qualitative. C'est comme la matière de notre corps physique qui tend à avoir une seule voie du développement au début de la vie, à l'âge moyen et au troisième âge.

C'est-à-dire qu'en parlant du passé de la Terre, nous devons distinguer deux choses qui peuvent faire tromper toute personne: il y a la Terre du Passé, qui est un double de notre Terre et existe séparément de nous; et il y a toujours notre Terre, appelée la Terre du Présent, qui a son propre passé qui, cependant, sera considérablement différent du Double de la Terre du point de vue des événements.

C'est pourquoi l'objet retiré de la Terre-double disparaîtra immédiatement, car ses mesures et sa matière sont différentes de ceux de la Terre du Présent; mais l'objet retiré du passé de la Terre du Présent existera longtemps et pourra être exploré. Ce sont de petits puzzles qui doivent être bien étudiés par l'homme afin d'éviter la confusion et la contradiction.

Quant à la Terre du Passé (au double de notre Terre du Présent), elle a son propre passé et son avenir qui sont très différents du passé et de l'avenir de notre Terre, de la Terre du Présent. Cependant, leur passé a commencé par la création d'une planète-double et se terminerait avec l'achèvement de notre cinquième race et le transfert des âmes vers la sixième race qui, à son tour, aurait lieu sur notre Terre.

Le passé du double de la Terre du Futur existait aussi depuis le moment de sa création, et son futur a cessé d'exister au moment de sa mort, puisque toutes les âmes prometteuses ont été transférées afin de continuer le développement de notre Terre. Ce sont les caractéristiques propres aux doubles de notre Terre.

1. Qui est au courant de la destruction de la planète du Futur?

Question. La Terre du Passé est-elle au courant de la destruction du deuxième double – de la Terre du Futur?

Réponse. Les connaissances concernant les doubles sont fermées. Ils ne savent rien l'un de l'autre. Chacun doit réaliser son propre programme et ne pas faire attention à des conséquences possibles de la voie choisie et à la peur de son avenir. Ils doivent s'appuyer sur leur propre prudence, sur leur propre conscience.

2. Est-ce que les dirigeants de la planète perdue ont gagné le karma?

Question. Nous savions que les dirigeants positifs des États de la Terre du Futur n'ont pas réussi à garder leur planète et elle était décédée à cause de la guerre nucléaire. Est-ce qu'ils ont gagné le karma à cause de leur participation à cette guerre? Évidemment, ils ont fait plusieurs mauvaises actions.

Réponse. Les dirigeants des États suivent des programmes spéciaux et leurs karmas sont considérés d'une manière différente de celle propre à des gens ordinaires, car de nombreux facteurs affectent leurs actions, en commençant par le statut social des autres pays et en finissant par des cataclysmes actuels.

Question. Vous avez écrit qu'après la mort de la planète du Futur beaucoup d'âmes ont été réincarnées sur notre planète – sur la Terre du Présent.

J'aimerais savoir si les âmes positives des dirigeants des États de la Terre du Futur (par exemple, l'âme du président russe de l'ancienne Terre du Futur) sont incarnées et existent maintenant (2018). Peut-être elles existent dans de nouveaux corps dotés de nouveaux programmes?

Réponse. Ils ont commis des erreurs - pourquoi devraient-ils être réincarnés dans les mêmes conditions? C'est une chose risquée, cela peut provoquer le "Jour de la marmotte", c'est-à-dire la répétition des mêmes erreurs. Les Célestes ont investi beaucoup d'énergie dans notre planète et dans notre humanité. C'est pourquoi ce sont les autres âmes des dirigeants qui doivent trouver la solution de ce problème.

3. Le Karma des coupables.

Question. Quel karma atteindra les coupables de la destruction de la Terre du Futur?

Réponse. On prendra la décision finale quand terminera l'expérience avec des trois planètes et les dirigeants des trois Terres se réuniront à la Cour Suprême. Après cela, on pèsera toutes leurs décisions concernant les situations passées et étudiera les erreurs commises.

EST-IL POSSIBLE DE SE DÉVELOPPER DANS UN AUTRE MONDE

Lecteur. Si l'âme ne veut pas continuer à se développer dans le monde terrestre, peut-elle compter sur son développement dans les mondes d'autres planètes du Système Solaire? (Cela fait référence à des mondes se trouvant dans d'autres dimensions.)

Réponse. L'âme humaine est encore si basse que son opinion n'est pas prise en compte, car elle ne peut pas comprendre pourquoi elle est créée, à quels processus elle participe et, en plus, elle ne comprend pas du tout les buts des Maîtres Célestes. L'âme est créée afin de passer un certain développement qualitatif. Cette création exige beaucoup d'énergie. Et pour la déplacer dans un autre monde, les Célestes devront faire beaucoup de travail.

Premièrement, il est nécessaire de recréer une âme similaire pour la remplacer dans notre monde. Deuxièmement, pour déplacer une âme vers un nouveau monde, on doit la reconstituer afin d'assurer son fonctionnement avec les énergies du nouveau monde. Après tout, en se formant pour un monde particulier, chaque âme reçoit une structure strictement définie qui vise à traiter les énergies de ce monde.

Par exemple, imaginons une chaufferie existant sous la forme d'une structure créée pour transformer le combustible en énergie thermique. Supposons qu'au début cette chaufferie fonctionne à l'aide du fioul liquide. À l'intérieur, elle possède un équipement spécial permettant de traiter ce type de carburant. Ensuite, le carburant liquide est remplacé par celui gazeux. Et pour que la chaufferie puisse fonctionner à l'aide d'un nouveau type de combustible, elle doit être reconstruite. Dans le cas contraire, elle ne pourra pas produire de chaleur.

De même, la forme du corps humain doit être reconstituée lorsque vous passez du monde terrestre à un autre. Sinon vous ne pouvez pas travailler avec d'autres types d'énergies, puisque chaque monde exige ses propres types d'énergies. Mais pourquoi les Célestes doivent-ils faire de telles dépenses si la restructuration d'une structure fine n'est qu'un caprice d'une personne particulière?

* * *

Chapitre 6
SOCIÉTÉ
QU'EST-CE QUI INQUIÈTE LE LECTEUR À LA FIN DE LA CINQUIÈME RACE?

Dans ce chapitre, nous parlerons de l'état de la société moderne. Il s'agira non seulement de notre pays, mais aussi d'autres sociétés. Nous apprendrons ce qui intéresse les lecteurs et comprendrons de quelle manière ils imaginent la réalité moderne. Beaucoup de questions peuvent sembler bizarres ou incompréhensibles, mais il s'agit des personnes qui essaient de dépasser l'apathie moderne et la cécité, aussi bien que l'indifférence de masse cachée sous la bonté et l'ignorance spectaculaires. Nous essayerons de comprendre leur manière de penser et de prouver ce que derrière leurs questions se trouvent des âmes pures, ressentant subtilement l'agonie de la cinquième race qui se retrouvera bientôt dans le passé.

SPIRITUALITÉ DU PAYS

Prêtons notre attention au sujet concernant la spiritualité des pays. Il est d'usage de parler de la primauté politique, économique et technique des pays, mais le sujet de leur développement spirituel reste toujours hors de toutes discussions. Mais l'apparition de nos livres a fait cette question intéressante pour certains de nos lecteurs. L'un d'entre eux pose une question suivante:

- Lequel des pays existant à cette époque (2018) sur la Terre est le plus riche du point de vue des énergies spirituelles?

Réponse. Pour le moment, toute l'humanité a pris le chemin de la dégradation et de l'abaissement des fondements moraux. Notre pays est bien distingué entre les autres par ses qualités morales, sa gentillesse nationale, son dévouement, son sacrifice et sa sublimité qui, à leur tour, sont suscités par la Seconde Guerre mondiale et par d'autres difficultés de la vie. En raison de ces événements, les qualités spirituelles de notre peuple sont devenues plus élevées (c'étaient surtout les qualités telles que l'amour et la loyauté, la miséricorde, la gentillesse, l'altruisme et beaucoup d'autres traits de caractère positifs favorables à la fondation de la spiritualité). Ces derniers temps, cette qualité est devenue l'objet de plusieurs discussions, mais on ne comprenait sa véritable essence.

1. Qu'est-ce que c'est que la spiritualité?

La spiritualité ne représente pas des prières constantes dans l'église suivies des comportements immoraux. Elle ne représente pas des visites de galeries d'art et de théâtres reflétant la bassesse morale de l'histoire de la race partante. C'est une combinaison des plus hautes qualités de l'âme humaine qui répondent aux exigences de son Créateur et, en même temps, comprennent les vérités données par Dieu et les Maîtres Célestes prenant soin de l'humanité. La spiritualité commence seulement à émerger. C'est pourquoi une personne doit travailler beaucoup avant qu'elle l'acquière et puisse la satisfaire du point de vue de ses qualités spirituelles.

La spiritualité est un moyen de transférer dans l'Univers la conscience humaine des notions terrestres insignifiantes et limitées aux notions de formes d'existence à grande échelle. C'est la connaissance de la multidimensionnalité des énergomondes, des lois de leurs interactions, des régularités hiérarchiques du développement de tout ce qui existe et des directions de progression de chacune de leurs unités privées – c'est-à-dire de l'âme, de l'état, du processus.

L'absence de la spiritualité en présence d'une conscience humaine basse conduit à la perversion de toutes les grandes vérités données par Dieu et par les Maîtres Célestes à l'humanité, ce qui, à son tour, transforme tout à la satisfaction de son ego, en aboutissant ainsi à l'impasse de l'évolution et en détruisant les bases de développement qui dirigent son âme vers les hauteurs de L'Esprit Supérieur.

La société moderne détermine la spiritualité comme une chose conditionnelle, car toute société ne répond pas à ses exigences et le niveau bas des notions utilisées par l'humanité ne permet pas de comprendre comment on peut la produire. Les unités vraiment spirituelles sont celles qui ont passé avec succès cinq dernières civilisations. Et on y parle de plus de sept milliards de personnes! Un rapport si misérable prouve déjà l'absence de la spiritualité dans la cinquième race. Et pourtant, nous revenons encore à cette notion, et, en particulier, à la spiritualité du pays, afin que le lecteur puisse comprendre de quoi il s'agit.

La spiritualité du pays est formée par les habitants eux-mêmes, c'est pourquoi sa présence est si importante.

En tenant compte des traits du caractère humains susmentionnés après la guerre, la spiritualité y pourrait se développer favorablement, en formant des personnalités très conscientes et responsables, ce qui explique pourquoi les Célestes ont choisi la Russie. (Bien que ce choix ait une histoire immense. On en parlera ci-dessous.)

On ne peut pas parler maintenant de la spiritualité de toute l'humanité, puisqu'elle ne commence à émerger. Et en Russie, on préparait artificiellement la tête de pont permettant d'effectuer cette formation. Cette «tête de pont artificielle» fait référence à l'arrivée dans notre pays des Célestes et de Dieu lui-même, à la descente des hautes énergies et à la diffusion de notre Nouvel Enseignement.

2. Le mécanisme de la formation de la spiritualité humaine.

Il est nécessaire de commencer à former sa propre spiritualité à l'aide du développement des nouvelles notions qui portent la connaissance sur les Mondes Supérieurs et sur l'Univers, sur des bases de l'existence des Personnalités Supérieures, aussi bien que sur des principes de leur développement.

La spiritualité est un mode de vie particulier basé sur la compréhension des buts supérieurs et l'acquisition de nouvelles connaissances fournies à l'humanité par les Maîtres, c'est une connaissance de ce qui se passe dans les Mondes Supérieurs de la hiérarchie de Dieu, dans l'Univers, sur la Terre.

C'est pourquoi nos livres ouvrent la voie à la connaissance de tout ce qui est supérieur à l'incrédulité en Dieu, c'est une preuve de Son arrivée dans le monde terrestre afin de tester la qualité de la perfection des âmes et de vérifier le niveau de la croyance humaine.

La Croyance Véritable exprime l'acceptation de tout ce qui concerne Dieu et la connaissance qu'il donne d'un cœur pur; c'est la capacité de ressentir ses énergies au cours de la lecture de nos livres. De telles âmes réalisent intuitivement que les nouvelles connaissances représentent le souffle d'air vital attendu depuis de nombreuses réincarnations.

Et après avoir pris connaissance du contenu des livres, ils commencent à se rendre compte que sans eux, la transition de leurs âmes vers le prochain Niveau d'évolution ne se produira pas. C'est-à-dire que, au lieu de la croyance, ils comprennent les processus du développement, ce qui, à son tour, fait déjà référence à un Niveau plus élevé du point de vue de l'acceptation de nouvelles vérités et du choix de la voie vers le monde spirituel à l'aide de la formation de leur propre spiritualité.

Il y a donc une question à poser: pourquoi avons-nous besoin de la Croyance en Dieu et aux Célestes? Premièrement, la Croyance aide les âmes jeunes et inexpérimentées à suivre la voie spirituelle et à accumuler de hautes énergies, en essayant d'éviter tout péché. Deuxièmement, la Croyance accélère la voie du développement de l'âme à l'aide de l'accumulation des informations les plus récentes concernant les Mondes Supérieurs, Dieu et la construction de sa hiérarchie.

L'acceptation des mêmes vérités à travers diverses études et expériences nécessitent beaucoup de temps afin de trouver les preuves. En outre, si la preuve de la vérité de telle ou telle chose est faite à l'aide de la science, dans ce cas elle commet beaucoup d'erreurs. Par exemple, la théorie de Darwin ou l'obsession des savants sur une existence d'une seule forme de vie, qui, à son tour, exige la présence de l'oxygène, est maintenant absurde. La conscience de nombreux savants avancés a progressé et est devenue capable de se rendre compte que tout cela n'était qu'une fausse.

Bien sûr, la jeune âme peut recevoir des connaissances erronées et les considérer comme la vérité même si elle possède une Croyance. Mais ici se pose la question de la présence dans la société d'une organisation qui sépare l'ancien du nouveau, et le nouveau, donné à l'humanité par les Maîtres Célestes, des théories folles créées afin de favoriser la sensation ou le gain personnel et d'induire les gens en erreur. Et bien sûr, ce travail exige des personnes très compétentes. Ce sont déjà elles qui sont responsables du choix déterminant s'il faut donner à une personne les connaissances conduisant à la spiritualité et à l'augmentation de l'intelligence ou celles contribuant au remplissage de sa matrice par des notions aux énergies défectueuses.

C'est-à-dire que des erreurs sont admissibles à condition que les gens se trouvent au Niveau spirituel bas ou représentent le Système négatif. On peut être développé du point de vue technique et, en même temps, ne posséder pas de la spiritualité (ce qui est déjà prouvé par la vie et la mort de tels personnages). En réalité, en raison du manque d'énergie élevée dans leur âme, ils ne sont pas capables d'atteindre même l'entrée aux canaux des Distributeurs* qui, à leur tour, collectent les âmes après la mort des personnes et les conduisent aux salles d'attente.

C'est à cette fin que l'on fournit des repères du développement Supérieurs une fois par deux mille ans, de sorte que la compétence humaine, se rapportant aux Questions supérieures et à la connaissance de Dieu et de ses mondes, soit formée sur leur base. Et la compétence concernant les questions du développement spirituel est une

172

combinaison des connaissances les plus diverses qui permettent à une personne de sentir le but principal de la progression de l'humanité et de diriger les âmes des personnes afin qu'elles développent les qualités qui, à leur tour, leur permettront d'entrer dans la hiérarchie de Dieu.

Il est impossible d'atteindre un Niveau supérieur, et, surtout, le premier Niveau de la hiérarchie du Créateur, c'est-à-dire la gamme des énergies plus élevées et plus puissantes, à condition que des indices d'énergie de l'âme soient inférieurs. **L'énergopotentiel d'une personne doit correspondre, du point de vue de ses indicateurs énergétiques, au monde vers lequel elle se dirige.** Et c'est déjà une physique qui est bien connue à nos savants.

Mais où l'on peut trouver les indices et la puissance nécessaires?

Les Maîtres Célestes ont inventé un mécanisme particulier responsable de la croissance des indicateurs d'énergie de l'âme humaine grâce à l'assimilation correcte des nouvelles connaissances fournies à l'humanité d'en Haut au cours de telle ou telle période de son développement afin d'aider toute âme se trouvant sur la voie du Bien à s'élever au Niveau supérieur d'évolution.

Les nouvelles connaissances portent la moralité et la spiritualité les plus élevées, car elles sont construites sur la base des spectres de haute énergie du prochain Niveau du développement.

Tout d'abord il faut dire quelques mots sur les vieilles connaissances et sur les raisons pour lesquelles elles ne permettent pas à l'âme d'accroître son énergopotentiel, et, par conséquent, ne lui permettent d'atteindre un Niveau de développement supérieur.

À leur époque (dans le passé lointain), les vieilles connaissances ont reposé sur le spectre énergétique du Niveau que l'humanité aurait dû maîtriser au cours d'une certaine période du temps. Les connaissances portent l'énergie d'un Niveau particulier. Elles construisent dans les âmes le spectre de ses énergies (du Niveau)*, c'est pourquoi, donc, les connaissances correctes permettent de construire une hiérarchie du spectre complet dans la séquence qui correspond au spectre d'énergie du même Niveau. En conséquence, le potentiel énergétique de l'âme commence à correspondre au Niveau* du point de vue de ses types d'énergies et de ses indicateurs de puissance. Et pour que l'âme puisse passer au Niveau supérieur, elle a déjà besoin d'avoir de nouvelles connaissances se basant sur le prochain spectre d'énergies qui, à son tour, est plus élevé. Sans ces connaissances, l'âme ne pourra pas atteindre la prochaine étape d'évolution.

En recevant de nouvelles connaissances, une personne remplace progressivement les notions obsolètes par celles nouvelles. Et c'est ce qui fait partie du mécanisme de croissance du potentiel de son âme. L'assimilation des notions du Niveau supérieur par le biais de nouvelles informations contribue à la reconstitution de la matrice de l'âme par des types d'énergies plus élevés, plus puissants, ce qui, à son tour, contribue à l'augmentation de tous ses indicateurs d'énergie et à l'acquisition de nouvelles qualités. Tout cela contribue à l'expansion générale de la vision du monde de l'individu. L'obtention d'une certaine importance par l'énergopotentiel contribue au transfert automatique de l'âme au Niveau supérieur.

Les nouvelles connaissances doivent être séparées de tout ce qui est obsolète, sinon l'exaltation naturelle de l'âme selon les Niveaux de perfection appropriés ne se produira pas. On peut accumuler les connaissances obsolètes, mais elles ne vous permettront pas de progresser et d'atteindre un prochain Niveau du développement, car vos âmes ne possèdent pas de fréquences d'énergies du spectre suivant. C'est pourquoi les nouvelles connaissances sont si importantes pour les âmes humaines.

Généralement, les notions de vieilles doctrines et théories se rapportent au monde terrestre et physique où tout est périssable, transitoire et qui doit disparaître sans laisser de trace, car toute matière physique existe pendant une période du temps insignifiante en comparaison avec les mondes infinis de l'Univers. Et si la matière est une forme d'existence intermédiaire, toutes les connaissances qui sont liées avec elle sont transitoires.

Et il y est important de comprendre quel type de connaissance peut recréer la spiritualité humaine. Bien sûr, ils ne peuvent pas se rapporter à ceux qui déterminent tout ce qui est périssable et fugace. Ce ne sont que les notions à grande échelle concernant les processus globaux de l'Univers et de tout ce qui y existe qui peuvent enrichir la matrice de l'âme humaine par les énergies spirituelles, car ces notions portent les connaissances sur des vérités éternelles.

Dans l'univers, il existe une multitude infinie des choses éternelles et non périssables. Donc elles portent des vérités immortelles concernant les processus qui, au cours du développement, créent des mondes indestructibles grâce auxquels les Créatures Célestes vivent et ne savent rien de ce que c'est le fumier ou la mort.

Alors quel type de connaissance aura des avantages au cours de l'apprentissage: celui qui indique comment on doit se développer afin d'acquérir l'immortalité ou celui qui parle des processus à court terme qui construisent des matières périssables? C'est-à-dire qu'une personne doit comprendre la différence entre les connaissances et déterminer où elles mènent.

Les vieilles connaissances, à partir desquelles une personne commence à reconnaître sa matière périssable, ne sont nécessaires qu'à l'étape initiale de son développement. Cela est décidé par Dieu - pour que l'homme commence à monter dans les mondes éternels, en quittant des mondes périssables, il doit acquérir ces connaissances. Les connaissances concernant des mondes physiques ne peuvent être aussi complètement ignorées.

Mais chaque chose en son temps. Et à la fin de la 5ème race, on assiste à la période permettant de connaître une autre matière, de connaître les secrets de la transition de l'âme humaine vers une existence éternelle. À cette fin, les Maîtres Célestes de l'humanité ont préparé de nouvelles informations qui permettraient à l'âme humaine de passer d'un Niveau inférieur à celui supérieur et plus spirituel, et de s'engager sur la voie menant à l'immortalité. Ces connaissances sont présentées dans nos livres, et leur réjection n'est qu'une folie. C'est comme abandonner la vie afin d'admirer quelques instants dans un monde périssable.

Mais revenons au moment présent du développement de l'humanité, notamment à l'achèvement par la cinquième race de la période du développement évolutive qui lui est attribuée. Une partie d'âmes qui sont les plus avancées du point de vue de leur composition doivent être transférées à un Niveau du développement supérieur, et, par conséquent, à une nouvelle gamme d'énergies. Si l'on examine son développement, ce Niveau correspond à la sixième race.

Avec l'explication donnée ci-dessus, le lecteur peut déjà comprendre quel est le but de cette information concernant le développement de l'âme et la construction de notre Univers. Mais on peut le préciser, elle est fournie afin d'informer les âmes humaines et d'indiquer qu'elles ont besoin de l'énergopotentiel supplémentaire qui leur permettra de s'élever à l'étape du développement suivante.

Les Maîtres Célestes préparent de nouvelles connaissances, en se basant sur l'énergopotentiel particulier qui, étant assimilé par l'âme sous la forme de ces nouvelles notions, augmentera son énergopotentiel à la valeur qui contribuera à la montée de l'âme à la nouvelle couche énergétique du monde terrestre correspondant au prochain Niveau de la hiérarchie humaine.

Il faut rappeler que l'information représente toujours l'énergie. En la maîtrisant, une personne transforme les connaissances en énergie à travers la maîtrise des nouvelles notions. Cette énergie remplit les cellules de la matrice de l'âme, la matrice de la conscience et du subconscient y comprises, la matrice de qualités et de lois, etc. Plus de nouvelle information maîtrisera l'homme, plus seront son énergopotentiel et la puissance de son âme. Et quand il atteindra les indicateurs nécessaires, son âme sera capable de s'élever automatiquement au Niveau supérieur.

Si l'on forçait l'âme à accumuler de vieilles connaissances, dans tous les cas elle ne pourrait pas passer au Niveau supérieur, car toutes ces vieilles connaissances ont été construites sur la base d'un vieil éventail d'énergie que l'âme aurait dû traiter au cours de la 5ème race. C'est-à-dire que malgré la quantité immense des vieilles connaissances qu'elle a acquises, leur fréquence correspondrait toujours au Niveau du développement inférieur, ce qui, à son tour, ne lui permettrait pas d'augmenter la fréquence de ses énergies. Donc on peut affirmer que de vieilles connaissances ne contribuent pas au progrès de l'âme.

L'âme représente aussi l'énergie. Et son progrès consiste à sélectionner d'abord les fréquences des énergies d'un Niveau, puis d'un autre, et ainsi jusqu'à l'infini. C'est d'une telle manière que se passe son évolution.

Après avoir passé au Niveau particulier, l'âme commence à accumuler un certain nombre de connaissances et de pratiques grâce à celles propres à ce Niveau. Et ce nombre forme l'énergopotentiel et la puissance correspondante du Niveau suivant, en réunissant toutes les fréquences du spectre. Mais quel que soit le nombre de ces vieilles énergies du Niveau inférieur, elles ne pourront jamais permettre à l'âme de sauter, comme on le permet à l'électron, à un Niveau supérieur, jusqu'au moment quand ils (l'électron et l'homme)* seront informées de l'énergie supplémentaire du spectre supérieur, et donc, d'un Niveau supérieur. Et ce ne sont que les nouvelles connaissances qui sont capables de fournir une énergie supplémentaire.

Cependant, si l'on force l'âme à accumuler l'énergie qui ne se rapporte pas au spectre du Niveau suivant, mais à celui qui est élevé en deux ou trois fois (niveaux) afin d'accélérer la progression spirituelle, alors cela n'aura aucun sens non plus.

Dans les processus du développement de l'âme, il existe la Loi de la Construction Séquentielle, il est donc impossible de sauter un ou deux Niveaux au cours de son développement, et, par conséquent, de sauter un ou deux spectres des énergies consécutives. Toutes les énergies qui ne correspondent pas au spectre suivant seront rebondies de la conscience, sans y être assimilées. L'homme le percevra comme une incompréhension de ce qu'il lit. (Elles peuvent être assimilées par quelques bribes, mais ce sera déjà une sorte de défaut, car elles manquent une séquence régulière de la construction).

Dans ce cas, la personne peut confondre la construction incorrecte avec une séquence de réunification des énergies de son Niveau. De telles connaissances peuvent être assimilées à l'aide des fréquences d'énergie qui sont plus élevées du point de vue de leur spectre, mais dans ce cas-là on assistera à une saute hors une ou deux fréquences de leur Niveau. Mais si l'individu ne peut pas accumuler les énergies qui suivent le spectre et est incapable de respecter leur séquence physique, dans ce cas elles (les énergies des deux fréquences)* pourront entrer dans les coquilles, mais ne pourront pas s'y unir.

La raison en est la régularité selon laquelle elles ne peuvent être liées qu'à la fréquence précédente du spectre. Et en cas de son absence, elles n'auront pas la possibilité de s'unir afin de former un lien solide. Par conséquent, les deux fréquences qui ne conviennent pas au Niveau se retrouveront parmi les fréquences défectueuses. Après la mort d'une personne, ces dernières seront rejetées de ses structures subtiles, mais on les inclura au programme de la prochaine vie afin que la personne puisse développer les énergies nécessaires. (Et elle les répétera jusqu'à ce qu'elle acquière la fréquence nécessaire, car chaque cellule établit en elle une hiérarchie de connaissances et de qualités, et chaque hiérarchie, à son tour, représente un spectre d'énergie strict).

En se basant sur ce qui est écrit au-dessus, on peut constater que les Nouvelles Connaissances, données à l'humanité à l'aide de notre doctrine, ce ne sont pas seulement une nouvelle information élargissant la vision du monde d'une personne ou satisfaisant sa curiosité, ce sont les connaissances fondées spécialement par les Maîtres Célestes sur la base des fréquences des énergies du prochain spectre qui, à son tour, respecte une séquence et une régularité hiérarchiques des constructions de l'âme humaine

entrant dans la sixième race.

Mais nos connaissances ne portent pas seulement de nouvelles énergies, mais aussi des nouvelles notions qui vont au-delà des idées antérieures de l'homme concernant son petit monde terrestre.

Les notions terrestres qui limitent une personne par la connaissance du plan matériel sont marginales et portent une quantité misérable de notions concernant tout ce qui l'entoure, puisque la matière physique ne prend que 3% par rapport à la matière de l'Univers, et, par conséquent, les connaissances sur elle ne peuvent élever le Niveau de sa cognition au-dessus de ces 3%. De telles connaissances font atterrir les gens.

Énumérons **les raisons pour lesquelles la connaissance humaine n'intéresse pas les extraterrestres**, qui, à leur tour, doivent être rapportés aux civilisations développées de notre Univers.

1. Toute information sur le monde terrestre porte un énergopotentiel très faible, car il se rapporte à la description du monde bas et ne peut être utilisé pour la progression de leurs âmes qui, à leur tour, ont un énergopotentiel élevé. De telle manière on peut dire que l'arc et la flèche du sauvage ne peuvent pas intéresser une personne progressiste contrôlant la technologie des fusées.

La technique antédiluvienne de l'humanité ne peut intéresser ceux qui peuvent voler d'une étoile à l'autre, contrôler le vol des météorites et créer des planètes matérielles.

2. Toutes les notions liées à la planète matérielle, c'est-à-dire à la Terre, sont limitées dans leur contenu capacitif qui, à son tour, ne peut pas dépasser des limites de notre Terre et du Système Solaire. **Elles peuvent être attribuées à des notions particulières, car elles ne représentent pas l'universalité, la couverture complète des concepts de l'Univers qui sont maîtrisés par toutes les civilisations progressives.** Il n'y a pas de notions communes et correctes entre les extraterrestres et les humains sur la base desquelles on peut construire la communication. C'est pourquoi, une rencontre avec eux est reportée au milieu de la 6ème race. Une personne doit faire preuve de sagesse afin de pouvoir communiquer avec eux et de comprendre ce qui se passe dans l'espace.

3. Les extraterrestres ne s'intéressent pas à la connaissance concernant la vie sur la Terre, car il n'a aucun sens de remplir la matrice des Notions par des informations existantes pour une courte période du temps. (Pour quelle raison, par exemple, ils doivent savoir

ce que c'est le ski, le tracteur, la cuillère ou le livre, s'ils n'utilisent pas de tels objets, puisqu'ils suivent d'autres voies du développement)

4. Et la chose la plus importante qui ne concerne que l'humanité: tous les objets terrestres ont un potentiel de connaissance si bas qu'ils ne conviennent pas pour élever la spiritualité d'une personne et élever son niveau de la conscience aux notions extraterrestres.

C'est pourquoi, ce ne sont que les connaissances approfondies sur l'Univers ou sur ses composants individuels (Absolus, Natures, Substances de la hiérarchie de Dieu, leurs relations de niveau, etc.) qui peuvent élever le niveau de la conscience et de l'intelligence à 100% du volume des connaissances que l'Univers peut recréer lui-même. Grâce à la maîtrise de tout cela, une augmentation de la spiritualité de l'humanité aura lieu.

La spiritualité est l'acquisition des énergies Supérieures de l'Univers à l'aide de l'accumulation des connaissances sur lui-même et sur toutes les autres choses qui le composent. Jusqu'à présent, une personne n'a pas eu de telles connaissances, elles lui étaient données pour la première fois, bien qu'elles n'aient représenté que le début de l'ascension de la conscience vers les hauteurs de la vision du monde de l'Univers lui-même et de tout ce qui y existe.

Passons maintenant à la compréhension de l'élévation du Niveau du développement spirituel de la sixième race. Qu'est-ce qui, sauf nos nouvelles connaissances, contribuera à sa progression?

Les notions sur l'Univers, sur les Substances Supérieures et sur les lois de leur existence contenant des énergies hautes et puissantes construisent dans la matrice de l'âme humaine une hiérarchie de certaines fonctions et augmentent l'énergopotentiel de la personnalité. Et ce dernier ouvre pour elle (pour la personnalité)* beaucoup de possibilités permettant d'acquérir et de manifester des propriétés inhabituelles, des super-pouvoirs. Sans accumulations significatives des énergies supérieures, il est impossible de développer des propriétés paranormales. Par conséquent, **l'assimilation des nouvelles connaissances jette les bases des futures propriétés inhabituelles de l'homme.**

La personnalité commencera à développer des propriétés inhabituelles grâce auxquelles elle accumulera des énergies plus puissantes du prochain spectre d'énergie. C'est un travail énorme qui exige plusieurs vies. Et plus des capacités un individu commence à raffiner, plus il accumulera dans sa propre âme.

Les capacités paranormales, à leur tour, ouvriront à la personnalité des portes dans la connaissance de la structure subtile de la Terre, de notre Univers et d'autres mondes subtils, ce qui contribuera également à une augmentation des indicateurs d'énergie du Niveau supérieur correspondant au développement de la 6ème race. En conséquence, cela permettra d'éliminer le retard du développement de l'humanité et de maîtriser de nouveaux programmes accélérant le rythme de sa progression, ce qui aidera, en fin de compte, à éliminer le retard du progrès de la pensée humaine.

Les capacités paranormales, à leur tour, ouvriront à la personnalité des portes dans la connaissance de la structure subtile de la Terre, de notre Univers et d'autres mondes subtils, ce qui contribuera également à une augmentation des indicateurs d'énergie du Niveau supérieur correspondant au développement de la 6ème race. En conséquence, cela permettra d'éliminer le retard du développement de l'humanité et de maîtriser de nouveaux programmes accélérant le rythme de sa progression, ce qui aidera, en fin de compte, à éliminer le retard du progrès de la pensée humaine.

La sixième race est confrontée à de grandes tâches: elle doit éliminer le retard de la pensée d'un homme de la cinquième race. Avant le début de l'année 2000, il aurait dû atteindre 50% du développement de son cerveau physique et de son intelligence. Mais il avait réussi à acquérir seulement 6 %.

Mais en éliminant le retard précédent et en portant l'intellect d'une personne à 50%, l'homme devra amener son intellect à 90% et il devra le faire dans les limites d'une seule race. Ces chiffres parlent déjà du travail énorme qu'une personne de la 6ème race doit faire.

Les capacités paranormales et les super-pouvoirs propres à l'homme joueront un rôle primordial au cours de l'augmentation de la spiritualité humaine.

«PRENONS DE TOUT LE MONDE SES CAPACITÉS... ET DONNONS À TOUT LE MONDE CE DONT IL A BESOIN»

Lecteur. Jacques Fresco, ingénieur et inventeur, a exposé le concept d'une économie axée sur les ressources. Il trouvait que sa base consistait **à une répartition équitable des ressources, fondée non sur des relations commerciales, mais sur les besoins naturels de la population,** ainsi que sur le développement scientifique et technique de la civilisation sur la base des mêmes motifs altruistes, c'est-à-dire sur l'intérêt de tous et non sur l'intérêt des individus particuliers.

Connaissez-vous cette théorie? La connaissance polyvalente vous permet de juger de l'intégration de ce concept dans les projets divins. S'agit-il d'une utopie exorbitante ou d'une projection réaliste du futur?

Réponse. "Prenons de tout le monde ses capacités, et donnons à tout le monde ce dont il peut faire" est le principe du socialisme, qui n'a pas pu s'établir dans notre pays en raison de son Niveau du développement insuffisant*. Ce que propose Jacques Fresco convient à toutes les variantes de la voie d'une société juste. Un principe du développement similaire est posé à la base de l'existence des Substances dans la Hiérarchie de Dieu. Tout le monde travaille au maximum et personne ne s'approprie un excédent d'activité professionnelle, que ce soit la sienne ou celle de quelqu'un d'autre. Toutes les élaborations supplémentaires concernent le développement du volume mondial commun.

Vous avez bien remarqué que le concept d'économie de Jacques Fresco axée sur les ressources était un aspect de l'harmonisation de la société en vue de créer les conditions du développement spirituel, intellectuel et moral. Mais la moralité doit toujours se trouver en tête, car les moindres écarts conduisent à une dégradation totale de la société.

RÉTROSPECTION.
DÉGRADATION DE LA SOCIÉTÉ

Passons maintenant à l'ordre ancien, au passé de l'humanité, et rappelions ce qui s'est passé avant qu'elle ait atteint l'achèvement de son développement à la cinquième race. Qu'est-ce qui a intéressé le lecteur dans le passé de l'humanité et dans l'ancien système socialiste?

1. En quelque sorte, l'État n'existe pas.

Lecteur. Il me semble que les États en tant que tels n'existent pas. Après tout, regardez: dans n'importe quel État vivent des gens qui se comportent de la même manière, bien qu'ils parlent des langues différentes. En plus, ils agissent de la même manière dans n'importe quel état conditionnel: les uns volent et tuent, les autres font des choses opposées, ils éclairent les jeunes et sauvent les gens du feu; les uns sont désintéressés, les autres saisissent tout ce qu'ils voient et ne peuvent pas même cesser de le faire. Il existe des prêtres, des violeurs et ceux qui peuvent se plonger dans l'eau afin de sauver la vie de quelqu'un. C'est un public de différents pelages.

Si je comprends bien, la principale motivation qui empêche les gens à commettre le mal est la peur du châtiment, mais pas une conscience élevée. Si l'on annule le code pénal, on verra que dans n'importe quel État commencera le chaos. Les nations n'ont pas de valeurs unificatrices considérables qui consistent, par exemple, à vivre avec désintéressement et à faire quelque chose de bien pour les autres sans avoir désir d'en tirer profit. Les États ne sont que notre illusion et tout le monde vit de la même manière. Que pensez-vous à propos de cela?

Réponse. Ce ne sont que vos sentiments personnels. Chaque État a ses propres lois, sa propre orientation du développement. Toute nation garde ses coutumes, ses moments d'éducation, sa mentalité, etc. La culture de comportement de chaque nation est différente. Tout cela confère au peuple d'un tel ou tel État certaines qualités qui le diffèrent parmi les autres. La seule chose qui est identique dans tous les États ce sont de différents Niveaux du développement de leur population: prêtres –éclaireurs, voleurs, violeurs, sauveteurs, maîtres, ouvriers, artistes, agriculteurs, etc. Dans le livre "Le but du développement humain", nous indiquons les objectifs principaux du développement qui doivent être respectés par n'importe quel État.

2. La dégradation du système législatif.

Lecteur. Nous payons des taxes afin que le gouvernement puisse entretenir le système législatif et répressif, c'est-à-dire qu'elle doit se développer à l'aide de nos contributions. Mais dans ce cas, il doit agir, en respectant nos intérêts. Cependant, on ne sait pas exactement s'il se développe et s'il agit, en respectant nos intérêts. Nous constatons que les agents de l'ordre publique et les législateurs n'agissent qu'en respectant leurs propres intérêts, les intérêts de leur système. Et nous devons aussi savoir comment nous pouvons nous protéger de ce système!

J'ai eu l'occasion de le découvrir, j'ai assisté à une fraude évidente qui a causé de nombreuses victimes. Des fraudeurs ont agi d'une manière ouverte pendant de nombreuses années. La première chose qui a fait preuve que j'ai faite face à une fraude était que les gens ne voulaient pas se fier à la loi, ils avaient une apathie absolue et étaient persuadés qui personne ne les aiderait.

Ensuite, quand nous avons néanmoins formé un groupe de victimes et nous nous sommes adressés à un avocat, il a dit que même si notre affaire était une fraude à 100%, le système répressif ne pourrait jamais nous aider, car il ne fonctionnait pas (!). Nous avons, quand même, déposé des rapports au bureau du procureur et au poste de police.

En conséquence, après avoir dépensé beaucoup d'argent pour l'avocat, ayant perdu beaucoup de force, nous avons obtenu un résultat nul. Je ne comprends pas, comment nous, les gens ordinaires, peuvent vivre? Qu'est-ce qui se passe dans notre monde?

Réponse. Maintenant la société est entrée dans une période de dégradation, c'est pourquoi le Système négatif, qui a temporairement dépassé le positif, détruisait toutes les valeurs morales et spirituelles de l'humanité. C'est une des caractéristiques de la période finale du développement de la 5ème race.

Quand une race se retrouve à la période de l'aube, ce sont les lois du Système positif qui y prédominent et lorsqu'elle entre dans la phase finale de son existence, ce sont les lois du Système négatif qui commencent à y dominer, ce qui, à son tour, la fait régresser (la race).

C'est la vigilance personnelle qui sert à protéger un individu positif dans une société où les lois positives cessent de fonctionner. Être vigilant, c'est-à-dire ne pas signer aucun accord douteux, ne pas succomber à des provocations et ne pas croire les promesses de quelqu'un. Dans les cas extrêmes, il faut chercher ceux qui respectent la loi et ceux qui sont du côté du peuple. En plus, leur travail doit avoir plusieurs critiques positives et indépendantes. À ce moment-là, il ne faut compter que sur soi-même. Cependant, cela donne beaucoup à une personne. C'est une école de survie propre aux individus négatifs.

3. La dégradation de la société et la possibilité d'en sortir.

Question. Si nous ne faisons pas attention aux relations entre les gens et regardons le monde qui nous entoure, alors on peut voir le progrès de la civilisation. Moi, je trouve que l'humanité se développe, parce que l'on construit de grands immeubles, il y a beaucoup d'équipements techniques. Je ne comprends pas pourquoi on parle de la dégradation de la société?

Réponse. Notre vie moderne inclut beaucoup de nouvelles choses qui, à première vue, sont belles et intéressantes. Mais le sommet du développement de la cinquième race est déjà dépassé - c'est le socialisme qui a créé une industrie puissante avec des grandes usines, qui a développé l'agriculture avec ses complexes d'élevage et son puissant équipement agricole à l'aide de la meilleure éducation et des meilleurs maîtres.

Après cela ont commencé la récession, la destruction et la dégradation de la société. Et malheureusement on ne peut pas en sortir jusqu'aujourd'hui.

La dégradation totale de l'humanité existe même aujourd'hui, malgré ce qu'elle tâche de se cacher derrière les couleurs vives des immenses immeubles (qui, à leur tour, sont d'une qualité médiocre et ne serviront pas à long terme). La dégradation se manifeste dans toutes les choses, et ce que chaque habitant terrestre choisit ce qui est plus facile, plus simple à faire et ce qui lui fait plus de plaisir est le problème le plus important. Personne ne veut suivre la direction indiquée par les Célestes qui exige l'apprentissage d'un nouvel enseignement.

Et Ils nous dénotent la haute moralité, l'autocritique, la responsabilité de notre travail, de nos connaissances et de notre famille; Ils nous montrent comment il faut mieux maîtriser des qualités positives. Chaque jour doit nous forcer à apprendre quelque chose de nouveau; il doit nous faire surmonter les difficultés (et pas porter l'existence aboulique dans la prostration) au lieu des amusements et des fêtes permanents.

Dans tout collectif c'est la lutte pour de hautes relations humaines, pour l'honnêteté, la justice, l'humanité et la bonté qui doit s'épanouir. Les gens doivent se rendre compte qu'ils se comportent d'une manière basse, sale et immorale par rapport aux autres.

Maintenant, ce ne sont que l'intérêt personnel et la cupidité qui dirigent les gens, mais personne ne veut pas l'admettre. C'est en cela que consiste la dégradation de la société et le défaut de chaque âme, puisque la décadence morale des âmes y a lieu. C'est-à-dire que le trou de ver a affecté toute la couche humaine se trouvant sur la Terre (sauf 10% des âmes).

Auparavant, en partant au travail, nous avons laissé la clé de l'appartement sous le tapis se trouvant devant la porte, et 40 ans plus tard, nous avons commencé à installer la deuxième porte en métal dans le vestibule, bien que cela ne fût pas un obstacle pour ceux qui ont choisi la voie négative.

Tout commerce sans exception est basé sur la tromperie. La production alimentaire qui est presque toute de mauvaise qualité; de faux médicaments qui sont fabriqués plutôt à but lucratif que pour récupérer des patients, etc. Voici un changement dans la moralité de la société. Tout cela suggérait que l'humanité a choisi la voie de la destruction. Le programme a déjà commencé à fonctionner.

Et aucun président, même le plus positif, ne peut forcer la conscience des masses à choisir la bonne direction jusqu'au moment quand les gens le comprendront eux-mêmes. Il faut travailler dur afin que la conscience humaine puisse s'élever vers les qualités les plus hautes indiquées dans nos livres.

Tout est donné par les Célestes et n'est pas inventé par nous-mêmes. Ils ont fourni à l'humanité des connaissances salutaires indiquant que ce n'est que sur cette base que l'humanité est capable de se retrouver sur la voie menant aux Mondes Supérieurs et, de ce fait, de s'éloigner du bord de l'abîme dans lequel elle se dirige.

C'est pourquoi, afin de s'échapper, l'humanité n'a plus qu'à accepter les nouvelles connaissances présentées dans nos livres. Et cette acceptation ne représente pas de grandes difficultés.

Il suffit de l'examiner attentivement, de croire en ce que Dieu viendra sur la Terre et de comprendre que c'est Lui qui nous donne ces connaissances, et après cela, des hautes énergies font briller toute la société ce qui causera l'apparition des idées de bonté et de justice.

L'essentiel consiste en ce que la conscience des gens doit changer, elle est obligée de se débarrasser de ses parasites internes qui, à leur tour, transforment tout ce qu'elle (la conscience) touche en plaisir et en poussière pourrie des biens matériels.

Et lorsque la conscience de la société changera, alors la propagande de vulgarité et d'humour «au-delà de la ceinture» ne se diffusera plus des écrans de télévision, les assassinats incessants des hommes d'affaires et des opposants prendront enfin fin.

La télévision devrait devenir une source de nouvelles connaissances concernant la véritable structure du monde et le développement spirituel de l'homme. Les gens ne seront plus attirés ni par les discothèques dans des boîtes populaires, ni par les concerts de rock où prospère la folie, mais ils commenceront à préférer de rester chez eux et de se plonger dans le livre afin de connaître quelque chose de nouveau.

C'est à cette fin que Dieu a transmis la Nouvelle Doctrine à l'humanité. Il veut que les gens reviennent à la raison et choisissent la doctrine spirituelle au lieu des avantages matériels. En même temps, toute personne qui le souhaite doit élever son Niveau du développement, en étudiant de nouvelles connaissances tirées de livres, et ne pas se contenter des résumés des autres qui déforment le sens de l'information et baissent le Niveau énergétique.

L'original écrit sur le papier transfère au maximum l'énergopotentiel de la nouvelle information, ce qui permet le mieux d'augmenter le Niveau énergétique et la spiritualité de la personne.

INDIVIDUS NÉGATIFS EXISTANT PENDANT LES ANNÉES 2012-2020

1. Les âmes de la hiérarchie négative se sont-elles incarnées une fois sur la Terre?

Lecteur. Nous savons que sur la Terre il y a beaucoup d'individus qui se trouvent sous le contrôle d'Hiérarque négatif. Mais ce sont de niveaux du développement bas qui ne sont pas encore capables de se retrouver dans sa hiérarchie. Mais j'aimerais savoir une chose: les âmes de la Hiérarchie de Diable se sont-elles incarnées une fois sur la Terre?

Réponse. Les âmes de la Hiérarchie négative se réfèrent déjà à un Niveau du développement élevé par rapport à une personne ordinaire. Elles sont constamment incarnées sur la Terre parmi les membres de la classe privilégiée, c'est-à-dire parmi les oligarques, les multimillionnaires, les hommes politiques négatifs appartenant aux milieux scientifiques, politiques, économiques, etc. Et comme ils ont un Niveau du développement élevé, ils occupent toujours des postes importants et sont assez riches du point de vue matériel. Mais généralement, toutes leurs activités visent à corrompre le peuple, à supprimer ses initiatives, ses libertés, etc. Leur objectif est de résister discrètement à la perfection des âmes, de ralentir les processus du développement et d'engager les gens dans des dettes karmiques.

2. Les Négatifs établissent leurs propres règles.

Lecteur. Nous vivons maintenant à l'époque, quand, pour ainsi dire, on coupe partout l'oxygène à une personne ordinaire, quand on lui donne un tour de vis: les entreprises activent le système d'enregistrement électronique des temps de travail, on établit le système vise à faire des alcootests, on assiste à l'optimisation du nombre d'employés et des horaires de travail et même à la régulation de la vitesse des opérations de production; on installe partout des caméras vidéo pour identifier les contrevenants, etc.

Je voudrais savoir si de telle manière on nous fait habituer à la discipline spatiale? Et un tel régime de contrôle et de comptabilité totaux sera-t-il maintenu dans la 6ème race?

Réponse. À cause de la dégradation de la société, de nombreuses entreprises et organisations sont dirigées par des leaders négatifs qui imposent leur style de gestion oppressive. Tout vient du Système négatif.

Mais c'est l'humanité qui est responsable de ce déclin, c'est son indifférence face au sort d'autrui. Chaque personne vit maintenant pour elle-même, la vie de son voisin ne l'intéresse pas. C'est-à-dire que si un voisin fait du bruit, s'il laisse ses ordures sur la cage d'escalier, dans ce cas la personne le considère comme une violation de ses droits personnels et perçoit son voisin comme son ennemi. Et quand un autre résidant de l'immeuble est malade, quand il souffre, dans ce cas la personne ne l'aperçoit pas et reste indifférente à ses problèmes. L'essentiel pour elle est de rester intouchable.

Lorsque tous les individus positifs atteignent de telles positions, c'est-à-dire «chacun pour soi», la société se transforme en un troupeau dispersé que les loups peuvent facilement détruire. La force du peuple était toujours basée sur l'union, sur la cohésion, ce qui rappelait le proverbe: "Un pour tous, tous pour un."

DIRIGEANTS NÉGATIFS

1. Le système rigide de Corée

Lecteur. Sur la carte géopolitique du monde, il existe un tel pays: la Corée (RPDC). Ses autorités ne permettent pas aux citoyens de voyager et de vivre dans un autre pays. Tout le monde doit honorer le chef de l'État, Kim Jong-un. Si l'on ne respecte pas les autorités, on peut être tué. Une attention particulière est accordée aux citoyens étrangers qui viennent dans ce pays: leurs téléphones portables sont enlevés, ils sont toujours surveillés par des guides. Autrement dit, le peuple nord-coréen vit isolé du monde extérieur. Mais en même temps, tous les citoyens sont convaincus que le gouvernement du pays assure leur vie heureuse, malgré ce qu'il les prive même d'Internet. Est-ce que c'est de telle manière que les Substances négatives existent dans les mondes bas de Diable? La RPDC, peut-elle être considérée comme une sorte de monde négatif de Diable existant sur notre planète?

Réponse. Oui, pendant une certaine période du temps, on laisse tel ou tel peuple ressentir comment les gens vivent dans des mondes négatifs et, à cette fin, on envoie périodiquement dans les pays des dirigeants d'un Système négatif (par exemple, Hitler en Allemagne) qui établissent l'ordre existant dans les mondes de Diable.

On le fait sur la Terre pour que les gens puissent apprendre à comparer les dirigeants et l'image de l'existence de différentes nations. Une telle comparaison permet d'identifier toutes les différences dans le domaine social et domestique des personnes vivant sous l'influence des Systèmes positifs et négatifs. Vous avez déjà remarqué cette différence et c'était un grand progrès pour votre âme.

2. Le tyran adopte les lois.

Lecteur. J'ai lu que lors de la création d'un état, on naissait un tyran d'un Système négatif afin d'introduire des normes. Est-ce que c'est vrai?

Réponse. L'État ne peut pas se passer des lois. Par conséquent, si une société est basse, les normes et les règles y sont donc introduites par un dirigeant rigide. Si la société est loyale, les lois y sont introduites par le biais d'un dirigeant positif respectant la constitution. Mais tout vient d'en Haut.

3. Les lois ne fonctionnent pas. Comment on peut se protéger?

Lecteur. Vous avez dit plusieurs fois qu'il fallait toujours agir conformément à la loi. Mais nous savons que les lois sont imparfaites et tout à fait différentes, en les comparant avec celles existant auparavant. Et, évidemment, elles changeront aussi dans une certaine période du temps. Nous observons constamment leur obsolescence. Et maintenant, d'autres lois seraient plus utiles que celles actuelles.

a) Question. Alors quelle loi serait plus utile: celle d'un passé rudimentaire ou celle du futur progressif? (J'espère que ce sera toujours progressif.)

b) Question. Nous constatons un abus absolu de la loi par les systèmes législatif et répressif. À cet égard, c'est devenu la norme «d'acquitter» un vrai criminel et d'emprisonner quelqu'un d'autre qui, à son tour, est désagréable du point de vue de la direction. Comment on peut y vivre et se protéger?

a, b.) Réponse. Les lois qui enseignent la haute moralité aux gens restent les mêmes pendant toute l'histoire de la religion chrétienne. Une société peut créer de «fausses» lois. Par conséquent, une personne doit apprendre à comprendre leur but et à déterminer si ses couches sociales correspondent à la plus haute moralité.

Les lois de la société humaine peuvent être adoptées par des personnes négatives travaillant dans le Système d'opposition. Leur but consiste à provoquer le mécontentement des couches positives de la société ou de lui nuire à l'aide de leurs lois, règles et réglementations.

4. On enseigne le bien à l'aide du mal.

Lecteur. Vous mentionnez dans vos livres que les Célestes peuvent organiser, par exemple, des révolutions, des persécutions contre les couches sociales afin de faire progresser l'humanité. Mais comment déterminer ce que fait Dieu pour le bien des gens et ce que fait le dirigeant négatif afin de nuire les gens? Après tout, regardez: les croisés ont tué des païens pour établir la religion chrétienne; la révolution d'octobre, qui a eu lieu en 1917, a renversé l'autocratie et a instauré une dictature sous la direction de V. Lenin afin de créer une société socialiste et de former la personnalité d'un citoyen soviétique. Mais tout cela s'est accompagné d'assassinats, de violences, de méchancetés sous leurs diverses formes.

Comment est-ce que l'on peut déterminer: le nouveau vient de Dieu, de Diable ou de la folie des gens?

Réponse. Distinguer le bien du mal, quelle que soit leur forme, est l'objectif du développement humain. Si l'on lui dit: «C'est bien, c'est mal et c'est insensé», alors il ne développera pas la capacité de reconnaître les actions des gens d'un Hiérarque négatif de celles du peuple de Dieu. De telle manière, on apprend à une personne à penser de différentes manières.

On peut se poser une question et essayer d'écrire toutes les réponses possibles et de choisir celles qui sont les plus réalistes du point de vue de l'évolution de l'humanité, et non du point de vue des avantages économiques ou politiques d'un pays.

On peut penser dans le cadre étroit d'un individu particulier (du président, du roi), de la politique et de l'économie d'un tel ou tel pays, mais on peut aussi le faire dans le cadre de l'Univers. Tout cela contribue au développement de la pensée. On donne de différentes variantes à l'humanité afin de la pousser à développer son intellect à l'aide de la comparaison. Les notions et les conclusions correctes enrichissent la matrice de Notions avec les connaissances correctes, ce qui, à son tour, permet à une personne d'accumuler l'expérience de la vie.

5. Qui sont les ennemis et comment on peut les affronter?

Lecteur. Je veux apprendre comment on peut affronter des ennemis sans enfreindre les lois de l'Univers (de l'harmonie). C'est possible ou non? Vous devez être d'accord qu'il est parfois impossible de survivre, en restant une personne aimable et tolérante, car autour il y a beaucoup d'agression. Quels sont les ennemis du point de vue de l'ésotérisme?

Il est écrit dans la littérature spirituelle qu'aucune réunion n'est accidentelle.

Les concurrents sont-ils des ennemis ou non? Si c'est possible, expliquez, s'il vous plaît, cette question.

Réponse. On doit affronter les ennemis à l'aide des lois établies par la société. Pour ce faire, vous devez collecter des faits contre votre ennemi et les enregistrer. De plus, ces faits peuvent être diffusés à l'aide des médias (on peut suggérer à un correspondant de les couvrir à la télévision, sur l'Internet, à la radio, dans les journaux, etc.) ou vous pouvez toujours les envoyer au bureau du procureur.

Du point de vue de l'ésotérisme, l'ennemi sur la Terre est celui qui entrave le développement humain dans une direction positive.

Les concurrents ne sont pas des ennemis, mais ce sont les gens possédant une force égale aux capacités de l'âme, ce sont les gens qui peuvent montrer légalement lequel des pouvoirs de la pensée peut atteindre un résultat positif plus considérable.

Toute concurrence contribue au progrès de l'âme du point de vue de telle ou telle qualité.

SYSTÈMES ESCLAVAGISTE ET FÉODAL

1. Qu'est-ce que l'esclavage donnait aux âmes, pouvaient-elles progresser?

Lecteur. Vous avez dit que les systèmes esclavagiste et féodal étaient des expérimentations supérieures. Mais quelles qualités utiles pouvaient être développées par un esclave opprimé et un féodal ne le considérant comme une personne? S'agissait-il de projets du Système Négatif?

Réponse. Bien sûr, ce sont des expérimentations du Système Négatif. Par exemple, dans la société esclavagiste comme dans la société féodale, le système qui opprimait les uns à l'aide des autres favorisait le développement des qualités tant positives que négatives, bien que cela se produisît dans tous les systèmes, et ce n'était que la proportion quantitative des âmes d'opposition qui changeait.

Ainsi, dans le système esclavagiste qui, à son tour, était l'un des plus honteux pour l'humanité, certaines âmes opprimées ont développé des qualités d'humilité, de tolérance, d'obéissance, de discipline (et c'étaient des qualités qui menaient à Dieu), tandis que d'autres ont développé des qualités opposées: haine, colère, vengeance (les qualités conduisant à Diable).

Ainsi, on assistait à la séparation des âmes. Sur la Terre, tout est soumis au principe de séparation des contraires. Mais les esclaves pouvaient progresser même en se trouvant au système si rigide. Par exemple, ils (les esclaves)* ont été contraints d'acquérir des professions exigées par les féodaux. Les qualités utiles ont été acquises par la force et puis avaient une grande importance pour l'avancement professionnel.

2. Quelles qualités l'esclavage donne-t-il à l'âme?

Lecteur. Les esclaves et les paysans dépendants étaient des âmes karmiques qui ont reçu des programmes difficiles à exécuter à cause des péchés de leurs vies précédentes ou non? Vous avez écrit que de telles formations socio-économiques ont été créées par un Système Négatif. Les personnes asservies auraient donc dû acquérir la qualité d'humilité appréciée dans la Hiérarchie de Dieu, et les asservisseurs auraient dû acquérir des traits de caractère acceptables pour Diable.

Est-ce qu'il y avait des cas quand, au lieu de la qualité d'humilité, les esclaves formaient les qualités d'abrutissement, d'intimidation des laquais à la volonté faible prêtes à suivre des méchants oppresseurs? Est-ce qu'il était possible de les transformer en ceux qui pouvaient s'agenouiller devant n'importe quelle canaille? Après tout, l'humilité et la bonne volonté de suivre aveuglement son propriétaire ce sont des choses   différentes.

Réponse. L'esclavage a donné naissance à trois catégories principales d'âmes, où il y avait des "moutons", des "spartiates", et ceux qui "comprenaient tout correctement". Mais cela s'appliquait aux jeunes âmes qui venaient de s'incarner sous la forme d'un homme issu du monde animal. Ce n'était pas le karma, mais l'accumulation des qualités dans les situations difficiles de la vie. Elles devaient acquérir les compétences de l'existence humaine, c'est pourquoi on lui donnait trois variantes des voies du développement. Après cela les âmes passaient au prochain Niveau du développement, selon l'expérience accumulée.

En se basant sur la personnalité particulière de chaque individu, les Maîtres Célestes ont créé des programmes leur permettant de se développer davantage (en tenant toujours compte des variantes du développement). Et les «moutons» ont déjà eu l'occasion de se transformer en personnalités disciplinées et intelligentes qui continuaient à être calmes et humbles, mais qui développaient, en même temps, la qualité de sang-froid. Plusieurs d'entre eux sont devenus des spécialistes qualifiés, car ce n'était pas la protestation qui prospérait dans leur âme, mais la responsabilité de travail exécuté.

Les "Spartans" ont donné naissance aux excellents défenseurs de la Patrie et aux divers chefs militaires, car ils luttaient pour la justice.

Et ceux "qui comprenaient tout correctement" ont montré la direction du développement aux savants, aux philosophes, aux ésotéristes et aux divers groupes de chercheurs.

SECONDE GUERRE MONDIALE SUR LES DOUBLES DE LA PLANÈTE

Lecteur. La Seconde Guerre mondiale et la lutte contre le fascisme ont été une vraie épreuve pour l'URSS et le peuple soviétique. Elle était prévue d'avance dans le programme du pays. Est-ce qu'il y avait des épreuves pareilles sur les planètes-doubleurs de la Terre?

Réponse. Les programmes de l'humanité existant sur les trois planètes étaient les mêmes et, par conséquent, cet événement mondial a eu lieu sur des planètes-doublures.

La guerre élève les gens et leur pose de nombreuses tâches, et la façon dont elles se comportent modifie déjà la qualité de leurs âmes. C'est pourquoi, malgré ce que les gens avaient eu la même épreuve sur les trois planètes, chaque âme-doublure, en commençant des âmes des planètes et en finissant par les âmes humaines, a accumulé une expérience individuelle et des énergies différentes de celles de deux autres planètes.

Les guerres ont une grande valeur éducative pour les âmes basses, elles contribuent à tester les gens, elles remplissent de multiples fonctions énergétiques utiles pour la planète.

Question. La campagne de Russie de 1812, la Première Guerre mondiale des années 1914-1918 – est-ce que ce sont aussi les points sévères du programme du développement humain donné d'en Haut afin de tester les gens? Et est-ce que ces événements avaient eu lieu sur les planètes-doublures?

Réponse. Oui, toute guerre, toute révolution - ce sont des points sévères du programme propres aux trois planètes. Ces événements représentent une épreuve pour le peuple de tel ou tel pays, ils enseignent aux gens à comprendre la mère, à voir ce qui distingue le bien du mal aussi bien que la vie paisible de l'agression et de l'existence dans un stress perpétuel et dans des violations des droits de l'homme. C'est une école sévère qui force une personne à réfléchir à plusieurs choses, et surtout, à trouver les possibilités de les éviter.

ÉNERGIE NUCLÉAIRE DANS LES RACES PRÉCÉDENTES

Question. L'énergie nucléaire était-elle connue par des races humaines précédentes? Elle était la plus forte de celles que possédaient l'homme, ou les anciennes civilisations humaines connaissaient les forces encore plus puissantes?

Réponse. Dans les anciennes civilisations, l'humanité n'a pas été informée de la possession de l'énergie nucléaire. Les traces laissées par les armes nucléaires sur la Terre appartiennent à des extraterrestres. Par exemple, on a détruit Sodome et Gomorrhe à l'aide des armes nucléaires. C'était un exemple de punition possible en cas du comportement immoral de la population.

Les mythes qui racontent des guerres de dieux se passant sur la Terre sont basés sur les guerres des extraterrestres qui, à leur tour, tendent à utiliser des énergies très puissantes. Lors de la fouille de la vieille ville indienne, on a découvert des pierres fondues, comme elles étaient endommagées par des armes nucléaires. Mais cela n'est pas le travail du peuple. Autrement dit, les gens ne pouvaient qu'observer ce qui se passait.

L'Atlantide s'est retrouvée sous l'eau à cause de l'impact sur le continent des énergies très puissantes d'un autre type. Ces énergies étaient capables de couper un continent en quelques secondes. Ce type d'énergie n'est pas encore connu par l'humanité.

Ce sont les civilisations développées des extraterrestres qui possèdent les énergies les plus puissantes, mais ces connaissances ne seront pas transmises aux gens, car ils les utilisent à leur détriment.

SOUS-MARIN "KOURSK"

Lecteur. On disait que ceux qui sont morts sur le sous-marin «Koursk» étaient les meilleurs. Ils iront plus haut. Où iront-ils, dans la hiérarchie de Dieu? «Koursk» a coulé à cause du système négatif. Pourquoi, alors, Wanga a prévu ce qui était irréversible?

Réponse. Sur le sous-marin "Koursk" se trouvaient les meilleurs spécialistes de certaines industries maritimes et de certaines affaires militaires. On a dit «les meilleurs» dans le sens de leur professionnalisme, puisqu'ils étaient des spécialistes de haut niveau. Ils ont été développés techniquement, mais pas spirituellement.

Les Célestes ont dû unir un certain nombre des meilleures âmes travaillant dans de différents domaines. Et puisqu'elles ont déjà fait leurs preuves et ont montré qu'elles étaient spécialistes qualifiés capables de perfectionner des qualités individuelles, on a donc décidé que leurs connaissances seraient utiles plus tard pour les dirigeants des âmes terrestres qui avaient choisi des professions particulières.

En outre, après avoir analysé leurs connaissances, certains d'entre eux continueront à se développer au Niveau suivant, en raffinant la gestion des étudiants d'un plan subtil.

Et ceux dont le niveau des connaissances serait insuffisant (il y avait beaucoup de marins ordinaires sur le bateau) continueraient à se développer par rapport au Niveau d'où ils ont été retirés. Il est impossible de manquer tel ou tel Niveau. Ils doivent passer encore soixante Niveaux pour que chacun d'eux puisse se retrouver dans la hiérarchie de Dieu.

Les prédictions sont données afin qu'une personne puisse les résoudre et déterminer auxquelles situations elles se rapportent, ce qui, à son tour, permet d'éviter le danger en cas de la compréhension correcte de la situation. Les gens ont décidé que si la ville Koursk était indiquée dans la prédiction, ils ne pourraient rien changer. Mais les prédictions sont toujours données en cas de la possibilité de changer quelque chose. Si une tragédie se produit, ce sont les gens qui en sont responsables.

TERRORISME

Lecteur. Pourquoi le terrorisme est-il en plein essor? Est-ce que tant de gens ont mérité le karma? Qui est exactement responsable de ce processus et quel est son but?

Réponse. C'est le choix de l'humanité. Elle a pris la voie de la

194

dégradation et le terrorisme était une conséquence de son mauvais choix. C'était de telle manière que l'on punissait les gens qui ont choisi des biens matériels au lieu du développement spirituel. L'humanité paie pour des erreurs commises. Maintenant, c'est-à-dire au cours de la période de l'achèvement de la 5ème race, on tend à ne pas remettre des punitions à plus tard, mais à les donner immédiatement, après la commission d'une mauvaise action.

JUGES SE RÉUNISSENT

Lecteur. Je n'ai pas célébré une fête du 31 décembre, je ne me suis pas bourrée, je n'ai pas bu et je n'ai pas regardé les concerts (je pensais que c'était important, sinon je n'aurais rien vu), et à 19 heures je suis allée au lit, en pensant aux lois de l'Univers. Je ne me suis réveillée qu'à 4 heures du matin. J'ai vu un rêve que j'étais dans un autre espace où j'ai remarqué un large chemin fait d'une matière étrangère, pas terrestre, et deux personnes, un jeune homme et une femme, qui le suivaient. Mais je comprenais que c'était des Substances Supérieures.

Elles ont commencé à s'approcher de moi et une voix au-dessus de ma tête les a commentés: «Les Juges Supérieurs se réunissent. Ils jugeront la race humaine dès le début de son existence".

J'ai été choqué et j'ai pensé: "Votre entourage est en train de se préparer pour le Jour du Jugement". Après cela je me suis réveillée. C'était un rêve incroyable et le meilleur début de l'année.

Réponse. Les informations de votre lettre sont intéressantes et confirment ce qui arrive aux gens. Donc on dit encore une fois que le Jour du Jugement sera vraiment Grand et sera le dernier pour plusieurs individus.

On réunira les missionnaires des différents pays. C'est-à-dire, on voudrait rassembler un groupe de gens qui ont traduit nos livres et qui ont distribué nos doctrines à leur peuple. Ils seront nos assistants au cours du jugement de leur peuple et nous aideront à déterminer ceux qui les aident et allègent leurs souffrances spirituelles, et, donc, méritent de passer à l'éternité et à la 6ème race.

Un rêve montrait aussi les gens qui ont créé des obstacles pour nos missionnaires, se sont moqués d'eux, les ont humilié, les ont fait souffrir et ils seraient donc les candidats principaux du déchiffrement ou de l'envoi au Système de Diable.

Dans votre rêve il s'agit de la réunion des Juges qui se passe avant le Jour du Jugement. Ils représentent aussi des âmes élevées. Cela est également confirmé par les lettres de nos autres lecteurs.

Vous aviez de la chance que le Déterminant vous ait montré un rêve si intéressant. Mais on pouvait supposer que ce rêve a été causé par le fait que les premiers Juges, venus d'autres pays, se sont déjà rassemblés et se préparaient à juger. Ils étaient en train de faire le choix.

* * *

Chapitre 7
PARTICULARITÉS DE L'ACQUITTEMENT DU KARMA
KARMA ÉLÈVE ET FORME DES CELLULES
MATRICIELLES

Tous les gens qui étudient l'ésotérisme connaissent bien le mot «karma». Ce terme provient de la philosophie indienne et peut être défini d'une manière suivante: le karma est une punition pour tout le mal qu'une personne fait au cours de sa vie, c'est la correction des erreurs commises par l'âme dans le passé et le présent. Mais le temps a donné à ce terme une définition plus profonde qui incluait une explication des processus profonds liés à la correction de l'âme.

Des actions, des pensées, des sentiments contribuent à l'accumulation des énergies qui, à leur tour, forment des qualités particulières dans les cellules de la matrice de l'âme. Si la personne accomplit des actions erronées, ses pensées sont liées à des passions diaboliques et pêcheuses, et les sentiments qui en résultent sont faibles et sales, dans ce cas ce sont des énergies sales et grossières qui commencent à affluer dans la structure subtile et qui ne peuvent pas être utilisées au cours de la formation des qualités dans les cellules matricielles. C'est-à-dire que les mauvaises actions et pensées emplissent l'âme d'énergies défectueuses qui ne contribuent pas au progrès de l'âme, mais causent la dégradation.

Un individu peut passer une vie et ne pas acquérir l'énergie de qualité nécessaire, ses accumulations peuvent être constituées d'un seul défaut. Cependant, les Célestes dépensent leur ressources pour assurer la vie humaine. Et une personne doit aussi travailler en leur remboursement. C'est-à-dire qu'elle a une dette énergétique d'une vie qui est liée à l'accumulation insuffisante des qualités nécessaires, et qu'elle doit, en outre, rembourser une partie des énergies dépensées par les Célestes pour assurer sa vie. Ainsi, ses dettes énergétiques sont composées de ces deux indicateurs principaux. Et ce sont ces dettes d'énergie qui forment son karma.

Les qualités requises pour la formation de l'âme sont choisies par les Maîtres Célestes qui les incluent dans le programme de la vie d'une telle ou telle personne. Par conséquent, l'âme humaine n'est pas formée par hasard, mais s'appuie strictement sur le plan des Célestes.

En accomplissant de mauvaises actions, en péchant, en poursuivant les biens et pas les connaissances et l'expérience de la vie, l'individu retarde son développement du point de vue du temps, car les Célestes le forceront toujours à accumuler dans les cellules de sa matrice ce qui lui est prévu afin de perfectionner l'âme. Et c'est pourquoi il serait obligé d'accumuler ce qu'il n'a pas gagné au cours de l'incarnation passée, en se trouvant dans des situations répétitives de la prochaine vie.

S'il commet des actions pêcheuses, s'il montre de l'agressivité, du mal par rapport aux autres, dans ce cas ce sont des énergies sombres et sales qui pénètrent dans les structures minces de son âme. Après la mort, ces énergies sont expulsées et les Maîtres Célestes commencent à éduquer les gens, en les forçant à acquérir les énergies qui forment des qualités menant à Dieu.

L'éducation consiste en ce que l'individu est introduit dans des situations dans lesquelles on le tue ou l'on tue ceux qu'il aime afin de lui déshabituer d'empiéter sur la vie des autres. En souffrant après la perte de ses bien-aimés, l'âme basse commence à comprendre ce qui est bon et ce qui est mauvais, ce que l'on peut faire et ce qui interdit à faire. En conséquence, une telle âme change qualitativement et peut passer d'un tueur à un défenseur de la vie des autres.

Ainsi, le karma aide l'âme non seulement à développer les énergies nécessaires, mais aussi rééduque complètement la personne.

Pour accumuler des qualités nécessaires, une âme doit passer une série de processus énergétiques complexes suivie par la purification périodique des structures minces des énergies défectueuses.

Le karma ôte l'âme de tous les bas qui ne contribuent pas à son évolution et aide l'âme à progresser à l'aide de la répétition des processus conduisant à l'accumulation des indicateurs normatifs requis pour telle ou telle étape du développement.

Le karma force une personne à se former d'une manière correcte, en respectant les lois de l'existence éternelle. Ainsi, dans tous les cas, il est créé non pour porter du mal à l'homme, mais pour l'aider à se diriger vers l'immortalité, vers l'existence éternelle, bien qu'il soit difficile à rembourser. Mais cela dépend complètement de la personne elle-même: si elle en fait de belles, elle doit puis les rembourser à l'aide du karma. Donc, le mal reviendrait toujours à celui qui l'a produit.

Donc, on peut dire qu'en raison du fait que la personne ne comprend pas elle-même comment elle peut devenir éternelle et entrer dans la hiérarchie de Dieu, elle se dirige vers l'immortalité à travers la souffrance karmique.

Mais passons maintenant aux questions de nos lecteurs et observons quelles nouveautés sur la notion du «karma» nous pouvons ouvrir à nos lecteurs.

KARMA NÉGATIF ET LE KARMA POSITIF

Lecteur. Dans vos doctrines vous décrivez le karma d'une manière négative. C'est-à-dire que vous disiez que la personne vivait injustement, elle produisait les énergies d'un Niveau inférieur et pas celles requises par le programme. En conséquence, cet individu aurait des dettes liées à l'énergie et, dans sa prochaine vie, il se retrouverait dans les situations résolues d'une manière incorrecte afin de les passer encore une fois.

Mais dans d'autres doctrines ésotériques, on parle non seulement du karma négatif, mais aussi de celui positif.

Question. Est-ce qu'il existe le karma positif? En d'autres termes, une personne qui, par exemple, a non seulement utilisé correctement le programme de base de la vie, mais aussi s'est activement engagé dans un travail créatif et, grâce à cela, a produit une grande quantité d'énergies claires, pourrait-elle être récompensée d'en Haut pour son travail valeureux au profit de l'Espace? Et cela peut-il être considéré comme une sorte de karma positif?

Réponse. Vous utilisez un terme incorrect – le karma positif. Il vaut mieux d'appeler ce fait - "l'encouragement pour un programme exécuté d'une manière correcte". Si une personne fait tout correctement, si elle évite les actions pêcheuses qui sont aussi populaires parmi la population, elle se verra attribuer, lors de la prochaine incarnation, un bon destin afin de pouvoir continuer son développement avec succès et sans erreurs. Les Célestes sont très intéressés par ces personnalités, car Ils peuvent dépenser moins d'énergie pour assurer leur progression et, en même temps, Ils reçoivent plus d'énergie en échange. Par conséquent, il est utile de mener une vie bonne et vertueuse. Cela exercera sûrement une influence positive sur l'incarnation ultérieure. C'est pourquoi on dit souvent que la personne projette son propre destin: elle élabore le mauvais karma, en commettant de mauvaises actions, mais elle sera récompensée si elle fait des bons gestes, et pourra continuer à vivre dans les meilleures conditions, en créant un environnement fertile lui permettant de continuer à se perfectionner d'une manière bénéfique.

DE QUELLE MANIÈRE PEUT-ON MODÉLISER DES SITUATIONS KARMIQUES NÉGATIVES

Lecteur. Peut-on dire que les fonctions du Système négatif des mondes inférieurs consistent à (en plus de tout le reste):

a) modéliser des situations négatives de nature karmique pour des individus positifs. Ces situations doivent assurer la présence des personnalités négatives dans leur vie – c'est-à-dire des exécutants (par exemple le maniaque tue l'enfant, en condamnant ses parents à une existence terrible jusqu'à la fin de leurs jours. C'est une sorte de punition d'en Haut);

b) modéliser des situations négatives pour des individus positifs afin de les faire retrouver dans des conditions de souffrance. Mais si je ne me trompe pas on ne le fait pas pour des raisons karmiques, mais pour purifier leurs âmes des énergies "sales" et les remplir avec des énergies claires. C'est vrai?

Réponse. Tous les remboursements karmiques sont élaborés par le Système de Règlement propre à l'Hiérarque négatif, c'est-à-dire ils ne sont pas seulement calculés, mais ils sont formés d'une manière holographique. En même temps, ils sont modélisés par le moyen qu'en se trouvant dans la même situation, certaines personnes progressent et d'autres travaillent en remboursement du karma. Souvent, le Système négatif introduit dans de telles situations ses exécutants tels que, par exemple, les ravisseurs ou les meurtriers ou, par exemple, donne à un enfant positif des parents négatifs.

Les individus positifs et négatifs sont mélangés dans les situations de la vie pour que certains puissent en éduquer d'autres, par exemple, l'âme karmique est donnée au corps laid, mais en même temps, elle reçoit des parents positifs et, donc, la possibilité de rembourser ses dettes et continuer à se développer dans une direction positive.

Dans tous les cas, le programme de Diable, qui se distingue par ses méthodes rigoureuses, aide l'âme non seulement à rembourser les dettes énergétiques, mais aussi à se purifier et à retourner à Dieu. Vous avez bien compris cette question. C'est pourquoi, en privant les parents d'un enfant et en les faisant souffrir (c'est une situation strictement karmique), ou en faisant retrouver des individus positifs dans des situations difficiles, les membres du Système de Règlement forcent les âmes à se purifier et à développer des qualités positives de compassion. En développant des sentiments de culpabilité, ils forçaient les gens à analyser leur vie et à chercher des situations dans lesquels ils ont commis des erreurs.

Toute situation difficile éduque une personne positive. Cependant, cette situation peut aussi servir de prétexte pour qu'un individu se détourne de Dieu, elle peut le faire dégrader (jeter l'éponge, ne faire rien, commencer à boire). C'est-à-dire que toute situation est aussi une épreuve pour la personne qui permet de voir quelle voie elle choisira.

KARMA DU CORPS

Question. Le karma est toujours lié à telle ou telle action incorrecte et, par conséquent, au choix de l'âme, car c'est elle qui affecte les actions. Et le corps physique possède-t-il le karma?

Réponse. Le karma fait référence non seulement à l'interaction entre les personnes, mais aussi au corps physique humain, ainsi qu'à la capacité inutilisée à comprendre les connaissances ou les compétences créatives développant l'âme et à l'interaction avec le monde extérieur.

Le corps physique a également ses propres responsabilités, son propre programme génétique et ses perspectives du développement. Cependant, puisque la progression du corps matériel est toujours liée au choix d'une personne, l'âme continue à jouer un rôle primordial au cours de la formation du karma. Cela concerne, par exemple, une personne qui souffre de la gourmandise et qui néglige les exercices physiques. C'est le choix de l'âme qui affecte le développement de sa coquille physique qui, à son tour, se dégrade d'un tel mode de vie.

Dans ce cas, une personne peut gagner du karma qui ne se rapportera qu'à son corps: dès la naissance, on peut lui attribuer un défaut d'une coquille matérielle et elle devra l'affronter pendant de nombreuses années. Ou, disons, l'individu n'est pas du tout engagé dans le développement de son niveau spirituel bien qu'il existe toujours un lien direct entre le niveau spirituel de la personnalité et la matière physique. C'est-à-dire que la personne sans esprit ne contribue pas au progrès de sa matière. Cela la conduit à des dettes énergétiques qui, à leur tour, doivent être périodiquement remboursées à l'aide des situations difficiles de la vie.

Nous ne devons pas oublier une telle dépendance, puisque le progrès du corps matériel, l'augmentation de l'énergopotentiel dépendent du développement spirituel d'une personne. Tout est interrelié.

POLITICIENS, GAGNENT-ILS LE KARMA OU NON?

Lecteur. Si je ne me trompe pas, dans le livre "L'Humanité" vous écrivez que tous les politiciens gagnent du karma.

Qu'est-ce que vous voulez dire? C'est-à-dire que tous les politiciens, même positives, en ont, quelle que soit la décision qu'ils prennent? S'ils s'engagent dans la politique, dans ce cas ils gagneront obligatoirement du karma? Même si ces décisions ne concernent pas des guerres qui cause toujours du karma?

Et est-ce que je bien comprends qu'un politicien du Système de Dieu se trouvant sur la Terre a deux représentants politiques du Système de Diable?

Réponse. Tous les politiciens positifs ont la possibilité de gagner du karma, mais cela ne signifie pas que chacun d'eux le gagneront. Il existe toujours des politiciens honnêtes et corrects qui prennent les bonnes décisions et protègent les intérêts de leur peuple.

Les Célestes considèrent les politiciens comme les gens ordinaires, existant dans des situations sociales plus élevées. Ce sont des âmes plus élevées du point de vue du développement qui ont déjà beaucoup d'expérience, c'est qui explique les exigences plus strictes imposées à eux. Après tout, ils dirigent des groupes de personnes, le bonheur et le malheur de milliers de personnes dépend de leurs décisions. Par conséquent, ils doivent réfléchir bien avant de prendre la décision, avant de dire «oui» et «non». Les postes les obligent toujours à le faire. Le fonctionnaire doit être strict et exiger, tout d'abord, de lui-même et puis - des autres.

Au cours de leur travail, les politiciens positifs ont toujours plus de difficultés que les politiciens négatifs, car ces derniers agissent strictement selon leur programme écrit par des Niveaux du système plus élevés. Tout est déjà décidé sans eux, c'est pourquoi ils ne peuvent faire aucune erreur. Au lieu d'erreurs, ils peuvent commettre des actions négatives préméditées qui, à leur tour, ont des objectifs négatifs.

Le rapport quantitatif entre les politiciens négatifs et positifs évolue constamment. C'est pourquoi vous avez indiqué des relations inexistantes. Mais si l'on s'adresse à l'histoire, on peut affirmer que, du fait de leur énergie, le nombre de politiciens négatifs dépasse toujours le nombre de politiciens positifs se rapportant au pouvoir. Et chaque action de ces derniers est évaluée: et quotidienne, et sociale. Par conséquent, le karma est déterminé à partir de nombreuses actions cumulatives.

Une personne doit toujours comprendre et distinguer les bonnes actions et celles mauvaises, malgré la situation où elle les commet. Plus élevé est le Niveau du développement d'un, plus d'exigences lui sont imposées.

GAGNER DU KARMA, EN UTILISANT LES DISPOSITIFS TECHNIQUES

Lecteur. Une telle discussion amicale est née dans notre groupe. Une personne affirme que c'est Diable qui est responsable de tout l'équipement technique qui nous entoure dans la vie. C'est Lui qui a tout calculé. Et on devra payer pour l'utilisation de ces dispositifs (des machines, des ordinateurs, des téléphones) à l'aide de notre énergie. C'est-à-dire, on devra non seulement rembourser l'équivalent d'énergie utilisée lors de l'achète d'un équipement technique, mais aussi l'énergie perdue lors de l'utilisation de cet équipement au cours de la vie. Est-ce que c'est vrai?

Et est-ce que c'est possible qu'en raison de la quantité énorme d'équipement technique, une personne gagnera des dettes énergétiques supplémentaires et ne sera pas capable de les rembourser même à la fin de sa vie?

Réponse. Gagner du karma, en utilisant des dispositifs techniques, est possible, mais cela dépend de la raison pour laquelle on utilise la technique, ainsi que de la façon dont on passe le temps libre résultant de son utilisation. La technique est créée non seulement pour faciliter le travail des personnes, en économisant leur force afin d'assurer le développement de l'âme, mais aussi pour utiliser le temps économisé afin de se perfectionner du point de vue spirituel.

Il existe l'équipement technique qui est responsable de la production des traits de caractère négatifs, tels que, par exemple, la paresse, et qui ne contribue pas au développement de l'individu (par exemple une lave-vaisselle, l'aspirateur robot, le robot ménager, la console de jeu, le Smartphone, les gadgets, etc). En plus, de nombreuses innovations modernes inutiles sont maintenant en cours de leur création. Par exemple, même dans la fabrication de meubles, certaines, disons, «améliorations» de la fixation des joints en bois sont en réalité une détérioration, car elles compliquent l'assemblage et, au contraire, prennent du temps utile, bien que la fiabilité de leur exploitation diminue.

C'est-à-dire que les inventeurs ont choisi un moyen déraisonnable consistant à compliquer les machines, les meubles, leurs détails et accessoires qui n'assurent pas le progrès, mais la dégradation de l'homme.

KARMA ET LES DETTES ÉNERGÉTIQUES

1. Quand une personne finira-t-elle de rembourser ses dettes à l'aide de la souffrance?

Question. Quand les souffrances sur la Terre prendront fin? Il est clair qu'une personne rembourse ses dettes énergétiques à l'aide du tourment. Mais quand doit-elle rembourser la dernière? Tout cela dure 10-20 ans et aucune psyché ne peut le supporter.

Réponse. Une personne souffrira jusqu'à ce qu'elle apprenne à agir, à penser, à ressentir et à appliquer toutes les lois de la société et de l'Univers d'une manière correcte. C'est elle qui en est responsable.

Il s'avère que lorsqu'elle travaille en remboursement des dettes liées à l'énergie, elle commet, en même temps, d'autres erreurs et continue à gagner de nouvelles dettes, puisqu'à la fin de la 5ème race, certaines personnes corrigent leurs erreurs immédiatement. Mais, quand même, dans sa prochaine vie tout sera normalisé et tout ira bien. Cependant, pour ne pas retarder le retour des dettes énergétiques, il faut se comporter bien, respecter les lois de la société, les règles de la moralité et être éduqué. Et alors la vie d'une personne commencera à s'améliorer.

2. Est-il possible de s'habituer aux souffrances?

Question. Une personne doit rembourser ses dettes énergétiques à l'aide des souffrances. Et est-ce qu'il est possible de s'adapter aux mauvaises conditions et cesser de souffrir, se sentir à l'aise? Qu'est-ce qui se passe dans ce cas?

Réponse. Oui, cela arrive, une personne peut s'habituer à tout, mais dans ce cas on lui envoie un autre type de souffrance, car une personne peut souffrir pour diverses raisons. Cependant, une personne est capable de se développer sans aucune souffrance, si elle analyse en permanence chacun de ses actes, ses propres pensées et s'efforce de les réaliser d'une manière positive.

3. Travailler en remboursement du karma à travers la maladie.

Lecteur. J'ai eu une telle situation avec mon parent. Il était gravement malade, il a été opéré, mais il a réussi à rester en vie. Bien que le résultat pût être complètement différent, et il était sûr de ne pas avoir assez de forces pour supporter cette maladie. Mais après être resté en vie, il a commencé à réfléchir sur ce qui lui était arrivé: est-ce que c'était une situation karmique ou c'était une sorte de remboursement de sa dette énergétique?

Par exemple, il a commencé à présumer qu'il était tombé malade parce qu'il menait un mauvais style de vie et ce n'était qu'une dégradation car un mauvais comportement entraînait toujours une diminution de l'énergopotentiel d'une personne. Ou je pourrais supposer que pendant cette période de sa vie, il s'est trouvé dans une situation impliquant le choix entre l'impasse et, par conséquent, la mort possible, et la variante de vaincre la maladie et de poursuivre son développement.

On ne savait pas ce que c'était: le karma ou le retour de certaines dettes énergétiques, et à quoi devrait-il maintenant prêter attention dans sa vie afin que cela ne se reproduisît plus?

Réponse. Le karma est la dette énergétique. De toute évidence, elle est venue d'une vie passée, et son travail en remboursement a été inclus à l'incarnation présente. En effet, il avait le choix entre l'impasse dans laquelle il pourrait faire face à la mort afin de ne pas accumuler de dettes supplémentaires, et une variante de traitement avec une opération qui lui faisait très peur et qui lui forçait à attendre sa mort. Si une personne ne commençait pas à se traiter, dans ce cas il s'agissait d'un choix de l'impasse, elle mourrait et la dette perdurerait dans la prochaine vie.

Mais elle a réussi à vaincre la peur de l'opération, elle a commencé à se traiter et, finalement, elle s'est retrouvée sur la bonne voie, puisqu'elle a trouvé des forces pour surmonter sa peur, ce qui était importante pour elle. Elle a donc pu rembourser sa dette énergétique et continuer à développer la qualité du courage.

Autrement dit, elle a contourné l'impasse et on lui a donné la possibilité de continuer son développement. C'était une sorte d'encouragement. Il existe des maladies karmiques inévitables et celles acquises à cause du mauvais mode de vie. (Par exemple, une personne fume dès son enfance et gagne donc un cancer du poumon). Les maladies acquises peuvent être évitées si vous vous arrêtez à temps.

Ceux qui se trouvent au Niveau du développement plus élevé prévoient les maux auxquels une personne est prédisposée, et, donc, ils incluent d'avance dans son programme une variante avec punition ou encouragement. En d'autres termes, si une personne commençait à fumer et ne cessait pas de le faire à un moment donné, la peine sous la forme de cancer est donc incluse dans son programme. Et si elle cesse de fumer au point de vérification, la variante du programme contenant la maladie se ferme automatiquement.

4. Le remboursement de la dette énergétique à l'aide du décès d'un bébé.

Lecteur. Si je ne me trompe pas, une âme possédant une dette énergétique s'incarne afin de rembourser plus tard la dette d'une vie précédente à l'aide d'un déchargement d'énergie au moment de la mort. Le Déterminant forme pour elle les corps énergétiques temporaires, le corps physique, et dépense déjà certaine énergie. Comment une telle âme gagnerait de l'énergie pour rembourser sa dette, si la mort survenait en bas âge, ce qui, à son tour, signifiait qu'elle n'a pas eu le temps de rien accumuler?

Réponse. Les Célestes ont déjà calculé tout cela et l'ont inscrit dans des indicateurs standard. Par conséquent, Ils ne calculent même plus la correspondance entre la dette énergétique et la durée de la vie d'une personne. Lorsque la valeur de la dette énergétique est déterminée, Ils regardent ce «tableau» qui donne une réponse immédiate: si l'on possède une dette misérable, il suffit de naître et de mourir tout de suite, et puis le montant de la dette sera remboursé par la durée d'existence de ce monde terrestre.

Si la mort avait survenue dans la tendre enfance, alors, naturellement, une telle âme avait des dettes d'énergie minimales, c'est pourquoi les Célestes ont décidé qu'il suffirait de les rembourser durant leur courte existence. Dans ce cas, on assisterait au déchargement d'énergie provenant de toutes les coquilles avec lesquelles cette âme était déjà née.

Les coquilles temporaires accumulent de l'énergie pendant les neuf mois au cours desquels le fœtus se forme, c'est-à-dire que le corps de l'enfant interagit par le biais de certains processus avec le corps de la mère, ce qui explique l'accumulation de ses énergies.

Quand l'âme du futur enfant se trouve près de sa mère, elle la ressent et interagit avec elle émotionnellement. Ainsi, au cours de ces neuf mois, le nouveau-né peut accumuler une certaine quantité d'énergie, ce qui l'aide à rembourser sa dette énergétique. Aussi il faudrait y ajouter la souffrance de l'âme qui comprenait qu'elle devrait mourir, n'ayant pas eu le temps de naître. Cette souffrance donne aussi beaucoup d'énergie.

COMMENT PEUT-ON REMBOURSER DES DETTES ÉNERGÉTIQUES CONSIDÉRABLES?

Question. Si une personne avait des dettes énergétiques considérables envers les Célestes (par exemple elle a beaucoup volé) et elle ne les a pas remboursées au cours de sa vie, qu'est-ce qui lui arriverait après sa mort? Est-ce qu'elle se retrouverait dans la Hiérarchie négative et ce serait un Hiérarque négatif qui rembourserait les dettes au lieu de cette personne? Ou serait-elle décodée et, lors du décodage, il y aurait autant de tourments qu'il serait nécessaire pour rembourser toutes ses dettes énergétiques? Je voudrais savoir votre opinion. Que pensez-vous, quelle variante aura-t-elle lieu?

Réponse. Le remboursement de la dette dépend du Niveau du développement d'une personne et de la somme de ses péchés dans cette vie, puisqu'un individu peut devenir riche par la duperie et le vol et l'autre – à l'aide de la destruction physique de personnes qu'il n'aime pas. Tous les gens qui ont des dettes énergétiques considérables sont transférés à Diable afin de travailler en remboursement des péchés. Après cela deux variantes peuvent avoir lieu.

La première variante. Une personne qui a acquis une grande fortune à l'aide de la tromperie ou du vol continuerait à se développer dans la Hiérarchie négative, en perdant ainsi la liberté de choix, c'est-à-dire qu'elle suivrait les programmes stricts d'une manière robotisée. Diable crée donc des programmes individuels permettant à la personne de travailler en remboursement des dettes énergétiques. Mais le travail en remboursement total ne s'applique qu'à quelques incarnations. Bien sûr, une telle personne existera dans des conditions difficiles.

Afin de réduire le travail en remboursement de la dette énergétique au cours de sa vie, l'ancien homme riche (bien qu'il n'ait pas encore été transmis à Diable) a le droit de démontrer sa miséricorde et de consacrer la partie importante de sa fortune au développement spirituel de la société ou à l'aide aux enfants malades. Le développement spirituel de la société n'inclut pas l'aide aux religions anxieuses (la restauration d'anciens temples et le maintien de la bonne vie du spiritualisme moderne). Mais il serait possible d'aider les monastères dans lesquels se développaient les âmes des moines ermites qui ont renoncé aux tentations de la vie moderne.

Il est également interdit de consacrer sa fortune au développement d'anciennes doctrines fausses qui contribuent à la dégradation des âmes qui les reçoivent. Il est inutile de faire un don à une ancienne chose qui est en cours de la destruction. Il faut aider la nouvelle Doctrine à rester en vie.

En ce qui concerne les enfants malades, dans ce cas, en luttant pour leur rétablissement, une personne contribue au travail en remboursement de leur karma et, en même temps, réduit ses propres dettes énergétiques.

La deuxième variante. Les personnes qui ont acquis leur fortune, en tuant les autres ou en les privant du toit et de leurs moyens de subsistance, ne seraient transférées à Diable que pour le décodage. À cet égard, avant le déchiffrement, l'Hiérarque négatif les laisse partir dans la prochaine incarnation pour qu'elles remboursent les dettes énergétiques. Il faut aussi souligner que la vie de telles personnes est terrible. Et, en effet, leur supplice durera jusqu'à ce qu'elles remboursent toutes leurs dettes énergétiques qui, à leur tour, se composeront des fonds accumulés et des moyens dépensés pour leur incarnation.

Tous ceux qui ont des dettes énergétiques considérables, reçues à la suite d'opérations malhonnêtes et de fraudes, viennent à l'Hiérarque négatif qui leur détermine le type du travail en remboursement. L'Hiérarque ne rembourse aucune dette lui-même.

Chaque personne doit rembourser ses dettes énergétiques elle-même.

En ce qui concerne les personnes ayant des dettes énergétiques misérables qui sont le résultat des fraudes et des vols insignifiants, elles ne peuvent retourner dans le monde terrestre et rembourser leurs dettes énergétiques par la privation et la souffrance dans un Système positif qu'après la purification en enfer. Leurs âmes seront rééduquées à l'aide des épreuves sévères.

TRAVAIL EN REMBOURSEMENT DES DETTES ÉNERGÉTIQUES AVANT LE DÉCODAGE

1. Comment peut-on rembourser les dettes énergétiques avant le décodage?

Question. Quelle est la vie des personnes qui se sont réincarnées afin de rembourser des dettes énergétiques avant le prochain décodage?

Réponse. Dès leur naissance, elles se trouvent dans des corps défectueux et laids. La plupart d'entre elles ont un esprit inférieur (puisque leurs cellules des accumulations mentales sont bloquées, mais l'âme en ressent et en souffre). Mais certaines âmes devront franchir des couches de l'Enfer exigeant aussi la purification et seulement après cela elles pourront être décodées. L'esprit de ces âmes n'est pas bloqué, c'est pourquoi elles sont capables de souffrir à part entière.

Question. Est-ce que ces gens vivent, en s'appuyant sur un programme strict qui ne donne aucun choix?

Réponse. Dès que l'âme est déterminée comme celle succombant au décodage, on commence à créer un programme strict vise à travailler en remboursement de ses dettes. Ce programme ne sera utilisé qu'au cours d'une seule incarnation. Si elle a beaucoup de dettes énergétiques, elle peut alors travailler en leurs remboursements au cours de deux incarnations, en s'appuyant toujours sur le programme rigide. Le destin de ces personnes se forme d'une manière très sévère.

La dette énergétique dépend-elle de l'énergie supplémentaire?

Lecteur. Les âmes doivent travailler en remboursement de leurs dettes énergétiques, c'est-à-dire de leurs dépenses supplémentaires. Mais si elles s'étaient dégradées au cours de trois incarnations précédentes, elles avaient perdu l'énergie donnée à leur développement et, de plus, elles n'avaient pas pu faire aucun profit aux Célestes, comment, dans ce cas, pourraient-elles rembourser leurs dettes?

Réponse. Il faut bien rappeler que ce profit est tellement nécessaire pour les Célestes, puisqu'il assure l'évolution générale de la Hiérarchie de Dieu, il permet de développer de nouvelles méthodes et voies de progression, il contribue à l'expansion des frontières des volumes mondiaux qui exige aussi beaucoup d'énergie. C'est pourquoi chaque âme devrait veiller non seulement à ses perspectives, mais aussi aux perspectives de ceux qui l'ont créée. À cette fin, dans la Hiérarchie de Dieu (les Systèmes Médical et de Diable), il existe des normes qui fixent le pourcentage d'énergie excédentaire qu'un tel ou tel Niveau du développement doit fournir aux Célestes, c'est-à-dire chaque Niveau fourni son propre pourcentage de profit.

En fonction du Niveau auquel appartient l'âme, elle est obligée d'accumuler sa propre quantité d'énergie excédentaire qui, à son tour, est déterminé par le programme du développement. C'est-à-dire qu'à chaque Niveau, les limites d'énergie excédentaire seront particulières: les Niveaux inférieurs doivent générer moins d'énergie en comparant avec ceux supérieurs.

En se basant sur ce principe de progression, on peut dire que les dettes énergétiques des âmes qui sont en cours de décodage se multiplient. Premièrement, elles devraient rembourser les dettes énergétiques gagnées au cours des réincarnations précédentes dans lesquelles elles se sont dégradées et ont gaspillé l'énergie donnée d'en Haut afin d'assurer leur perfection. Et deuxièmement, elles n'ont pas encore apporté du profit excédentaire qu'elles auraient dû apporter à la Hiérarchie, aux Célestes, puisque le profit total était distribué parmi elles aussi. Par conséquent, leurs dettes énergétiques augmenteraient aussi à cause de l'addition du montant du profit excédentaire qu'elles auraient dû donner à tel ou tel Niveau. Si elles avaient dégradé au cours de trois vies, elles devraient alors rembourser les dettes gagnées à cause de l'utilisation incorrecte de l'énergie au cours de trois incarnations précédentes. On doit y ajouter aussi des dettes énergétiques gagnées à cause du pourcentage insuffisant du profit apporté au cours des trois réincarnations. Tout est calculé par les Systèmes de Règlement qui sont responsables de la formation des normes spéciales (quelque chose de pareil avec les standards d'État). C'est pourquoi le processus de la détermination de la dette de l'âme ne présente aucune difficulté. Et comme l'on tend à décoder des Niveaux inférieurs, leurs dettes énergétiques ne dépassent jamais le cadre.

Où l'âme rembourse ses dettes énergétiques.

Question. Est-ce que l'âme, incarnée sur la Terre, mais transférée au Système de Diable, peut rembourser des dettes énergétiques envers les Systèmes Supérieurs de Dieu? Ou elle peut les rembourser après la mort, en se trouvant déjà dans le caveau des âmes?

Réponse. Après la mort on ne peut rembourser des dettes énergétiques qu'en se trouvant à l'Enfer et les âmes qui font partie de celles succombant au décodage devront les rembourser au cours d'une ou trois incarnations supplémentaires dans lesquelles elles seront réincarnées dans des corps défectueux ou existeront dans les conditions de vie les plus difficiles, après quoi elles seront décodées.

COMMENT DÉTERMINE-T-ON LES DETTES ÉNERGÉTIQUES ET LES DÉPENSES DE L'ÉNERGIE REQUISES POUR TELLE OU TELLE SITUATION

Question. Quels mécanismes incluent la situation vise au travail en remboursement de la dette énergétique? Et de quelle manière surveille-t-on la quantité de l'énergie donnée à une personne et la quantité de l'énergie dépensée au cours de telle ou telle situation? Après tout, il est possible que l'individu ne dépense pas toute énergie donnée pour la situation. Expliquez, s'il vous plaît, à quoi ça ressemble du point de vue du programme?

Réponse. Une personne reçoit une quantité d'énergie strictement déterminée par le Niveau et une quantité de qualités qu'une personne doit dépenser afin d'accumuler des qualités strictement définies pour elle-même. Personne ne déterminera rien, en s'appuyant sur de petites choses. Chaque situation est déterminée avant la naissance d'une personne et les types d'énergies et leurs quantités requises pour chaque situation individuelle sont aussi déterminés d'avance. Tout est calculé d'avance, en fonction de l'énergopotentiel de l'individu, puisque chaque potentiel est capable de dépenser sa propre quantité et pas plus.

Lorsque l'existence dans le monde terrestre et la Cour prendront fin, ce ne seront alors que la quantité d'énergie dépensée par l'individu pour chaque situation de la vie et le montant restant de la quantité totale qui seront calculés. En plus, on déterminera la présence du dépassement, la qualité des énergies accumulées et leur quantité.

Dans ce cas, on additionne toute l'énergie défectueuse produite par l'âme et la transmet comme une dette qu'une personne doit rembourser lors de la prochaine incarnation. La partie minimale des dettes insignifiantes est remboursée immédiatement au cours de la vie, ce qui est pris en compte lors de la création du programme (c'est-à-dire que l'on prend en compte la possibilité de leur apparition), et tout le reste est transféré donc à la prochaine incarnation. Les calculs sont effectués automatiquement dans le Département de Calculs des Célestes. Ils ont des programmes spéciaux qui permettent de calculer facilement toute l'énergie perdue et accumulée, ainsi que toutes les nouvelles dettes.

KARMA EST-IL BASÉ SEULEMENT SUR LES TRAVAUX KARMIQUES EN REMBOURSEMENT OU NON?

Question. Le programme de la vie peut-il se baser uniquement sur des travaux karmiques en remboursement ou il existe le besoin d'avoir quelque chose de nouveau?

Réponse. Le programme des âmes décodées est entièrement basé sur les travaux karmiques en remboursement car, avant d'être détruites, elles doivent rembourser toutes les dépenses faites au cours de leur existence. Et parfois, il faut passer plusieurs vies difficiles pour réussir à le faire.

Et ceux qui continuent à s'incarner, on les ajoute, sauf des travaux karmiques en remboursement, des situations qui les aident à se perfectionner. C'est-à-dire qu'en travaillant sur le remboursement de l'ancien, l'âme progresse toujours et reçoit quelque chose de nouveau et, c'est à cette fin que l'on donne des situations particulières.

Question. Est-ce que c'est possible que des situations karmiques de 5 ou 6 incarnations seront rassemblées dans une vie? Il s'agit, par exemple, des situations liées au Moyen Âge, au 17ème siècle, etc.

Réponse. Le travail en remboursement du karma se passe au cours de 2-3 incarnations au maximum. La personne sera incapable de travailler en remboursement encore plus longtemps. Habituellement, on tend à tout rembourser au cours d'une seule incarnation, c'est la meilleure variante pour son développement.

EST-IL POSSIBLE DE CORRIGER LE KARMA À L'AIDE DU LIVRE?

1. Le piège du Système négatif.

Lecteur. Avant d'étudier les Lois de l'Univers, j'ai lu une doctrine faisant partie du «Livre de la connaissance». Elle m'a beaucoup plu.

Elle code des informations qui reprogramment l'énergie humaine et purifient le karma. J'ai commencé à travailler avec elle, mais je ne l'ai pas fini puisque j'ai commencé à étudier vos livres. Ils sont plus compréhensibles, tout y est expliqué en détail, c'est pourquoi je préfère notamment vos livres. Mais maintenant, je ne sais pas s'il faut continuer à travailler avec ce «Livre de la connaissance»? J'ai des doutes. Et si ce livre est-il issu du Système négatif?

C'est troublant que nous devons écrire nos noms et ceux de nos proches, et puis faire des notes dans le livre avec notre propre écriture, après quoi la prochaine vie se déroulera dans un environnement très pur. Est-ce qu'il y a un sens caché? Peut-être de telle manière on forme un piège pour des âmes confiantes? Je suis désolé, mais personne d'autre ne peut nous l'expliquer. J'y pense tout le temps, j'ai peur de faire une erreur.

Réponse. Le karma ne peut être jamais corrigé sans les efforces de votre propre âme. On peut supposer que c'est un piège diabolique. Le processus du développement de l'homme créé par Dieu prévoit que ce n'est qu'à l'aide de son propre travail que la personne peut former les qualités de son âme dans les cellules de sa matrice.

Si vous écrivez votre nom ou encore quelque chose dans ce livre, alors comment votre karma changera-t-il s'il se trouve à l'intérieur de la matrice de l'âme? Les constructions subtiles de votre âme contiennent des énergies acquises d'une manière incorrecte, des énergies sales y comprises. Le karma est un ensemble d'énergies se trouvant dans les cellules de l'âme qui sont acquises à l'aide des actions fausses et pêcheuses de l'homme et dont Dieu n'a pas besoin.

Vous pouvez vous purifier partiellement des basses énergies, mais cela nécessite un livre avec des informations puissantes. Alors, le plus grand énergopotentiel forcera celui le plus petit à se dégager des structures temporelles de l'âme. Mais ces textes que vous introduisez avec votre petit énergopotentiel ne peuvent rien changer du point de vue de vos dettes karmiques. Ce qu'une personne a accumulé par des actions, des pensées, des sentiments faux et ce qui ne se rapportait pas au Niveau requis serait considéré comme un défaut.

Après la mort d'une personne, ses énergies sont d'abord purifiées, et puis elle reçoit un nouveau programme à suivre et, en conséquence, elle reçoit la possibilité de corriger ses fautes, d'accumuler les énergies nécessaires à l'aide des actions correctes et de construire les cellules pour sa matrice conformément aux exigences de Dieu.

Ce n'est qu'un manque de compréhension des lois de la construction de l'âme qui peut créer l'illusion qu'en écrivant ce qui est requis dans le livre, la personne peut jeter toute la saleté se trouvant dans son âme.

Pour ne pas tomber dans le panneau de Diable, il est nécessaire de comprendre les processus qui permettent d'assurer sa perfection. Il est impossible de se retrouver au Niveau du développement supérieur, en faisant seulement quelques notes.

2. Est-il possible de se purifier au cours de la vie afin de réduire son karma?

Lecteur. Est-il possible de se purifier (ses corps subtils, la matrice de son âme) des énergies sales et non qualitatives au cours de cette vie, sans attendre le moment de la purification qui a lieu après la mort? Je comprenais que moi et beaucoup d'autres gens, nous avons fait plusieurs choses d'une manière incorrecte. Malheureusement, la prise de conscience est arrivée assez tard. Mais j'espère que ce n'est pas trop tard et vous me conseillez les moyens permettant de réduire mon karma.

Réponse. La purification est assurée par l'influence des hautes énergies. L'énergopotentiel élevé peut déplacer des énergies à faible potentiel propre aux énergies "sales" des coquilles temporaires (le corps matériel y compris).

Mais il est impossible de se purifier complètement, la purification ne peut être que partielle. Il faut aussi ajouter que chaque personne est capable de se purifier. Pour le faire, vous devez analyser vos actions, déterminer et comprendre lesquelles d'entre elles sont mauvaises, et puis vous devez commencer à travailler avec chacun de vos péchés, en faisant une action opposée.

Les actions positives ont toujours plus d'énergopotentiel que leurs opposants. Par exemple, une personne aimait l'alcool. Afin de neutraliser ce péché, il doit dire non aux boissons alcoolisées et commencer à se battre pour que les gens qui l'entourent ne boivent pas d'alcool non plus. En s'appuyant sur ce principe, on doit déterminer un algorithme d'actions permettant de neutraliser d'autres péchés.

La purification partielle des énergies sales et des entités basses pénétrant dans les coquilles éthérique et astrale, ainsi que la purification du corps physique, ont lieu lors des fêtes religieuses se passant aux églises. Ces jours-là, les Célestes font descendre de puissantes énergies aux églises. Ces énergies purifient les coquilles extérieures des paroissiens. Et en ce qui concerne l'intérieur du corps physique, la personne peut le purifier partiellement à l'aide des prières.

Vous pouvez aussi vous purifier partiellement, en lisant notre livre "Les lois de l'Univers ...". Son énergopotentiel puissant est aussi capable de déplacer les énergies sales à faible potentiel provenant des coquilles temporaires.

Mais tout cela n'est qu'une purification partielle. La purification

214

plus considérable, qui est assurée par des cellules de la matrice, a lieu après la mort d'une personne et se passe au purgatoire qui, à son tour, dispose des instruments spéciaux. Par conséquent, après la Cour, l'énergopotentiel d'une personne est considérablement réduit et les Célestes doivent la faire retrouver dans des situations répétées afin qu'elle puisse continuer à développer des qualités dans les cellules matricielles de l'âme.

3. Comment peut-on soulager le karma.

Lecteur. Comment pouvons-nous améliorer notre karma?

Dans le passé, ma fille a été impliquée dans des choses terribles: elle a détruit des sanctuaires, des temples et tout ce qui était lié à la religion. Elle n'a que 7 ans et elle ne comprend maintenant beaucoup de choses importantes. Après avoir lu vos livres et appris les informations sur mon passé et celui de ma fille, j'ai réalisé que tout ce qui nous arrivait était du karma. Et tout ce qui lui est arrivé au cours de ses 7 ans était aussi du karma. Elle avait beaucoup souffert, elle remboursait tout ce qu'elle avait fait du mal dans sa vie précédente. Quels problèmes a-t-elle survécu! Et je devais aussi trouver les forces pour supporter tout cela et l'aider à surmonter ces épreuves terribles. Mais je comprends que c'est mon karma et que je travaille en son remboursement, en aidant ma fille.

Cependant, comment puis-je aider mon enfant à améliorer son karma? Il me semble que je dois faire quelque chose, mais je ne peux pas comprendre quoi.

Réponse. Le karma qui se lève contre Dieu (la destruction des temples etc) ne peut être jamais soulagé. Vous devriez l'aider à supporter patiemment toutes les situations de la vie, en essayant de parler positivement de Dieu, de nouvelles connaissances et de lui apprendre à faire de bonnes choses.

Tâchez de lui apprendre à ne pas détruire, mais à construire à l'aide de la créativité. La créativité atténue les souffrances apparaissant au cours du travail en remboursement des situations karmiques et aide l'âme à acquérir beaucoup d'énergies positives. Si, à la fin de sa vie, les accumulations positives de l'âme dépassent celles négatives, son âme aura la possibilité d'être remarquée par Dieu.

Mais l'essentiel est de lui apprendre à sympathiser aux autres, à aider les gens faibles, à prendre soin des malades. On vous conseille de visiter avec elle des maisons de retraite, d'y porter les cadeaux faits à ses mains. Vous devez inspirer à votre fille que les gens âgés ont beaucoup de problèmes et à l'aide de vos paroles, elle apprendra à comprendre leurs souffrances. Elle peut leur lire de la poésie, elle peut danser, chanter et les personnes âgées seront heureuses de participer à cette action. Si vous parlez chaque jour de bonté et montrez comment faire de bonnes choses, les mots donneront une impulsion positive et contribueront à la renaissance progressive de l'âme.

COMMENT L'INDIVIDU POSITIF PEUT ÉVITER LE KARMA

1. Est-il possible de coexister avec des négatifs sans en tirer du karma?

Lecteur. Dans notre Univers, il existe des branches du développement positive et négative. Les lois de l'Univers elles-mêmes visent à coexister harmonieusement les unes avec les autres. Vous écrivez qu'aux Niveaux supérieurs des Hiérarchies, les relations entre les Substances de Dieu et de diable sont assez considérables. Mais après tout, dans les conditions de notre monde terrestre, une hostilité mutuelle se forme entre les négatifs et les positifs ...

Comment peut-on apprendre à coexister avec des représentants positifs et négatifs dans notre monde terrestre? Après tout, tous les individus positifs rêvent d'exterminer tous les voleurs, meurtriers, fraudeurs, etc., ne laissant que de bonnes personnes. Les individus négatifs, à leur tour, essaient de parasiter les représentants positifs à l'aide des crimes et de détruire ceux qui leur ne plaisent pas. Tant qu'il y aura une vive hostilité entre eux, les gens accumuleront des énergies d'hostilité, de colère et de haine. Comment, dans ce cas, peut-on éviter du karma?

Réponse. Notre Terre est conçue pour diviser les âmes en positives et négatives, et par conséquent, une telle hostilité est naturelle et doit être présente dans une distribution similaire. Par conséquent, certains individus développent des qualités négatives, tandis que d'autres développent des qualités positives.

La haine a aussi une limite: une chose est de faire appel à un juge et d'exiger une punition, et une autre chose est de détruire le maniaque vous-mêmes. En ce moment, une personne a le choix: elle peut agir d'une manière positive et conformément à la loi, c'est-à-dire déterminer la punition par le biais des tribunaux ou elle peut recourir à la méthode des représentants négatifs et appliquer le justicier. Dans le premier cas (l'appel à un juge équitable), une personne punit le meurtrier d'une manière licite, reste dans le Système positif et ne gagne pas du karma. Et dans le deuxième cas, elle sera envoyée au Système négatif ou commencera à travailler en remboursement du karma elle-même. Nous soulignons encore une fois que les personnes positives doivent utiliser des méthodes juridiques pour se défendre et punir les personnes négatives.

2. Si vous avertissez les autres de votre péché, dans ce cas, votre karma peut-il être corrigé?

Question. Une personne peut-elle expier son péché, si elle aide les autres à l'éviter, à surmonter certaines actions négatives, si elle les empêche de commettre une action négative?

Réponse. Chaque personne travaille en remboursement de ses péchés personnellement, car l'essence du péché réside dans le fait qu'une personne accomplit des actions interdites qui, à leur tour, forme son âme d'une manière incorrecte. Et aucun étranger ne peut pénétrer dans l'âme du pécheur afin de corriger ses mauvaises constructions.

Cela ne peut être fait que par le pécheur lui-même à travers le mécanisme du karma. Et le fait qu'il aide les autres à éviter les actes pécheurs constituera pour lui une bénédiction, car ces actions positives permettent à la partie positive de son âme d'augmenter.

KARMA POUR L'IGNORANCE

1. Le Karma de musiciens bas.

Question. Actuellement, beaucoup de groupes de musique populaires ont tendance à chanter des chansons obscènes. Quel type du karma leurs solistes gagnent-ils? Et à quelle punition feront-ils face?

Réponse. En s'abaissant, ces musiciens abaissent des milliers de jeunes âmes, les font dégrader. C'est pourquoi les musiciens peuvent même être décodés. Auparavant, on pourrait se battre avec eux, leur donner l'occasion de s'améliorer. Mais maintenant, les Célestes n'ont pas le temps de tolérer la bassesse et de s'occuper de la rééducation.

2. Le karma et le changement du nom de famille.

Question. Lorsque l'on change le nom de famille, le karma d'une personne change-t-il aussi ou non? Peut-il disparaître du tout?

Réponse. Si l'on remplace le nom de famille par l'un des noms des parents, dans ce cas le destin change, mais légèrement.

Après le changement du nom de famille, les personnes gardent leur karma, mais elles seront obligées de travailler en son remboursement différemment, c'est-à-dire dans d'autres situations.

Si une personne crée le nom de famille tout à fait nouveau, dans ce cas, son destin change radicalement (pour le meilleur ou pour le pire). En même temps, son karma s'aggrave.

3. La ligne entre l'ignorance et la scélératesse.

Question. Où se trouve la ligne entre l'ignorance et la scélératesse? Oui, une personne fait beaucoup de choses négatives à cause de son ignorance, mais elle le fait parce qu'elle n'a aucune idée sur l'existence de cette ligne. Il me semble que l'ignorance ne peut être la raison de la punition.

Réponse. La loi du karma est inexorable, et si une personne fait du mal à autrui, quoi que soit la raison: sa mauvaise intention (la scélératesse), le manque des connaissances ou son ignorance, elle sera toujours punie pour ses actes. Il n'y a pas de ligne entre l'ignorance et la scélératesse, car tous les deux font du mal.

L'ignorance et la scélératesse représentent des Niveaux différents d'un même processus négatif qui conduit une personne à un Système négatif. Puisque l'ignorance est le Niveau le plus bas de la scélératesse, une telle personne a encore la possibilité de se retrouver sur la voie positive, tandis que le scélérat n'a pas cette possibilité.

VIES PRÉCÉDENTES SERONT-ELLES MONTRÉES AU COURS DU JOUR DU JUGEMENT

Lecteur. L'homme a déjà passé plusieurs réincarnations. Est-ce que l'on montrera toutes ses vies à l'âme au cours du Jour du Jugement? Je trouve que ce serait très important et utile pour l'âme, puisqu'elle pourrait analyser son passé. Et ensuite, quand on ne sait pas ce que c'est, la punition ou l'encouragement, on commence à réfléchir et souvent nos pensées sont fausses.

Par exemple, il serait très effrayant si mon âme venait de la Terre du Futur. À mon avis, c'est pire que l'enfer, cela peut briser complètement la psyché. Surtout si l'on était mort une fois avec la Terre lors de son explosion, et pas plus tôt, par exemple, en essayant d'arrêter le lancement de missiles mortels et étant prêt à sacrifier sa vie pour saluer les autres.

Et si l'on ne l'avait pas fait, alors il y avait une raison de se haïr. Ce serait une autre chose si l'âme n'avait rien à voir avec la Terre du

Futur, et elle était, par exemple, un pécheur médiéval qui croyait en Dieu de façon fanatique, mais ne pouvait pas vaincre tous les vices et, par exemple, trompait son épouse. C'est, bien sûr, aussi une mauvaise chose, mais ce n'est pas si effrayant que la mort avec la Terre du Futur. C'était une catastrophe mondiale qui a causé la mort de toute l'humanité. On se détesterait, s'il s'avérait que l'on aurait pu éviter cette catastrophe, en négligeant l'ordre des autorités, en appuyant sur le bouton "démarrer" d'une arme nucléaire ou en restant les bras croisés.

Réponse. Oui, ce n'est que lors du Jour du Jugement que l'âme peut voir toutes ses vies passées sous la forme d'une personne, ce qui, à son tour, lui permettra de comprendre la raison de l'abandon de l'évolution ou, au contraire, la raison grâce à laquelle elle passera à l'existence éternelle. Le Jour du Jugement est très juste et prend en compte tous les aspects négatifs de la vie d'une personne, aussi bien que tous les aspects positifs.

Mais l'essentiel est ce que, si une personne en a besoin, on peut lui donner trois vies supplémentaires. Mais dans ce cas on la prévient qu'elles seront décisives du point de vue de la détermination de son futur destin évolutif; ou ses parties positives et négatives sont en équilibre du point de vue de la quantité d'énergie accumulée. Tout dans ce cas dépendra de la chance que l'on lui donnera.

Et vos pensées concernant ce qu'il s'avérait soudainement que vous étiez transféré de la Terre du Futur et que, simultanément, vous auriez pu sauver l'humanité de la planète perdue, mais quelque chose vous a empêché de le faire étaient possibles, puisque vous étiez le seul qui avait pensé à cette situation. Peut-être l'âme s'est rappelée et a senti quelque chose.

Sur notre Terre, il y a beaucoup de situations similaires qui bouleversent l'humanité moderne, et, chaque fois, elle se retrouve à bout de la catastrophe. Et si quelqu'un manque le moment, vote, au cours des élections, pour un mauvais député qui est incapable de faire comprendre les autres en quoi consiste la vérité, dans ce cas tout peut finir d'une manière tragique. Par conséquent, vos pensées vous forcent à penser à vos propres actions, aux possibilités de participer à la sauvegarde de la Terre du Présent.

PUNITION DU PROFESSEUR

Lecteur. J'ai lu dans un livre que dans la prochaine vie l'âme d'un professeur pourrait être inspirée dans le corps du paysan afin de produire des qualités positives (dans le cas si dans son âme progressaient des qualités négatives). Mais après tout, l'âme du professeur avait déjà passé cette étape d'une paysannerie et dans ce cas elle se dégraderait. Quelles conditions créera-t-on pour qu'il se dégrade?

Réponse. Bien sûr, l'âme du professeur peut être inspirée dans le corps du paysan, mais on le fera non pour qu'il s'y dégrade, mais pour qu'il développe de nouvelles qualités de l'âme dans les pires conditions de la vie. Il pourra y utiliser le Niveau de son intellect et commencer à cultiver de nouvelles cultures (celles résistant au gel ou à la chaleur) ou inventer de nouvelles technologies vises à développer l'agriculture. Il pourra prendre la tête de la vie rurale du village, en organisant l'éducation des enfants à l'école ou dans des clubs spéciaux. En plus il pourra créer une ferme. Tout cela nécessite de l'intelligence.

Et si, en même temps, on lui bloquera sa mémoire du passé, c'est-à-dire qu'il ne se souviendra pas son ancien métier, dans ce cas il ne souffrira pas moralement. Parfois, on bloque la mémoire à cette fin.

Si toutes les connaissances du professeur n'étaient pas durables, dans ce cas son intellect diminuerait et il deviendrait un paysan ordinaire au Niveau du développement médiocre.

VOL ET LA PUNITION

Question. Est-il possible de travailler en remboursement du karma tout de suite? Par exemple, lors d'une famine d'après-guerre, une personne vole un sac de grain pour sauver ses enfants. Mais il tombe malade quelques jours plus tard. Est-il possible que c'est une sorte du travail en remboursement du karma qui a lieu tout de suite?

Réponse. Si une personne, qui avait commis un vol pour le bien de ses enfants, était immédiatement tombée malade, alors dans ce cas elle a commencé tout de suite à travailler en remboursement du karma. Par conséquent, cette personne se trouve sur une voie positive. Le Système positif construit les situations de telle manière que, en faisant des erreurs, la personne est capable de les corriger immédiatement. Une personne qui se trouve sur la voie du développement positive passe toujours à travers des erreurs et des travaux en remboursement de différentes manières, et elle peut rembourser toutes ses dettes au cours d'une vie. Et seulement si ces erreurs sont considérables ou si elles se répètent, alors le travail en leur remboursement continuera au cours de la prochaine vie. Cependant, il est préférable de travailler en remboursement du karma immédiatement. De cette manière, Dieu donne à chaque âme positive l'opportunité de corriger ses fautes et de continuer sa voie positive.

KARMA DES AVEUGLES ET DES SOURDS-MUETS

Question. Les âmes de personnes aveugles et sourdes-muettes peuvent-elles se développer progressivement? Il s'agit des personnes qui sont incapables de recevoir chaque jour les informations les plus diverses concernant le monde extérieur. Ou est-ce que de telles âmes sont incarnées afin de rembourser des dettes énergétiques par le biais d'une telle souffrance? Seront-elles décodées ou non?

Réponse. Il existe plusieurs variantes qui permettent d'expliquer l'existence de telles personnes dans notre monde.

1. La punition.

L'apparition des personnes ayant des défauts visuels et auditifs appartient aux travaux en remboursement du karma. Dans les incarnations passées, ces individus étaient mentalement aveugles et sourds par rapport aux autres, ils ne voyaient pas leurs souffrances, n'aidaient personne, n'avaient sauvé personne. C'est la raison de leur punition. Cependant, on doit dire que seulement la partie d'eux sera décodée.

Si quelqu'un repense correctement sa vie et comprend à quel point c'est difficile pour les autres, on lui donnera une chance de continuer son existence. Si une telle vie aigrit une personne et si elle ne se purifie pas à l'aide de la souffrance, mais accumule des énergies sombres de vengeance, d'envie et de colère, alors, bien sûr, une telle âme, ne pourra pas se retrouver dans la prochaine réincarnation.

2. L'épreuve.

Le karma à cause de l'aveuglement de l'âme ne doit pas être confondu avec les épreuves de l'homme.

Habituellement, dans ce cas, on lui donne ou la cécité ou la surdité. Il commence à maîtriser partiellement le monde qui l'entoure et souffre d'un manque d'organes sains fournissant des informations sur le monde. Une telle personne se sent exclue et doit le supporter, se battre pour obtenir une attention minimale de la société.

En se trouvant dans ces conditions, quelqu'un peut devenir aigri, haïr le monde et rêver de venger les gens qui ne s'intéressent du tout à cette personne. Et un autre peut se réconcilier, se soumettre au destin et se réjouir au minimum qu'il possède. Et il possède sa famille, ses parents qu'il apprend à considérer comme les gens principaux de sa vie, puis, s'il réussit à se marier, il obtient d'autres personnes primordiales, telles que, par exemple, une femme (ou un mari) et des enfants. Mais le défaut l'empêche de faire du mal. Lorsqu'il considère la vie familiale comme l'essentiel, il développe lentement mais qualitativement les qualités positives liées à la famille. Il a un minimum d'erreurs, donc, lors de la prochaine incarnation, il progresse plus rapidement.

3. Faire une qualité parfaite.

Il y a des personnes qui sont soit aveugles, soit sourdes et ces défauts corporels leur sont attribués pour qu'elles se concentrent sur le travail en remboursement d'une qualité.

On peut affirmer que leur défaut corporel n'est pas du karma en s'appuyant sur leurs priorités de la vie. L'aveugle commence à chanter fort, jouer de n'importe quel instrument et en a un succès significatif, tandis qu'une personne sourde commence à étudier telle ou telle branche de la connaissance ou se concentre sur tel ou tel métier. Tout cela indique que le but de ces personnes est d'accumuler les qualités qu'elles développent, en se concentrant pleinement sur elles.

Le défaut est donné de sorte qu'une personne ne puisse se concentrer que sur une affaire spécifique, afin de pouvoir l'étudier et la faire parfaite au cours d'une seule incarnation. Ainsi, le musicien aveugle N. Paganini était complètement concentré sur le violon et pouvait jouer professionnellement même sur une corde, ce qui était une rareté à son époque. Et aujourd'hui, il y a beaucoup de chanteurs aveugles qui raffinent leurs capacités musicales et les amènent à la perfection. La cécité permet de ne pas être distrait, de ne pas faire attention au monde qui vous entoure et de vous concentrer pleinement sur le développement des qualités musicales.

KARMA DES PARENTS DE L'ENFANT LAID

1. Si l'enfant a des défauts innés.

Question. Si le parent refuse son enfant après sa naissance ou il quitte la famille (surtout si l'enfant a des problèmes de santé innés), est-ce que cela est prévu dans son programme comme une sorte du travail en remboursement ou c'est une épreuve des Célestes?

Et la deuxième question. On dit souvent qu'un enfant rembourse les dettes de ses parents. Est-ce que c'est vrai que l'enfant suit son propre programme?

Réponse. Le travail en remboursement du karma d'un enfant inclut toutes les variantes possibles des conséquences de la réaction des parents aux défauts de son corps. C'est-à-dire que d'un côté c'est un travail en remboursement du karma effectué par l'enfant, et d'autre – c'est une épreuve pour ses parents. Et celui qui quitte la famille gagne du karma.

Chaque âme ne travaille en remboursement que de ses dettes, mais les gens confondent le karma personnel avec celui clanique. Le karma clanique consistait en ce que les âmes qui ont commis les mêmes erreurs se réunissaient dans un certain clan. Par conséquent, le travail en remboursement du karma a le même caractère pour tous les membres du clan.

Les travaux en remboursement du karma des certaines personnes peuvent se différencier, puisque l'on donne à chacun de différentes variantes permettant de corriger ses erreurs: les uns peuvent choisir une variante, alors que d'autres peuvent choisir tout à fait l'autre.

2. Le sexe d'un enfant handicapé comme une sorte du karma.

Lecteur. J'ai des questions sur l'enfant handicapé. L'appartenance de l'âme au corps est-elle déterminée avant ou après la conception? Après tout, le corps d'un enfant est construit selon le programme. Quelles sont les raisons qui poussent à déterminer le sexe de l'âme du futur corps, et, surtout, le sexe d'un enfant handicapé?

C'est-à-dire que la déficience innée représente une sorte de l'éducation de l'âme ayant pour le but de transformer ses qualités négatives en qualités positives?

Réponse. Le sexe d'un enfant, en particulier d'un enfant handicapé, est déterminé par ses dettes karmiques, c'est-à-dire que le programme de vie est planifié avant la conception. Ce programme prenait en compte la façon dont l'âme avait passé des situations d'une vie précédente, ce qu'elle a fait d'une manière incorrecte. Et, par conséquent, on inclut dans un nouveau programme des situations permettant à une âme de travailler en remboursement de toutes les actions incorrectes commises au cours de l'incarnation précédente par moyen de ses souffrances.

Ceux qui ne veulent pas se développer positivement, en se trouvant dans de bonnes conditions, ils seront néanmoins obligés de rembourser toutes leurs dettes conformément aux lois du karma, mais en se trouvant dans des conditions plus défavorables. Les parents d'un tel enfant doivent faire tout leur possible afin de l'aider à neutraliser son karma, sinon ils augmenteront leur propre karma. **En corrigeant le karma de quelqu'un d'autre, une personne corrige le sien.** (Cela s'applique uniquement aux parents d'un enfant handicapé).

Question. Quels péchés d'une personne peuvent-ils donner naissance à un hermaphrodite?

Réponse. Le péché sexuel

3. Le Niveau du karma enfantin.

Question. Est-ce que les Célestes prennent en compte l'âge d'une personne gagnant du karma? Le Niveau du développement d'une personne est-il aussi important?

Réponse. Jusqu'à un certain âge, le karma de l'enfant incombe aux parents (dans le cas s'ils étaient présents au cours de l'exécution de cette acte et ne l'ont pas arrêté). Il existe des Niveaux du karma propres aux enfants de moins de 14 ans qui dépendent du degré de maturité de leur âme. (On peut pardonner le péché à l'enfant de 10 ans et punir l'enfant de 5 ans pour la même infraction).

Le Niveau du karma prend en compte le degré du développement de l'enfant et la capacité de reconnaître le mal et le bien. Il ne faut pas confondre l'âge et le Niveau du développement de l'âme. Par exemple, l'âme d'un enfant de trois ans a atteint le 30ème Niveau du développement et son pair du même âge n'a atteint que le 5ème. Il est clair que leur compréhension de la réalité sera différente et que, par conséquent, leurs actions dans les mêmes situations seront différentes aussi. Cependant, lorsque l'enfant fait une bêtise, ces différences doivent être prises en compte par des Juges, des maîtres et des parents.

On doit élever les enfants constamment et les faire comprendre leurs mauvaises et bonnes actions. Il suffit de faire une remarque à une âme élevée, tandis qu'une âme moins développée exigera une punition (par exemple, une privation du plaisir) et des suggestions sérieuses. La subtilité de la perception des remarques dépend du Niveau du développement de l'enfant.

KARMA DE TCHERNOBYL

Question. Est-ce que la catastrophe atomique de Tchernobyl a eu des raisons karmiques? Combien de temps doit écouler pour que

Tchernobyl et Pripyat redeviennent acceptables pour la vie du point de vue écologique?

Réponse. Au moment de la catastrophe, on a réuni à Tchernobyl des personnes ayant certaines dettes karmiques. Ils ont remboursé leur karma immédiatement d'une manière fatale. Les survivants ont dû subir le tourment le plus dur qui, d'une part, produisait des énergies qu'ils n'avaient pas encore accumulées lors de l'incarnation précédente et d'autre part, les forçait à analyser les situations dans lesquelles ils se trouvaient et à comprendre toute la tragédie de ce qui s'est passé afin de l'éviter.

C'est une grande expérience qui sera utile pour toutes les incarnations ultérieures. Ceux qui ont reçu de petites doses de radiations étaient aussi dû de travailler en remboursement de leurs dettes énergétiques, en apprenant à se battre afin de rester en vie. Cette explosion a été une leçon pour notre pays et chacun citoyen en a tiré ses propres conclusions.

KARMA – LA TRANSMUTATION EN ANIMAL

Question. L'âme d'un pécheur peut-elle être décodée à l'état d'un animal, par exemple d'un chien ou un chat?

Réponse. On ne décode pas l'âme humaine à l'état de l'animal. Mais dans de rares cas, lorsque l'on espère que la personne corrigera ses fautes, on peut lui donner «une punition temporaire» et la faire baisser à l'état de l'animal. Dans ce cas les qualités ne se purifient pas complètement, comme dans le cas du décodage complet, mais préservent tout ce qui est accumulé correctement sous la forme d'une personne. Après l'existence sous la forme humaine, ce n'est qu'une purification partielle de la matrice qui a lieu. Lors de l'obtention ultérieure de la forme d'un animal (en tant que punition), tout ce qui y est acquis par l'homme et dont le corps d'un animal n'a pas besoin sera donc bloqué. Et alors, l'âme, qui se trouve dans un nouveau corps, agira déjà conformément à tel ou tel programme animal, en tenant compte de sa race.

ALCOOLISME ET LE TRAVAIL EN REMBOURSEMENT DES DETTES ÉNERGÉTIQUES

Question. Une personne se trouvant sur la voie du

développement optimale peut-elle sombrer dans la boisson? Ou est-ce que c'est déjà impossible pour elle?

Réponse. Oui, en se trouvant sur la voie du développement optimale, une personne peut également devenir dépendante de l'alcool. Mais les Célestes se battent toujours pour un individu positif, c'est pourquoi cette variante du développement comprend les sous-variantes suivantes: on essaie de le faire indépendant de l'alcool a) par des méthodes médicales, b) par des médiums, c) en le plongeant dans des situations difficiles qui contribuent au changement du comportement humain, d) à l'aide des situations critiques provoquant des stress et la revalorisation du sens de la vie e) la méthode extrême consiste à créer une situation sans issue conduisant à la mort.

Comment peut-on surmonter un problème avec l'alcool?

Question. Il y a déjà longtemps que j'ai remarqué que quand je voyais un homme ivre, je ne voulais pas boire moi-même. Pourquoi cela se passe-t-il? Aurais-je pu mourir dans le passé d'un excès de l'alcool ou d'une autre tragédie? J'ai décidé que mon désir déprimé de boire était apparu au cours des incarnations précédentes, c'est pourquoi j'ai développé une telle réaction aux ivrognes.

Réponse. Oui, on peut éduquer une personne sur les exemples des autres et sur leurs erreurs. Par exemple, au cours des incarnations précédentes ou de la vie actuelle, un individu reçoit des parents-ivrognes ou on lui envoie des enfants-ivrognes. Il a beaucoup de problèmes avec eux, ce qui lui pousse à développer un dégoût par rapport aux personnes qui dépendent de l'alcool et aux conséquences de cette dépendance.

BISEXUELS SONT-ILS DES ÂMES SURNATURELLES OU NON?

Lecteur. Actuellement (les années 2016-2019), il y a beaucoup de bisexuels. Est-ce que c'est une sorte de la débauche et de la dégradation, ou est-ce que ce sont des âme surnaturelles et cosmiques? Est-ce qu'elles gagnent du karma? Les médecins, par exemple, ne recommandent pas de supprimer le désir sexuel à l'aide des pilules.

Réponse. Les bisexuels ne représentent pas des âmes cosmiques, mais des individus ordinaires dégradants qui s'irritent de l'oisiveté. La plupart d'entre eux seront décodés après la mort. l'Espace comprend, bien sûr, des créatures unisexes, mais elles se multiplient d'autres manières: en bourgeonnant, en se divisant, etc. et leurs règles et règles de reproduction sont conformes. On tend à ne pas dépenser l'énergie vainement afin de les créer. L'homme a commencé à utiliser son système reproducteur contre le but prévu (c'est-à-dire assurer la reproduction de son espèce), mais il l'utilisait pour le plaisir. C'est une perversion du but de sa création qui est passible d'une peine cruelle.

On n'inclut jamais des perversions au programme. Elles sont imposées par des individus du Système négatif afin de prendre possession d'âmes faibles.

Les médecins n'étudient pas l'ésotérisme et ne comprennent donc pas les conséquences de leurs conseils. Tous les pervers, quoi que soit la raison de leurs actions –le désir du plaisir et de nouveauté des impressions, ainsi que le manque de foi en Dieu, gaspillent l'énergie, ce qui, à son tour, provoquent souvent des dettes énergétiques. Par conséquent, il vaut mieux supprimer de tels désirs avec des pilules, au lieu de pécher et de se perfectionner du point de vue négatif. En négligeant les commandements de Dieu, une personne descend moralement et se dégrade.

Ce sont un bon psychologue ou un puissant hypnotiseur qui peuvent corriger ce défaut dans l'esprit d'une personne. Dans le cas extrême, on peut supprimer le désir à l'aide des médicaments. Tant que les gens existent, ils peuvent être corrigés et envoyés sur la voie positive. Mais ils gagnent du karma.

La tendance à changer de sexe.

Question. Beaucoup de gens changent maintenant leur sexe. Est-ce normal? Pourquoi les garçons veulent-ils ressembler à des filles et les filles aux garçons? Il ne s'agit pas d'une mode, mais c'est le désir de leur âme. Cela s'applique-t-il aussi à la génération d'un code génétique ou on prépare maintenant une personne à une existence unisexe? Et de tels gens, gagnent-ils du karma?

Réponse. Quant à ceux qui changent de sexe, ils gagnent du karma, car ils vont contre leur corps originel et leur âme infusée au moment de la naissance. Ce sont la dégradation de la société, la liberté de choix qui y contribuent, puisqu'elles permettent à une personne de s'adapter au sexe qui leur plaît le plus. Et cela prouve qu'ils évitent les difficultés de la vie et choisissent ce qui est plus facile. Par conséquent, dans la prochaine vie, on leur compliquera de nouveau les situations pour qu'ils puissent affiner non seulement des énergies nouvelles, mais aussi celles anciennes propres à un autre corps. D'une manière ou d'une autre, ils ne pourront pas se débarrasser des difficultés et devront, un jour, les rattraper.

On ne pouvait pas encore commencer à préparer l'humanité à une existence unisexe, car les gens, se trouvant à cette étape du développement, n'ont toujours pas développé beaucoup de qualités masculines ou féminines nécessaires. Par conséquent, ceux qui ne veulent pas raffiner ces qualités dans le présent, ils devront continuer à les former au cours des incarnations ultérieures, à condition qu'ils puissent exister dans d'autres mondes inférieurs. Une préparation à l'existence unisexe aura lieu à la fin de la 7ème race.

MORT

1. Punition – le décodage de l'esprit.

Question. Un esprit peut-il être complètement annihilé ou y a-t-il une limite au-delà duquel il ne peut plus

Réponse. Si sous la notion de «l'esprit» vous entendez l'âme d'une personne, dans ce cas il existe un indicateur de l'énergie qui limite le processus du décodage. Par exemple, si une âme avait gagné 50 unités d'énergie conventionnelles, elle ne pourrait jamais être complètement décodée. Et si elle est inférieure à 50 u.e.c., alors, elle peut être complètement détruite. En plus, tout esprit et toute conscience qu'elle contient disparaîtront.

2. Le mode d'enterrement – la crémation.

Question. De différentes nations croient que la crémation du cadavre aide à purifier son âme. Le feu physique peut-il vraiment brûler les énergies sombres des coquilles minces de l'âme?

Réponse. Le mode d'enterrement de la coquille physique dépend des rituels adoptés dans telle ou telle et du Niveau du développement humain. Les Musulmans, par exemple, sont enterrés assis; les Chrétiens et les Bouddhistes placent le corps de la manière que la tête est en arrière, les pieds sont à l'est; et les Hindous préfèrent la crémation. Tout cela est lié aux processus du mouvement des énergies de décomposition négatives et à leur pénétration dans des constructions du plan subtil situées au-dessus des cimetières; ainsi qu'au mouvement d'énergies positives supplémentaires provenant du clan du défunt vers son âme. Ces processus peuvent se produire différemment, puisqu'ils dépendent des croyances nationales.

Dans les rituels chrétiens, il est important que la personne décédée soit commémorée en un jour particulier, puisque l'on trouve que de telle manière les parents envoient au défunt une énergie supplémentaire assurant son existence dans le monde subtil. Après tout, généralement, les gens ne sont pas très spirituels, beaucoup d'entre eux ne peuvent même pas atteindre les canaux menant aux Salles d'Attente et au Distributeur des Âmes. Par conséquent, le processus de s'alimenter à l'aide des énergies supplémentaires provenant de membres de la famille les aide à se développer et à exister sur les plans subtils du Distributeur. Si l'on incinère le corps d'un chrétien se trouvant au Niveau inférieur ou au Niveau moyen, dans ce cas le lien avec ses proches sera brisé, c'est pourquoi ils ne pourront plus nourrir son âme à l'aide de l'énergie supplémentaire. Mais si l'on parle de **la personne d'un Niveau du développement élevé**, dans ce cas la crémation n'a pas d'importance, car le Niveau spirituel d'une personne permet à l'âme de s'élever et de continuer à se passer de l'aide parentale. C'est-à-dire que les personnes se trouvant au Niveau du développement élevé peuvent recourir à la crémation à leur discrétion.

La crémation ne dépend pas de la nation elle-même. (C'est-à-dire que les rites de chaque nation existent, mais tous les membres de la 5ème race ont 7 coquilles qui exigent la purification après la mort, c'est pourquoi toute personne de n'importe quelle nation peut être incinérée si elle le veut. Les individus se trouvant au Niveau du développement élevé ont le droit de choisir eux-mêmes le mode d'enterrement, en fonction de ce qu'ils souhaitent purifier et dont ils veulent se débarrasser.

C'est non seulement la coquille physique, mais aussi la coquille éthérique qui s'effondrent à haute température, ce qui, à son tour, assure la purification partielle du corps astral. C'est-à-dire que les Substances , s'occupant de la collection des coquilles temporaires après la mort d'une personne, n'ont pas besoin de collecter des coquilles éthériques après la crémation. Par conséquent, tout chrétien peut recourir à la crémation, surtout s'il veut faciliter le travail des Substances consistant à la collection des coquilles.

3. Que font les âmes dans "l'Autre Monde"?

Question. Après la mort, les âmes qui se trouvent dans le caveau ne peuvent pas dormir, comme les gens sur la Terre ne peuvent dormir avec l'alternance du jour et de la nuit. Cela signifie-t-il qu'elles y travaillent tout le temps et ne se reposent pas? Et quels types de travail effectuent-elles?

Réponse. Les âmes inférieures sont dans un état de sommeil, tandis que les moyennes sont en train d'acquérir des compétences professionnelles similaires à celles de la Terre (elles apprennent à construire quelque chose, elles développent des états énergétiques, elles maîtrisent la créativité, certaines d'entre elles apprennent à voler dans le plan astral, etc.)

Les âmes élevées sont engagées dans l'organisation de la vie sur la Terre. Par exemple, elles développent de nouvelles formes d'architecture, des genres de la mode, de la musique et des arts, elles transmettent leurs idées à des personnes prêtes à les percevoir pour qu'elles les incarnent dans le monde physique. Ainsi, D. Mendeleev a vu dans son rêve un tableau d'éléments chimiques qui avait été nommé d'après le savant. Mais ce tableau avait été transmis par les Célestes et c'étaient les âmes des Hauts Chimistes travaillant sur les plans subtils de la Terre qui l'ont créé.

Aucun savant ne fait de découvertes lui-même. Les âmes se trouvant Au-Dessus développent des théories capables de faire progresser l'humanité. Ensuite, on choisit une âme capable de réaliser cette connaissance dans le monde terrestre. La théorie est d'abord transférée au Déterminant du futur savant, puis la découverte s'inscrit dans son programme de vie et, au bon moment, le Déterminant envoie à son élève l'idée élaborée par tout le Département des Âmes Élevées.

Et alors l'homme terrestre commence à incarner l'idée des Célestes dans la vie. La même chose se passe avec les domaines de la science, de nouveaux genres d'art et de créativité.

DÉFUNTS DEMANDENT DE LEUR DONNER DE L'ÉNERGIE

1. Les défunts viennent dans le rêve.

Question. De nombreuses personnes disent qu'après la mort, le défunt vient dans leur rêve et, silencieusement, reste debout, en attendant quelque chose. Certains d'entre eux demandent de leur donner tel ou tel objet. On ne comprend pas ce que veulent les défunts qui viennent dans le rêve? Certaines personnes prétendent qu'ils viennent pour s'approprier une autre âme.

Réponse. Les défunts viennent pour demander à leurs proches l'énergie qui leur manque à cause de leurs dettes énergétiques.

Cela est dû au fait que beaucoup de personnes ne terminent pas leur programme, en dépensant l'énergie à toutes sortes de divertissements et au passe-temps inutile, ce qui, à son tour, cause leur incapacité à accéder aux canaux des Distributeurs. Elles restent donc dans les couches inférieures de la Terre et se transforment en véritables publicains. On voudrait présenter ci-dessous ce que nous avons entendu d'un voyant capable de voir les âmes des défunts et de leur parler. C'est est un exemple de sa vie.

"Il y a deux jours qu'un médium familier m'est venu dans le rêve (il est décédé il y a un an). Il se tenait devant moi et nous avons eu un tel dialogue mental (lorsqu'il vivait, nos relations n'étaient pas très proches, mais je savais qu'il a aidé beaucoup de gens):
J'ai demandé: "Comment allez-vous?"
Il a répondu: "Tout va mal."
- "Quelle est la raison?"
- "J'ai volé l'énergie."
- "Pourquoi adressez-vous à moi?"
- "Je ne pouvais atteindre personne d'autre."

Après cela, j'ai commencé à lire Acathiste, j'ai visité l'église et j'ai ordonné un service de prière, puis j'ai appelé les proches auxquels il était lié de son vivant, et ils ont fait la même chose. En sortant de l'église, il a marché avec moi, mais puis il a disparu. "

2. La punition des médiums.

Question. Quelle est la punition des médiums pour avoir volé de l'énergie? Il s'avère que certains d'entre eux aident les gens, mais en utilisant le moyen inconvenable?

Réponse. Un médium travaille en remboursement du karma ordinaire, comme tous les gens qui volent des biens matériels. Cela est dû au fait que toute matière est mesurée avec une certaine quantité d'énergie. De plus, un tel médium viole les fondements moraux du comportement et s'exalte, en utilisant une capacité inhabituelle. C'est-à-dire qu'il manque des qualités morales et on le forcera à les accumuler. De tels médiums font en même temps du bien et du mal, ce qui confirme le défaut de leurs qualités morales.

Ensuite, le voyant a dit la chose suivante:

"L'arrivée de ce défunt n'est pas un cas unique. Après avoir commencé à lire vos informations, des défauts inconnus ont commencé à me venir avec des demandes (je ne les avais pas appelés). Mais je lisais des prières et j'ai laissé des notes à l'église avec leurs noms.

Mon mari est décédé il y a 21 ans. Il est mort jeune alors ses dettes énergétiques sont restées. Il ne croyait en rien et se moquait toujours des matières supérieures. Mais il y a 5 ans, il est venu dans ma rêve et m'a dit: "On ne me laisse pas sortir." Je suis allée à l'église, j'ai expliqué la situation et on m'a dit que, comme il n'était pas baptisé, je ne pouvais pas laisser des notes. Ce que je pouvais faire était de lire et de demander pour lui au cours de douze jours, mais en restant chez moi.

Dès le troisième jour de mes lectures, il est venu dans mon rêve encore une fois, il était joyeux et il a dit qu'il était libéré.

3. Peut-on lire des prières pour les défunts étrangers ?

Question. Est-ce que l'on peut lire des prières pour les défunts à leur demande? Si l'on peut le faire et cela fonctionne, alors il faut, peut-être, lire des prières pour tous les morts afin de les aider? Il y a tant d'âmes agitées sur la Terre.

Réponse. Parmi les âmes agitées, il y a beaucoup de jeunes qui possèdent un faible énergopotentiel et ne peuvent pas s'élever. De plus, il y a beaucoup de pécheurs, de voyous, de meurtriers, de matérialistes invétérés qui rejettent Dieu. Parmi ceux-ci, il serait nécessaire d'aider ceux qui le demandaient, qui ont déjà souffert et se sont rendu compte qu'ils vivaient d'une manière inappropriée et qu'ils devaient s'élever plus haut.

Puisque vous avez la capacité de communiquer avec les âmes, on vous conseille de leur demander de quels péchés ils souffrent. Si les péchés sont insignifiants, lisez les prières pour elles, mais s'il s'agit des péchés graves, expliquez, dans ce cas, à la personne venue que vous n'avez pas le droit de lire les prières pour elle et qu'elle doit supporter son épreuve jusqu'à ce que les Substances descendent et la conduisent à la Cour. Ou si le publicain vous supplie (ayant, en même temps, un grand péché), alors priez-le dans l'église.

Les Substances qui contrôlent cette église détermineront le destin de cette personne elles-mêmes. De telle manière vous pourrez transférer votre responsabilité et vous éviter ainsi des actions illégales.

4. Les publicains et les âmes agitées.

Question. Quelle est la différence entre les publicains et les âmes agitées?

Réponse. Les publicains sont des âmes qui se sont suicidées. Ils ont violé leur programme et l'ont quitté sans le terminer. Et pour cette raison, ils avaient des dettes énergétiques considérables auxquelles on ajouterait aussi la punition pour le fait qu'ils sont, en quelque sorte, allés contre les Célestes, sans vouloir terminer leur programme.

Afin de réduire les dettes énergétiques, les Célestes laissent leurs âmes dans une couche terrestre particulière, sur le plan subtil, et les forcent à accumuler des énergies nécessaires à Eux (aux Célestes)* jusqu'au jour où le programme doit mettre fin à leur vie dans le monde terrestre. Par conséquent, ils sont obligés de souffrir dans un monde incompréhensible et étranger jusqu'au dernier jour de leur programme. Après cela, des Anges de mort les rejoignent et les élèvent dans les Salles d'attente pour qu'elles puissent après assister à la Cour.

Quant aux âmes agitées, il en existe plusieurs types. Celles-ci incluent, par exemple, les âmes ayant un énergopotentiel si faible qu'elles ne peuvent pas monter jusqu'aux entrées menant aux couloirs du Distributeur.

Les Anges de mort peuvent les élever ou les laisser dans le monde subtil. Ce serait une sorte de punition pour leur développement médiocre, pour leur dégradation périodique et pour ce qu'ils n'ont pas accumulé d'énergopotentiel leur permettant de s'élever vers les lieux où se trouvaient les âmes. Ces âmes sont aussi obligées de souffrir jusqu'à ce que leur souffrance n'augmente pas leur énergopotentiel à la valeur permettant d'accéder aux canaux menant aux Salles d'attente des Juges Célestes.

Parmi les âmes agitées peuvent exister celles qui ne veulent pas quitter leur foyer bien-aimé, leur famille. Elles restent à côté d'eux jusqu'à ce que les Anges de mort viennent et les conduisent aux lieux appropriés. Il y a d'autres raisons qui causent l'apparition des âmes agitées. Le plus souvent c'est décidé d'une manière individuelle.

KARMA DU SOLDAT.
KARMA DU SOLDAT PARTICIPANT À LA GUERRE

1. Devrait-on travailler en remboursement du karma si l'on avait tué six ennemis?

Lecteur. Au cours de ses réincarnations, l'âme pourrait être inspirée dans le corps des personnes qui ont participé aux guerres et aux révolutions; ils ont tué des gens et non seulement ceux qui ont menacé leur vie. Mais plus tard, en temps de paix, ils avaient accumulé dans leurs matrices des énergies positives, ce qui expliquait pourquoi Dieu ne les a pas abandonnées. Selon la loi des "causes et effets", combien de travaux en remboursement du karma devrait effectuer la personne si elle avait tué, par exemple, six personnes? Combien de fois serait-elle tuée au cours de ses six vies ultérieures? Ou existe-t-il d'autres punitions possibles?

Réponse. Selon la loi du karma, chaque assassinat en temps de paix porte la peine équivalente du point de vue d'un lien de causalité. Autrement dit, une personne sera punie pour chaque meurtre commis de la même manière – elle sera morte.

Mais au cours de la période des hostilités, les travaux en remboursement du karma, en tant que normes, sont annulés et ce sont les autres lois qui s'y appliquent. Cependant, toutes ces lois assurent la justice et vises à surveiller pour que personne ne tue quelqu'un pour rien et sauve la vie de son ennemi si c'est possible. **L'attitude impitoyable et sans compassion envers l'ennemi n'est pas encouragée et est sévèrement punie.**

Les guerriers ont la possibilité de capturer un ennemi. C'est une variante permettant de sauver la vie de votre ennemi. Et il se justifiait car, par exemple, de nombreux Allemands capturés pendant la Seconde Guerre mondiale par des soldats soviétiques étaient restés en Russie après la déclaration de la paix, ils avaient créé des familles et habitaient dans le pays des anciens ennemis, en faisant partie de la population active qui, après la guerre, a été considérablement diminuée. Ainsi, la destruction impitoyable de l'ennemi, et parfois de son propre peuple (comme cela se passe actuellement en Ukraine), n'est encouragée d'aucune manière, et elle est suivie par de sévères épreuves karmiques.

Mais il existe de différents types de meurtres: quand on tue à la guerre, on gagne un karma, quand on tue sans précaution on gagne un autre karma, et quand on tue à cause de la vengeance on gagne tout à fait autre karma, etc. Tout cela est classé par les Célestes et est réalisé dans la prochaine incarnation de l'individu.

2. Un soldat a-t-il le droit de se suicider?

Lecteur. En temps de guerre, les soldats, afin de ne pas être capturés par l'ennemi, étaient parfois bombardés de grenades par eux-mêmes. J'avais un ami qui a combattu dans les rangs des recrues en Tchétchénie au cours des années 1995-1996. Il a dit que tous les soldats gardaient toujours une grenade pour eux-mêmes (c'est-à-dire pour se suicider). Si un soldat menace d'être capturé par un ennemi où il peut être torturé, défiguré, tué, dans ce cas, le suicide sera-t-il considéré comme un péché par les Célestes?

Réponse. Tout ce qui se passe au cours de la guerre a ses propres lois et normes que l'on tend à ne pas divulguer à la population. Chaque cas exige une solution individuelle qui, à son tour, est déterminée par les Spécialistes Militaires Célestes. Cependant, ces Spécialistes se caractérisent par une haute moralité et ils exigent la même chose des gens. La morale trouve toujours un compromis, la bonne solution de la situation.

3. L'âme d'un soldat qui a tué beaucoup d'ennemis.

Question. Je voudrais savoir ce qu'attendrait l'âme d'un soldat qui, en défendant sa Patrie, a tué plusieurs ennemis sur le champ de bataille. Par exemple, il y a ceux qui ont réussi à tuer les fascistes et qui seraient toujours considérés par le peuple comme des héros. J'ai une question à poser: quel destin pourront-ils attendre après la mort et dans de nouvelles incarnations? Devraient-ils payer par le biais des morts de tous les ennemis qu'ils avaient tués?

Réponse. L'attitude envers les âmes impliquées dans les guerres est particulière. Elles sont considérées du point de vue du patriotisme et de leur attitude au processus de la destruction de l'ennemi. L'important est ce que les soldats sortent des combats. Ils doivent comprendre que toute mort est un mal et qu'ils tuent un soldat qui exécute aussi des ordres et qui n'a aucune raison personnelle de le tuer. En cas de l'absence d'une telle prise de conscience, la personne continuera à participer aux situations ultérieures (aux révolutions, aux émeutes, aux guerres à l'étranger, etc.) jusqu'à ce qu'elle réfléchisse à la raison de ces événements.

Jusqu'à ce moment-là, il choisira déjà ce qu'il fera - détruira constamment ceux qui sont contre ses idées, ou comprendra qu'il ne peut rien résoudre à l'aide de l'assassinat.

Dans le premier cas, la personne sera transmise à l'Hiérarque Négatif et continuera à se développer avec Lui, et dans le deuxième cas, elle continuera à se développer avec Dieu et sa conscience commencera à changer, en obtenant un sens positif. Elle travaillera en remboursement de son karma, mais pas pour chaque personne tuée, mais en fonction de la conscience acquise. Au cours des incarnations ultérieures, cet individu ne peut pas être tué plus de 3 fois, car il comprendra chaque instant de la situation dans laquelle il doit mourir d'une nouvelle manière.

La prise de conscience de l'individu que le meurtre est un péché augmentera et s'affirmira dans des situations quand on commencera à tuer ceux qu'il aime. Cela le poussera à faire un grand pas dans son développement. L'assassinat d'un proche correspondra à l'assassinat d'une centaine de soldats. Une personne doit comprendre que c'est inacceptable de tuer les autres. Une telle prise de conscience détruit automatiquement le karma propre à tel ou tel péché.

4. Les victimes et les meurtriers.

Question. Qui est-ce qui représente des victimes et des meurtriers? Les victimes gagnent-elles du karma ou sont-elles sans péché?

Réponse. Les meurtres exigent toujours des travaux en remboursement du karma, ils sont donc toujours dictés par le programme. Fondamentalement, tous les meurtriers proviennent du Système de Diable, mais parmi eux existent encore de jeunes âmes inexpérimentées qui sont incitées par une Essence négative du plan subtil ou physique. Selon le comportement de ces jeunes âmes, on détermine si elles doivent travailler en remboursement du karma ou s'elles doivent être envoyées au Système de Diable.

5. Lorsque le meurtrier et la victime changent de place.

Lecteur. Un auteur étranger écrivait dans son livre sur l'âme que les criminels qui ont fait du mal devraient payer pour cela, en se retrouvant dans le cycle karmique de la vengeance et en jouant le rôle des victimes.

Cela signifie-t-il que le criminel et la victime changent leurs places dans le cycle karmique? Dans une vie, une personne joue le rôle de la victime et l'autre – du criminel, et dans l'autre vie, ces deux personnes changent de place et l'ancienne victime devient un criminel, et l'ancien criminel devient une victime?

Réponse. La victime et le meurtrier pouvaient changer de place jusqu'à ce qu'ils aient passé les 10 premières incarnations et jusqu'à ce que leur âme ne fût pas encore attachée aux Systèmes positifs ou négatifs. Et après 10 incarnations, ils ne peuvent plus changer de place, puisque le meurtre n'est pas programmé pour des individus positifs, c'est-à-dire qu'ils ne peuvent l'exécuter que dans la situation du choix et comme une sorte d'erreur.

Si l'on tue quelqu'un par hasard, alors, dans la prochaine vie, ce tueur positif recevra un coup karmique d'un individu négatif conformément à la loi du karma. Par conséquent, après 10 incarnations, les meurtriers ne proviendront que du Système négatif. Dans de rares cas, ce pourraient être des individus positifs qui, par exemple, ont perdu la tête.

Question. Je ne comprends toujours pas pourquoi, après 10 incarnations, ils ne peuvent plus changer de place après l'assassinat?

Réponse. Jusqu'à 10 incarnations, le meurtrier et la victime peuvent changer de place pour travailler en remboursement de leur karma. Les assassinats exécutés par eux ne sont pas programmés, mais ils se passent accidentellement, par stupidité. Selon le programme, après 10 incarnations ce n'est qu'un individu négatif qui peut être le meurtrier, tandis qu'une personne positive devient un tueur en dehors du programme (quand elle se plonge dans un grand désespoir ou quand elle a peur).

6. Les âmes des meurtriers et des victimes après la mort.

Question. Les âmes des meurtriers et de leurs victimes se rencontrent-elles dans l'autre monde, communiquent-elles ou non?

Réponse. Les âmes des meurtriers et des victimes ne se rencontrent pas si les premières appartiennent au Système de Diable et les dernières au Système de Dieu. Elles se dirigent immédiatement vers de différents Distributeurs. Ce ne sont que les âmes positives appartenant au même Niveau du développement qui peuvent se rencontrer.

VARIANTES DES MEURTRES ET LES EFFETS KARMIQUES

1. Pour quelle raison pourrait-on tuer quelqu'un qui n'a tué personne?

Lecteur. La forme de la mort d'une personne est déterminée avant sa naissance. Il s'avérait que ceux qui ont été tués devraient être tués par le programme à cause de la grande quantité d'erreurs karmiques. Ces derniers temps, par exemple, on a fait fusiller deux personnes, les accidents ont eu lieu à Kratovo et dans une autre partie du pays. Ces personnes étaient programmées d'avance (avant leur naissance) et devaient mourir de cette manière.

Mais pour quelle raison pourrait-on tuer une personne qui, au cours de la vie précédente, n'a tué personne? Si je comprends bien, c'est aussi une des variantes de son programme.

Réponse. Si l'on tue la personne qui, au cours de la réincarnation précédente, n'avait privé personne de la vie, dans ce cas on peut associer sa mort avec la nécessité de rembourser ses dettes énergétiques.

Les Programmeurs Célestes calculent le nombre nécessité

énergétiques et déterminent combien de temps est nécessaire à la personne pour qu'elle puisse rembourser sa dette énergétique.

La mort est toujours accompagnée d'une explosion d'énergie considérable, mais son montant dépend du Niveau du développement de la personne et de son âge. Quand tout cela est bien calculé, on détermine le moment quand un homme doit quitter sa vie.

La mort par assassinat instantané est considérée comme un travail en remboursement des dettes énergétiques le plus facile, car l'âme quitte le corps tout de suite et la personne ne ressent même pas la douleur (la mort rapide lors de différentes catastrophes y est aussi comprise).

Si la mort survient après une blessure, mais elle ne frappe pas la personne immédiatement, cela signifie qu'une personne continue à accumuler l'énergie d'une ou de plusieurs qualités (l'énergie provient d'organes endommagés). Les Célestes traitent les dettes énergétiques humaines d'une manière très stricte, c'est pourquoi il vaut mieux de ne pas les gagner.

1. Qui a commencé les phénomènes tels que le massacre et le karma.

Lecteur. Je voudrais savoir qui a commencé les meurtres parmi les gens, c'est-à-dire qui était le premier meurtrier? La Bible dit que c'est Caïn. J'ai lu que les auteurs de la série «Révélations d'anges gardiens» trouvaient que le premier péché était le meurtre. Est-ce que c'est vrai ou est-ce que c'est lié à la compréhension incorrecte de ce que dit l'ange au médium - intermédiaire? Après tout, les anges s'expriment à l'aide des impulsions.

Réponse. Les premiers meurtres datent de l'époque de l'homme primitif. Le psychique n'a pas pris en compte l'histoire de l'humanité. Après tout, avant Adam et Eve, il y avait encore des peuples préhistoriques. Les tribus se sont aussi battues pour obtenir de la nourriture et des terres.

2. Le meurtre qui n'est pas prévu par le programme.

Question. Qu'est-ce qui arriverait à la personne qui a tué une autre personne, mais cet assassinat n'a pas été prévu par le programme? Après tout, elle n'a pas donné assez d'énergie aux Célestes. Et quelle serait l'énergie de celui qui a été tué au mépris du programme?

Réponse. Le tueur travaillera en remboursement du karma habituel, accompagné de son propre meurtre. Et celui qui a été tué au mépris du programme recevrait la possibilité de s'incarner encore une fois, mais cette réincarnation serait déjà facilitée pour qu'il pût corriger tous les défauts du programme précédent.

SUICIDE

1. L'âme d'un suicidaire.
Question. L'âme d'un suicidaire s'attache à notre monde terrestre pour le temps au cours duquel elle devrait vivre dans le corps de cette personne.

Est-ce que les Célestes lui expliquent le sens de sa position actuelle ou elle reste dans le noir jusqu'à la fin de son existence sur la Terre?

Réponse. Après leur mort, on n'expliquait pas aux âmes des suicidaires ce qui leur est arrivé, où elles se trouvaient et comment elles pouvaient en sortir. C'est le sens de leur punition. La conscience de telle âme ne s'éteindrait pas et elle devrait rechercher elle-même la raison pour laquelle elle est tombée dans une situation si terrible afin de ne pas répéter une erreur similaire dans la vie ultérieure.

2. L'aide aux âmes suicidaires.
Lecteur. Nous comprenons que le destin des suicidaires est peu enviable. Est-ce que leurs parents qui continuent de vivre peuvent les aider? Par exemple, peuvent-ils demander pardon à Dieu ou prier pour eux le Saint martyr Huard, ou lire des prières en leur nom et leur envoyer de l'énergie?

Une autre question: au moment du tourment, l'âme d'un suicidaire maintient-elle sa coquille astrale ou non? Car elle a besoin de protection sans laquelle elle ne peut pas atteindre les couches de la Terre?

Réponse. On peut, bien sûr, aider les âmes des suicidaires, en lisant des prières obsolètes et celles nouvelles. Dans le même temps, il est nécessaire d'appeler le nom de celui pour qui vous lisez ces prières. De cette manière, vous compenseriez une partie de l'énergie que la personne n'a pas pu accumuler et, ainsi, allégeriez son destin et réduiriez le temps de son existence dans le monde des publicains. Mais pour le faire, vous devez posséder beaucoup d'énergie. Le publicain garde sa coquille astrale, car elle lui permet de ressentir sa souffrance et de poursuivre le programme inachevé.

Les publicains n'ont pas besoin d'une coquille de protection, car ils se trouvent dans des zones particulières du plan subtil où ne peut pénétrer aucune entité étrangère. C'est ainsi qu'une personne ordinaire ne peut pas pénétrer dans la prison, c'est-à-dire que les zones sont protégées elles-mêmes.

3. Dans quel échange d'énergie sont impliqués les âmes des publicains.

Question. Les âmes des publicains qui croupissent dans notre monde terrestre (par exemple, les âmes des suicidaires) sont-elles incluses dans telle ou telle échange d'énergie se passant avec la Terre et les Systèmes hiérarchiques ou non?

Réponse. Les âmes des publicains ne participent pas aux échanges d'énergie ni avec la Terre, ni avec les Systèmes hiérarchiques. La Terre ne soutient les processus de l'échange d'énergie qu'avec les âmes dotées de corps matériels, c'est-à-dire qu'avec des corps, des objets et de leurs coquilles minces coexistant dans le monde matériel.

Quand l'âme perd la coquille physique, cet échange d'énergie prend fin et, donc, une telle âme devient incapable d'y participer. On l'inclut dans un autre mécanisme de l'échange d'énergie (qui s'entre elle et le monde subtil au Niveau où elle se trouve).

L'âme du publicain pénétrait dans la zone des âmes similaires, celles qui n'ont pas fini leurs programmes, où, comme en prison, elle restait dans un volume isolé et, par le biais des souffrances, continuait à accumuler les énergies requises par le programme. Elle les rembourse à son Déterminant.

4. Si le suicide ne faisait pas partie du programme.

Question. Si une personne se suicide, mais ne tombe pas dans «l'autre monde», mais à l'hôpital. Pourrait-on supposer que le suicide faisait partie de son programme, puisqu'elle s'est retrouvée dans un hologramme, tel que, par exemple, un hôpital?

Réponse. Si, après une tentative de suicide, une personne se retrouve dans un hôpital, cela signifie que le suicide ne fait pas partie de son programme et n'est pas prévu.

Dans ce cas, le Déterminant de cette personne est intervenu dans la situation et a réussi à empêcher son élève de quitter la vie. Par exemple, de nombreux suicidaires ratés ont raconté ce qu'ils ressentaient lors d'une chute de grande hauteur. Ils disaient qu'ils sentaient que quelqu'un d'invisible les soutenait, en atténuant la force du coup, ce qui, à son tour, leur a permis de rester en vie et de ne pas casser que les bras et les jambes. En plus, l'hôpital était soudainement apparu dans leur programme, comme une situation supplémentaire grâce à laquelle ils ont travaillé en remboursement de cette action imprévue et des dépenses du Déterminant vises à éliminer cette situation.

De nombreux Déterminants sauvent à présent leurs élèves et les forcent à terminer leurs programmes jusqu'à la fin, car la 5ème race achève son développement et les suicidaires peuvent rester privés de la possibilité de continuer leur évolution, car ils ne valorisent pas la vie. Ils peuvent même être décodés à cause du suicide effectué. Et pour que cela ne se produise pas, le Déterminant doit introduire des situations non planifiées. Mais des situations supplémentaires ne sont autorisées qu'à la fin de la race.

Je voudrais vous donner un exemple de ma vie. Lorsque je travaillais dans le département d'ingénierie d'une usine, j'avais un patron qui était un véritable intellectuel, un spécialiste compétent et un père de famille positif adorant et soignant ses enfants. Quand il a pris sa retraite, sa vie a commencé à se fissurer: il ne savait pas quoi faire, il se sentait inutile, puisque ses enfants ont grandi et sont partis. Une sorte de vacuité s'est formée autour de lui, il a perdu son but et cela l'a incité à boire. Finalement, n'ayant pas trouvé la place dans la vie, il s'est suicidé.

C'était un homme positif et sa seule lacune consistait à sa passion de boire. Au travail, il ne s'était jamais permis de le faire, il ne pouvait se relaxer d'une telle manière qu'au cours du week-end et en se trouvant chez lui. Et quand il a pris la retraite, l'alcool est déjà devenu son médicament vise à guérir la dépression. Cependant, le médicament n'a pas aidé, et il a décidé de ne pas déranger les autres, étant persuadé que tout le monde l'avait oublié. Bien sûr, j'étais très désolée. Il pensait qu'à l'aide d'un seul coup, il se débarrasserait de ses souffrances, mais il s'est avéré qu'elles le suivraient dans «l'autre monde».

Depuis plus de dix ans après cet accident, deux grands anges de mort l'ont mené chez moi dans le rêve. Il était vêtu d'un manteau sombre, recouvert de moisissure et de poussière, ses cheveux étaient très gris, comme ils étaient aussi couverts de la poussière. J'ai remarqué qu'il était plus grand que les gens ordinaires, et cela prouvait qu'il avait une grande âme, c'est-à-dire celle vieille qui a passé de nombreuses réincarnations. Il ne pouvait pas me regarder, il avait incroyablement honte. Et j'ai remarqué aussi qu'il était tout torturé et fatigué, ces 10 années de son épreuve lui ont pris beaucoup de forces. Dès que les anges ont cessé de le soutenir par les bras, il s'est immédiatement assis sur le banc.

Les anges se sont adressés à moi: «Qu'est-ce que de mal tu as vu en lui? Est-ce qu'il mérite l'évolution?» «Bien sûr, ai-je répondu, le seul défaut consistait en ce qu'il pouvait boire de l'alcool, mais jamais au travail. Ce n'était qu'un moment de faiblesse, une sorte de désespoir. Je pense que c'est la société qui en est responsable. Il faut qu'il continue l'évolution». (En blâmant la société, j'ai parlé de fait que les retraités restaient seuls et sans aucun aide des proches, qu'une personne ne savait pas quoi faire et décidait de mettre fin à sa stagnation inutile).

Les anges l'ont immédiatement saisi par les bras et ont disparu avec lui. Mon ancien patron ne m'a pas même regardé à cause de son honte, il se sentait coupable de ce qu'il n'a pas voulu continuer sa misérable existence de retraité.

Mais j'étais heureuse d'avoir été interrogée sur son sort et d'avoir appris le fait qu'il poursuivrait son évolution dans la sixième race car, du point de vue de tous les paramètres, il est resté un homme honnête. Et, dans le monde subtil, on a des méthodes particulière permettant de mettre fin à la dépendance à l'alcool. C'était une grande âme et elle devrait se retrouver à la sixième race. On ne m'a interrogé plus sur aucun mon patron ultérieur, car je les ai toujours trouvé malhonnêtes. Et cela confirme encore une fois que le Jour du Jugement est déjà proche.

5. Les publicains souffrent.

Question. Pourquoi les publicains doivent-ils souffrir? Est-ce qu'ils peuvent éviter ses souffrances? Après tout, ils ont mis fin à leur vie à cause de ce qu'elle était très difficile pour eux.

Réponse. Ils n'ont pas terminé leurs programmes et, par conséquent, ils n'ont pas remboursé aux Célestes les énergies que l'on leur a donné pour qu'ils pussent se développer. Beaucoup de gens souffrent et se dégradent lors de la vie terrestre, en essayant d'étouffer leur insatisfaction à l'aide de l'alcool, des plaisirs sales, ce qui, à son tour, cause l'apparition des nouvelles dettes énergétiques. Ce serait une autre chose si, étant tourmentés, les gens consacraient toutes leurs forces à l'étude, à tel ou tel travail, en continuant, en même temps, de se perfectionner. Mais ils aggravent seulement leur situation par des actions qui sont la cause de l'apparition des dettes énergétiques et de la boue dans des coquilles minces.

travers la souffrance, l'âme d'un ancien suicidaire pourrait produire l'énergie qu'il a dû développer au cours de sa vie. C'est-à-dire qu'en devenant publicain, l'âme du suicidaire continue d'élaborer son programme, mais elle le fait déjà dans le monde subtil et à travers la souffrance. Et cette personne peut mettre fin à son tourment seulement quand sa vie dans le monde physique se terminera. Par conséquent, il n'y a aucune raison de se suicider.

En mettant fin à ses souffrances dans le monde terrestre, une personne continuera toujours à souffrir dans les pires conditions sur le plan subtil.

QUELLE EST INFLUENCE D'UN SUICIDAIRE SUR SON CLAN

Lecteur. Comment le suicide affecte-t-il la race humaine, est-ce qu'il exerce une influence sur l'accumulation de l'énergie? Quel type d'âmes viendrait dans ce clan, si l'un de ses membres était suicidaire?

Je parle d'une branche, car le clan se compose de branches. Et, disons, si je rembourse le karma de mon clan, alors je rembourse le karma d'une branche à laquelle j'appartiens ou de mon clan en général?

Quelle peut être la raison de l'interruption d'une des branches du clan? Est-ce que l'on peut éliminer tout le clan ou non?

Réponse. En raison du fait que la cinquième race est en cours de mettre fin à son existence, tous les liens familiaux prendront fin aussi. Chaque personne ne travaille en remboursement que de son karma personnel, de sorte qu'elle puisse continuer son développement ultérieur sans aucune dette. Par conséquent, tous les schémas séculaires liés au karma du clan s'effondrent. Dans la sixième race, le développement commencera par la remise du karma à zéro, les gens commenceront leur vie à zéro.

Question. Qui est-ce qui peut débarrasser complètement le clan du karma?

Réponse. Ce ne sont que les membres du clan qui peuvent purifier les karmas claniques. Aucun étranger ne peut le faire, car il n'a pas le droit de s'immiscer dans le karma de quelqu'un d'autre, puisque c'est toujours puni d'en Haut. Presque tous les médiums n'accumulent pas des nouvelles connaissances, c'est pourquoi ils peuvent se tromper dans leurs conclusions et tenter de purifier le karma de l'extérieur. C'est leur erreur qui causera la punition.

MORT DANS LE PASSÉ NE CAUSE PAS DES MALADIES AU

PRÉSENT

Question. Une personne a découvert que son ami avait eu une crise cardiaque en raison du fait que dans une vie précédente, celui-ci était décédé à cause d'une blessure au cœur? Est-ce que cela peut être vrai?

Réponse. La mort dans la vie précédente ne peut être la cause de la maladie qui a lieu dans l'incarnation actuelle. De toute évidence, son karma était divisé en deux incarnations. Les Célestes recourent à cette méthode à cause de l'accumulation de grandes dettes énergétiques liées à un seul organe (dans ce cas au cœur). Vous savez que chaque organe produisait son propre type d'énergie, cette personne n'a donc pas assez d'énergie produite par le cœur. Par conséquent, c'était le cœur qui a souffert dans l'incarnation passée et dans celle présente, ce qui, à son tour, a contribué à la production d'une grande quantité d'énergie du type approprié.

ÂMES AGITÉES QUI SONT MORTES ENSEMBLE

1. Les âmes après les accidents.

Question. Les âmes agitées des publicains peuvent-elles se rencontrer et partager leur sort, en errant sur la Terre? Et qu'est-ce qui arriverait aux personnes qui sont décédées au même moment?

Réponse. Les âmes agitées qui sont décédées au même moment, par exemple à la suite d'un accident, pourraient rester ensemble jusqu'à 9 jours, c'est-à-dire qu'elles pourraient se rencontrer avant cette date. Dans la période actuelle (quand meurent tant de personnes), ce délai est prolongé jusqu'à 2 mois. La raison en est que le Distributeur est conçu pour traiter les âmes en temps de paix, c'est-à-dire sa puissance est insuffisante pour travailler avec de telles quantités d'âmes.

Mais le plus souvent, les âmes tentent de rester au lieu de l'accident. Elles peuvent y communiquer avec d'autres morts se trouvant au même Niveau. Dans le cas de la mort de plusieurs personnes possédant de différents Niveaux du développement, on introduit les variantes pour leur investigation ultérieure.

Après l'accident, les âmes qui ont accumulé un énergopotentiel important s'étendaient automatiquement aux différents canaux du Distributeur et chacune d'elles se retrouvait dans la Salle de l'attente de son Niveau.

Ce sont, d'habitude, les âmes sœurs de la même famille qui meurent à cause de l'accident. Par conséquent, la division suivante y a lieu. Les âmes qui possèdent un faible Niveau du développement et sont incapables de s'élever elles-mêmes sont attachées par les Substances de mort à un certain espace d'un plan subtil pour y passer son tourment.

La quantité maximale de colocalisation ne peut pas dépasser deux âmes liées par des relations familiales (à l'exception des époux). Ces derniers sont isolés les uns des autres. Et toute autre âme est isolée des autres publicains.

Chaque publicain est généralement isolé de la communication avec ceux qui le rassemblent. De telles sont les règles. Tout comme en prison, certains gens restent isolés, puisqu'ils se trouvent dans un isolement cellulaire, et, donc, continuent de travailler avec leurs programmes sans communiquer avec leurs semblables. La souffrance de la solitude améliore la production des énergies et contribue à leur meilleure purification. Tout cela les aide à réduire leurs dettes énergétiques plus rapidement. Puisqu'ils sont morts à cause de l'accident et leur tourment a été causé par leur dégradation, leurs âmes voudraient rembourser les dettes énergétiques le plus vite possible pour recevoir la possibilité de se retrouver parmi les âmes dans le Caveau.

2. Les âmes agitées restent dans les appartements.

Question. Où se trouvent les âmes agitées: dans les hologrammes ou dans un brouillard d'origine physique?

Réponse. Les âmes agitées ne souhaitent parfois pas quitter le plan terrestre et préfèrent, pour des raisons différentes, rester sur le plan physique. Elles appartiennent aux publicains.

Elles ne peuvent se trouver que dans les hologrammes de leur vie dans le monde subtil. Leur hologramme sur le plan subtil coïncide avec leur domicile. C'est pourquoi, par exemple, elles restent invisibles pour les résidents de leur ancien appartement. Autrement dit, du point de vue du monde physique, d'autres personnes peuvent vivre dans leurs anciens appartements, mais les républicains y vivront aussi, en se trouvant sur le plan subtil. Dans ce cas on assiste à la dualité de l'existence des âmes dans de différentes dimensions qui est définie par leur programme.

Et si le tourment provient d'une mort subite à cause d'un accident, alors, après un certain temps, le publicain est emmené dans les Salles d'attente. Et avant cela, il peut se trouver dans les hologrammes de sa maison, de son appartement.

Si le tourment provient d'un suicide, ce sera une autre variante.

Par exemple, une personne s'est suicidée à l'âge de 30, mais son programme a été conçu pour la vie jusqu'à 80 ans. Dans ce cas, une telle âme peut errer dans ses hologrammes pendant encore 50 ans. Mais comme son corps physique est absent et, par conséquent, son cerveau physique est absent aussi, elle pense très primitivement et les qualités basses l'emportent.

Si une telle âme est très attachée au lieu de son ancienne résidence, elle restera dans ses hologrammes. Et même si d'autres personnes y habitent, cela ne les gênera pas (à l'exception du cas si cette âme agitée avait accumulé une grande quantité d'énergie physique sale et, par conséquent, était proche de notre monde, ce qui lui permettait de se manifester). Le publicain continuera d'exister dans son appartement (ou s'y rendra périodiquement), en restant invisible pour les nouveaux propriétaires à cause de son existence sur le plan subtil. Mais, en même temps, il peut parfois y faire du bruit, en manifestant son mécontentement. Habituellement, de telles âmes sont égoïstes, c'est pourquoi elles essaient de faire sortir les locataires, de leur faire peur.

La présence d'énergies physiques dans la coquille (astrale) de l'âme lui permet de se manifester dans le monde matériel. Par exemple, elle peut jeter tel ou tel objet des étagères, claquer des portes, craquer des planchers, etc.

3. Où les âmes agitées seront-elles envoyées après la terminaison de leurs programmes.

Question. Qu'est-ce qui se passe avec les âmes agitées après la fin de leur tourment?

Réponse. Après avoir terminé leurs programmes et remboursé leurs dettes, les âmes agitées seront emmenées aux endroits appropriés, où elles resteront jusqu'au Jour du Jugement. Toutes les âmes auront le temps de terminer leurs programmes, les Juges Célestes les examineront et identifieront leurs faiblesses. Leur sort et leur position ultérieure seront décidés au cours du Jour du Jugement.

COMMENT LE COMPORTEMENT DE L'ÂME CHANGE-T-IL DANS LE MONDE SUBTIL

Question. Comment l'âme se comporte-t-elle après l'élimination du corps matériel?

Réponse. Il faut noter qu'après l'élimination du corps matériel, l'âme se sent d'une manière tout à fait autre et différente à celle propre au monde terrestre. Elle commence à penser différemment, ses sentiments changent, on peut même dire que la personne devient tout à fait différente.

Après avoir abandonné le corps physique, de nombreuses âmes changent leur attitude envers leurs proches, elles deviennent isolées, leurs sentiments d'affection disparaissent. Et même si une femme aimait beaucoup son mari au cours de toute sa vie terrestre, alors, après sa mort, elle pourrait devenir indifférente à lui. Cela pourrait être lié au fait que le programme du défunt, qui le rattachait à son ex-mari, a pris fin.

Tout change après la mort, même l'homme lui-même. L'individu observateur peut s'en rendre compte et voir la différence entre lui-même existant dans le monde terrestre et lui-même abandonnant la forme humaine.

Certaines âmes qui ont pris le chemin du Distributeur après leur mort clinique et qui sont revenues à la vie ont remarqué qu'elles s'y sentaient comme des esclaves ayant peur des Substances rencontrées. Elles avaient peur de leur dire un mot, et, surtout, elles n'osaient pas leur demander quelque chose. Leur comportement dans le monde subtil était complètement changé devant le Jour du Jugement, et, après ce jour-là, elles recevraient un nouveau programme et elles oublieraient tout ce qui leur est arrivé sur la Terre et le monde terrestre lui-même. On le fait habituellement d'une manière artificielle, c'est-à-dire à l'aide du programme, afin que les souvenirs du passé n'empêchent pas l'âme de se développer et ne freinent pas leur progrès.

Cependant, il existe des exceptions lorsque, par exemple, le souvenir de la vie passée de l'âme est préservé. On y recourt lorsque l'on inclut dans le programme de cette personne l'aide supplémentaire à l'un de ses proches.

RÉPARTITION DES ÂMES À LA FIN DE LA CINQUIÈME RACE

Question. Y aura-t-il certaine répartition des âmes à la fin de la cinquième race qui permettra aux jeunes âmes, se trouvant aux premiers Niveaux du développement, de se retrouver dans un monde où leur mode de vie correspondra au mode d'existence des peuples anciens et qui permettra aux âmes plus matures de renaître dans un monde plus civilisé? Ou est-ce que tout le monde sera envoyé dans un seul monde bas, se trouvant sur une autre planète?

Réponse. Les gens de la 5ème race ne se retrouveront jamais dans des conditions d'existence primitives. Chaque âme se retrouvera dans le monde correspondant à son Niveau du développement. Bien sûr, la répartition des âmes aura lieu, car d'autres mondes nécessitent une quantité d'âmes strictement définie et ont besoin d'âmes possédant des qualités et un Niveau du développement particuliers. Personne ne s'intéressait aux âmes supplémentaires, et, en particulier, à celles qui ont déjà commencé leur développement dans un autre monde, car pour assurer leur restructuration et leur adaptation aux conditions d'existence du nouveau monde on devrait dépenser certains moyens. Mais plus tard, quand les âmes atteindront de nouveaux mondes, elles devront rembourser toutes ces dépenses.

*   *   *

LE VOCABULAIRE

L'Absolu - 1. Dieu, L'Esprit Supérieur;
2. le volume spatial personnifiant l'organisme vivant de l'Être Suprême* (voir ci-dessous) qui contient toute entité et constitue le sommet d'un certain cycle du développement.

Absolu – qui a atteint l'étape du développement la plus élevée contenant un ensemble complet des composants énergétiques nécessaires.

Les Célestes - les personnalités qui ont atteint le Niveau du développement se trouvant au-dessus du plan terrestre et qui dirigeaient la Terre et l'humanité.

L'âme - est une matrice possédant un certain contenu énergétique qui, à son tour, change au cours de la perfection. Cette matrice est liée à des structures permanentes et temporaires destinées au monde terrestre.

La nature - est un volume spatial qui appartient à un immense organisme cosmique dans lequel se développe tout le reste.

La Hiérarchie - 1. La structure spatiale du plan «subtil» dans laquelle, conformément à un certain ordre, se trouvent les mondes de Dieu habités par des individus possédant un Niveau du développement particulier. Les mondes (ou les plans d'être) représentent des Niveaux. Le degré de leur développement s'élève du pied de la pyramide de la Hiérarchie au sommet sur lequel se trouve Dieu qui, à son tour, dirige tout ce qui se trouve plus bas. La Hiérarchie contient un nombre de personnalités et de Niveaux bien déterminé.
2. un système séquentiel du développement de tous formes, états, substances, progressions, etc.

Le Système Hiérarchique est 1. une communauté des Substances raisonnables, unies selon leur Niveau du développement et se trouvant dans la Hiérarchie. Les systèmes sont situés à un même Niveau ou aux différents Niveaux et possèdent un degré du développement correspondant à ce Niveau;
2. Le système appartenant à la Hiérarchie.

La qualité de l'énergie est une forme d'énergie homogène.

Le karma est une récompense offerte à une personne pour ses actions positives ou négatives faites au cours de la vie précédente (le destin bon ou mauvais intégré au programme de la vie d'une personne).

Le code – est un ensemble de chiffrements énergétiques obtenus grâce aux calculs effectués par des Systèmes de Calcul Célestes et contenant les informations de base sur tel ou tel objet ou processus. Ces informations sont stockées et traitées afin de réunir les processus du passé avec ceux du présent. Le code garde la connexion séquentielle des éléments sur la base de laquelle on obtient le résultat final nécessaire.

La matrice est la base de carcasse de l'âme existant afin de remplir et stocker de divers types d'énergies qui, à leur tour, forment la base du caractère de la personnalité. Elle possède une structure cellulaire et a la propriété de faire croître des cellules lors du remplissage des cellules existantes. La matrice représente une construction autocroissante et inspirée. Son remplissage par des énergies est effectué selon l'ordre établi par Dieu.

La puissance de l'âme (le pouvoir) - 1. c'est sa force constituée de la somme des potentiels des énergies accumulées;

2. la capacité de l'âme d'exécuter telle ou telle action ou tel ou tel processus (ceux mentaux y compris); la capacité d'effectuer le travail en une unité de temps.

Les Inférieurs - ce sont les individus appartenant au monde terrestre. Du point de vue de son développement, une personne matérielle est toujours inférieure à celle qui se trouve dans la Hiérarchie de Dieu, car l'énergie «subtile» représente un niveau de l'organisation d'une matière plus élevée.

Le Déterminant (l'ancien Maître Céleste) c'est la personnalité Supérieure dirigeant l'homme ou un autre être au cours de leur vie. Il contrôle l'exécution du programme par l'homme.

L'orbitale est un nouvel état énergétique de la Terre, dont le Niveau du développement est supérieur à celui propre à l'état précédent. Le passage à une nouvelle orbitale est toujours lié à un changement de la civilisation, puisque chaque civilisation est programmée sur la production de certains types d'énergie. Au cours de son existence, chaque civilisation augmente le potentiel énergétique de la planète, ce qui, à son tour, lui permet de s'élever un peu plus haut.

L'Hiérarque Négatif – c'est un hiérarque responsable de la voie négative du développement. Il possède sa propre hiérarchie.

Le Système Négatif est une communauté des Substances développées liées à l'accumulation dans une matrice des énergies négatives à l'aide des opérations de calcul, de la programmation et de nombreux autres processus. L'Hiérarque négatif (Diable) est à la tête de ce Système.

Le plan (de l'existence) - 1. le monde, le plan de l'existence;
2. le continuum spatio-temporel d'une certaine construction, l'habitat des formes particulières. Les plans de l'existence sont séparés par des limites spatiales ou temporelles, où sont situés dans tel ou tel continuum, en possédant, en même temps, de différentes caractéristiques énergétiques de la matière.

Le Système positif est une communauté des **Substances*** très intelligentes vises à l'accumulation dans la matrice des énergies positives par le biais de processus de créativité, d'aide aux autres et de nombreuses autres actions positives.

Le potentiel de l'âme - l'indicateur de la puissance de l'individu. Il est constitué de la somme des potentiels des énergies qui remplissent sa matrice et ses coquilles constantes.

La progression de l'âme est une croissance, une accumulation des énergies dans sa matrice conformément à un programme donné.

La cinquième race est un nom donné d'en Haut à l'humanité qui se développe jusqu'à l'année 2000. Le nom est associé à la transition de la Terre à la cinquième orbitale en tant qu'au Niveau du développement supérieur.

Le décodage - la destruction de l'âme du point de vue du plan subtil; l'annulation de la reconnaissance de son propre «Je» par un individu, la perte de la personnalité; le démantèlement des constructions énergétiques fines de l'âme avec la purification complète des cellules matricielles des énergies gagnées par l'individu au cours de toutes les incarnations précédentes.

La réincarnation est la transformation de l'âme humaine dans de différents corps se passant de vie en vie. Ce sont des mini-étapes du développement évolutif de l'âme.

L'essence est le sens intérieur de telle ou telle chose.

La Substance est une personne qui se développe dans la Hiérarchie de Dieu (ou de Diable). Les Substances sont subdivisées en différents Niveaux du développement.

L'entité (l'être) - un individu raisonnable se rapportant à un autre monde et existant sous une forme qui ne ressemble pas à celle humaine, mais possédant des structures temporaires qui l'adaptent au monde dans lequel il existe.

Mince/subtil (le monde, la construction, la coquille, etc.) - 1. tout ce qui se trouve au-delà de la perception humaine;
2. Tout ce qui est créé à partir d'une énergie d'un ordre supérieur par

rapport à la matière physique.

Le Niveau - le degré du développement de telle ou telle chose ou de telle ou telle personne.

Le Niveau de la Hiérarchie est le monde ou le plan de l'existence de la Hiérarchie. Les niveaux sont classés selon leur ordre, c'est-à-dire il existe la séquence régulière du développement des énergies: des plus basses, celles qui sont les plus proches de la Terre, aux plus élevées, celles qui sont les plus proches de Dieu.

La sixième race est une nouvelle race de l'humanité, conditionnellement née en 2000. Le nom est associé à la transition de l'humanité vers la sixième orbitale, un stade de développement supérieur à celui de notre cinquième race.

L'énergie - 1. Tout type de la matière (du plan physique et subtil) qui se distingue par un ordre du développement uniforme; 2. Il s'agit d'une mesure générale des diverses formes de mouvement de la matière (la définition classique). 3. le potentiel total contenu dans un volume limité.

Les énergoaccumulations – les accumulations de divers types énergétiques dans n'importe quel volume.

L'énergopotentiel est une caractéristique de la puissance énergétique d'une âme ou de telle ou telle chose (du processus, du volume mondial) composée des potentiels totaux de toutes leurs accumulations énergétiques (des accumulations de l'âme, du processus, de l'état, etc.). Plus d'énergies accumule le volume, plus sont son potentiel énergétique, sa puissance et son Niveau du développement.

Les énergocomposants - la composition énergétique de n'importe quel volume.

Les énergocorps – les coquilles énergétiques d'une personne.

Sommaire

Chapitre 3
ÂME. HOLOGRAMMES. TÉLÉPORTATION
Coquilles.
Hologrammes.

La liste des livres
Série « Au-delà de l'inconnu »
Seklitova L.A & Strelnikova L.L

Site : www.6paca-france.com
Mail : 6paca.fr@gmail.com

FACILE
« L'Esprit Supérieur révèle les mystères » (FAQ)
« Terrestre et Éternel » (FAQ)
« Les mystères du 21ème siècle » (FAQ)
« Le chemin de l'inconnu » (FAQ)
« L'illusion de vérité » (FAQ)
« Rencontre avec les invisibles »
« La création des formes ou bien les expérimentes de l'Esprit Supérieur
»
« L'Homme de l'ère du Verseau »
« Le dictionnaire de la philosophie cosmique »
« Le mystère de la réalité »

« L'espace Apocalypse »
« le mystère à la réalité »
« Le Formule de l'évolution »
« L'homme de la race d'or »
« Le feu de Prométhée ou la mystique »

MOYEN
« L'Âme et les mystères de sa structure» (FAQ)
« Les mystères des mondes Supérieurs » (FAQ)
« La vie secrète des Maitres Célestes » (FAQ)
« La structure d'énergie d'une personne et de la matière » (FAQ)
«Les perles des vérités Supérieurs »
« Conversation sur l'inconnu »
« La matrice – base de l'âme »
« Le doigt du Destin »

DIFFICILE
« La philosophie de l'éternité »
« La philosophie de l 'Absolu »
« L'individuel et l'éternité »
« Formation de l'âme ou paradoxale philosophie »
« Le nouveau modèle de l'Univers, et le mystère de l'univers, est ouvert »

TRÈS DIFFICILE
« Les Lois de l'Univers »

Série « Encyclopédie d'une Nouvelle Ère »
Seklitova L.A & Strelnikova L.L

MOYEN
4. « La naissance, la mort et le Karma » Tome 4
5. « L'Amour, la Famille et les Enfants » Tome 5
6. « L'évolution de l'Humain » Tome 6
9. « La personne extraordinaire » Tome 9

DIFFICILE
1. « Le création de l'Homme » Tome 1
2. « Le création de l'âme » Tome 2

3. « Le développement de la mentalité » Tome 3
7. « Le Choix de l'Âme ou bien l'Évolution positive et négative d'une personne » Tome 7
8. « Le Sort, le Destin ou bien le Rôle des Programmes dans l'Évolution d'une personne » Tome 8
10. « Le nouveau sur la religion » Tome 10
11. « Le genre humain » Tome 11

SECTION : « La race de la Terre d'or »

DIFFICILE
12. «La terre, une planète sage » tome 1
13. «Les mystères du Temps » tome 2
14. « L'univers et ses mondes » tome 3

Série « Magie de la Perfection »
Seklitova L.A & Strelnikova L.L

FACILE
« La Liberté et la Fatalité »
« Les leçons Karmiques du Destin »
« Le Grand Passage ou les Variantes de l'Apocalypse »
« Pourquoi les changements de la Terre »
« Le Formule de l'évolution »
« La Terre – 21 siècle »

MOYEN
« La Phénomène de l'âme »

Série « Spiritualité à Aphorisme »
Seklitova L.A & Strelnikova L.L

FACILE
Cette série Cette série comprend des livres suivants: « Facettes du diamant », « Blues d'étoile », « Miroir de la sagesse », « Pétales du lotus », « Ode de l'éternité », « Sonate de la vérité », « Sagesse à aphorisme », « Vérités éternelles ».